融 合

自媒体与专题读写活动教学

林 明 ◎ 著

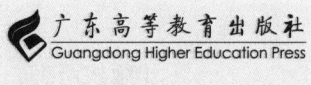

·广州·

图书在版编目（CIP）数据

融合：自媒体与专题读写活动教学/林明著. —广州：广东高等教育出版社，2019.12

ISBN 978-7-5361-6525-0

Ⅰ.①融… Ⅱ.①林… Ⅲ.①中学语文课－教学研究 Ⅳ.①G633.302

中国版本图书馆 CIP 数据核字（2019）第 141902 号

RONGHE：ZIMEITI YU ZHUANTI DUXIE HUODONG JIAOXUE

出版发行	广东高等教育出版社
	地址：广州市天河区林和西横路
	邮编：510500　　营销电话：（020）87553335
	http://www.gdgjs.com.cn
印　刷	广州市穗彩印务有限公司
开　本	787毫米×1 092毫米　1/16
印　张	15
字　数	277千
版　次	2019年12月第1版
印　次	2019年12月第1次印刷
定　价	45.00元

（版权所有，翻印必究）

序

语文教育的"变"与"不变"

一

近些年来语文新理论、新教法纷纷攘攘，让人眼花缭乱、应接不暇，我也很想让自己的语文教学能够锦上添花，但我发现，可能是因为自己的理论水平不高，抑或是上进心不强、努力不够和视野太窄，更大的可能是我天生愚钝、反应力不灵敏，深植我心的"思想""理论"竟然少得可怜。回首三十三年漫漫从教路，很惭愧的、几乎要羞于出口的是，我念念不忘的似乎只记得：叶圣陶的"阅读是吸收，写作是吐纳"与"我手写我心"，陶行知的"千教万教教人求真，千学万学学做真人"，普罗塔戈的"大脑不是一个要填满的容器，而是一把需要被点燃的火炬"，严振遥的"引导（学生）读课外书，这是正道"与"作文教学，主要靠多读、会读"，张人利的"读读、练练、议议、讲讲、做做"的"后茶馆式教学"。

至今还记得三十年前参与特级教师颜振遥主持的"语文自学辅导"课题研究，这一课题的思想在那时无疑是超前的，因为他主张学习首先是学生自己的事情，即必须调动学生的视觉、听觉、触觉甚至味觉、嗅觉等感觉，调动他们的手脚和头脑，积极主动地提出疑问并寻求解决疑问的方法，这是首要的。其次是教师的"辅导"，教师的任务是必须挖空心思培养学生对阅读和写作的兴趣，让学生愿意学，最佳状态是喜欢学。

当然，我们必须看到，这个世界的变化实在太快了，昨天还在说互联网、大数据，今天却在说无人机、人工智能、物联网了。原复旦大学校长杨福家教授曾说：一个大学生在毕业离开大学的那天起，他在这四年里所学的知识有50%已经过时。知识创造与更新的速度日益加快，这是现代社会的一个重要特征。

这就是说，个人社会竞争力的高低不仅仅取决于你现在掌握了多少知识，在更大程度上取决于你学习掌握新知识的速度和能力的大小，所以个人学习能力将是未来最核心的竞争力。圣吉·彼得说："未来唯一持久的优势，是有能力比你的竞争对手学习得更快。"因此，在教育教学思想和理念的更新上，我们必须顺应这个变化的世界，以宽容的姿态紧跟时代的脉搏一起跳动，否则，你就注定会被时代淘汰！

二

这几年，也不知道幸运之神为何如此眷顾我——也许是看在我虽然愚钝却也算勤奋努力的份上——连续参加了几次"国培计划"的培训，让我混沌的脑袋逐渐开化，加上前述大脑中储存的几个理论，我终于发现语文教学的目标其实就是唤醒，就是"点燃"学生阅读和写作的兴趣和激情，并使之成为他们的生活习惯。而教学的内容，就三个字："读""写""秀"！但其实这并没有新意，因为就前两个字来说，前辈、名家讲过不知多少了，而第三个字，无非就是"展示"的意思，如果理解狭隘一点，不就是表达与交流吗？这种理解我是认可的。我的确认为语文教学的支点或抓手应该也必须是阅读和写作——这是"不变"的一面，换句话说我是叶圣陶、陶行知、严振遥先生的坚定支持者，也是普罗塔戈、张人利的拥趸者——语文教学重在唤醒学生的阅读和写作欲望，激发阅读和写作的兴趣，事实上也只有从这两个方面入手，才不致让语文成为"谁都懂""谁都会教"的学科。

可是，即使"展示"就是表达与交流，社会发展到智能化的今天，包括"展示"和读、写在内的途径和手法也在不断信息化、智能化——这是"变"的一面，比如互联网、大数据、自媒体，如QQ、微信、博客以及数以万计的实用APP或小插件在教学与学习中的广泛应用，让"展示"或者阅读和写作有了与时代发展匹配的新方式、新途径，摆在我们每一个教师面前的新课题不再只是读什么、写什么，而是如何将这些智能化工具融合到自己的教学中去。即使是阅读和写作的对象，也可能是不断变化的。比如阅读，如今强调的是整本书的阅读及如何阅读一本书；比如写作，要突出逻辑思维和批判性思维。换句话说，语文教学也必须融合时代的要求和价值取向，"变"与"不变"其实一直都是在不断融合的，是相生相容而不是相生相克的。道理很简单：内容必须有相对应的形式相伴相生。

从 2012 年开始，我连续六年开展了"以自媒体为媒介，开展专题读写活动教学"（简称"融合教学"）的实验教学，倡导"读、写、秀"活动教学模式并验证其是否有效甚至高效。

"读、写、秀"既是分别独立的"语文活动"，也是教学的方法、方式和手段，更是教学要达到的目标。阅读是基础，没有读，就做不到有感而发，就不能触景生情而作；写作是吐纳，是人类表达情感、宣扬思想的最重要途径。阅读和写作是"秀"的先决条件，"秀"归根到底就是展示学生的阅读、写作的成果和素养。它的行动规则是：先读后写，先写后秀，先读后秀，边读边秀，秀后读写。

在实践中，越来越发现，如何引导学生"悟"出读写之道，是语文教学必须追求的目标。如果"读""写""秀"强调外在、显性，重在吸收和吐纳，那么，"悟"就强调内在、隐性，重在内化、裂变，学生由"读""写""秀"活动中悟出"文"道——语言文字表达之道、"世"道——为人处事之道、"人"道——身心修养之道。"悟"贯穿于"读、写、秀"三个教学环节全过程，必须尽力做到读后能悟、写后能悟、秀后能悟、读中有悟、写中有悟、秀中有悟，努力通过"读、写、秀"，读出趣、写出味、秀出美、悟出道。

这么多年的实践研究和论证，让我逐渐发现，语文教育需要教师和学生同成长、共发展，因为在学校教育中，教师和学生同为主体，"教"和"学"总是相伴相生的，同时，学生需要教师引导进行自主阅读，自由表达交流，因为没有自主阅读，想要提升语文素养，那是连神仙也帮不了的；而没有自由表达，哪会有思想的温度、厚度和广度？因此，也逐渐形成了我的语文教育思想——以读、写、秀为平台和方法，以引导学生发现、品味、探究、感悟语文（语言、文字）之美为主线，让学生自主、自由地感悟语之趣（情趣、理趣、乐趣）、文之味（文字、语言运用之道）。

三

三年前，广东实验中学特级教师罗易先生亲题墨宝赠送我一本他的大作《墨谈》，读到他主张的"教育是我的宗教，课堂是我的教堂"时，很是震撼，因为这是他对教育、对学生如对宗教般的虔敬和执着。我想，一个优秀的教师，对待课堂教学，必然更看重"唤醒"和"点燃"，以至让学生脑洞大开，思维由混沌变清晰，精神由粗俗变高雅。

回顾走过的路，我隐隐感到，崇尚个性自由的我，似乎在不断地希望自己的课堂也能成为"教堂"——一个学生能够自由、自主地成长发展的圣地。很多学生这样评价我的课堂教学："上大林老师的课最舒服，因为不仅老师表达幽默，而且没有压迫感，给我们创造了太多自由学习的空间，根本不用担心周公找上门来。"一位考上星海艺术学院的学生说："我可能不是您最好的学生，但您一定是我遇到的最好的老师。"实话说，这使我感到了压力和惭愧，也使我战战兢兢，如履薄冰，因为直到今天我仍然觉得自己并不是一个优秀的教师——顶多算得上合格，这不是谦虚。

我认为，语文课堂结构是树状结构，一方面，课堂教学既要有所预设，更要生成，没有生成，就没有语文课堂，它最考验教师的学识和智慧；另一方面，要不断创造更多让学生释放和展示的平台和机会，因为这样做有助于学生不断获得成就感，进而培育学习语文的兴趣。

事实上，我的语文教学往往是天马行空的，很可能出现的情况是由文本的某一点具体分析之后，就不着边际，天南地北、古今中外、历史与现实交杂地延伸开来，学生也跟着你一言我一语地畅谈自己的观点和见闻，也不知什么时候，我一句"话说回来……""同样的道理……"将学生又拉回到文本分析中来，学生才猛然发现自己已经和老师一起神游了一番。因为在我看来，语文课堂教学就是要关注学生在语文素养上的"所需"（即所缺），以平等的态度与学生分享自己的阅读体悟，要适度延展文本内容（即要善于发现文本中的"矛盾""裂痕"，"不但要告诉学生写了什么，还要告诉学生没有写什么"），同时，要积极发掘并适度放大学生在课堂中的优秀表现。而一到下课铃响，往往一句"欲知……如何，且听下节课分解"，又勾起了学生的向往和期待。

我的语文课后几乎没有作业，但最常见的学习任务往往有两个：每周写一篇随笔（有语文老师叫"周记"，对此说法我极不赞成，在我看来，周记的内容多半是随意的，还不如叫"随笔"，更符合"语文"的本色）；每月阅读一本书，完成下达的任务。这样做，是为了让阅读和创作成为学生的生活习惯。

四

有人说，即使我工作到七十岁，教学的热情也会丝毫不减退。事实上，连我自己都不知道我的工作热情何时会降到冰点。只是这六年来，都在进行"以自媒体为媒介,开展专题读写活动教学"实验,致力于形成自己的教学思想,如今终于到了整理成文的时候了,由于才疏学浅,虽有六年的实验积累,但《融合:自媒体与专题读写活动教学》的诞生依然非常艰难。本书既是我的教育理念和教学风格的总结和发展,也是我的最新研究成果。

我非常努力地想使本书形成一个完整的体系,因此,书稿一直在改动,直到 2018 年 10 月才确定从四个方面体现我的教育思想和教学风格:一是从教师素养和教学素养的形成和发展的角度,论述当代语文教师必须具备的基本素养;二是着重阐述融合教学的内涵、流程和策略;三是从实践的角度论述如何开展融合教学;四是用六个典型项目设计范例阐述融合教学如何进行实际操作。

我不知道本书能否给一线教师以有效、有益的启发或启示,若有,便意味着这本书不会是徒劳无功益的。

是为序。

林　明

2019 年 7 月

目 录

第一章 融合教学背景下的教学思考……………………………（1）
 第一节 融合教学背景下语文课堂教学的问题与策略……………（2）
 第二节 融合教学·语文核心素养·高考……………………………（20）

第二章 融合教学的内涵、流程与策略……………………………（29）
 第一节 融合教学的内涵与流程……………………………………（30）
 第二节 "文本导读"活动的基本策略………………………………（49）
 第三节 "自主读写"活动的基本策略………………………………（57）
 第四节 "牛刀小试"活动的基本策略………………………………（70）
 第五节 "展示分享"活动的基本策略………………………………（78）

第三章 融合教学的实践与探索……………………………………（89）
 第一节 自媒体在专题读写活动教学中的应用……………………（90）
 第二节 让"美"根植于学生内心……………………………………（95）
 第三节 项目式学习理论在融合教学中的应用……………………（99）
 第四节 融合教学中的"秀"与"悟"…………………………………（105）

  第五节 引导学生学会阅读……………………………………（109）
  第六节 让学生"会做"读书笔记……………………………（114）
  第七节 阅读过程中的导引艺术…………………………………（119）

第四章 融合教学的项目设计典例………………………………（123）
  第一节 诗歌：探寻《诗经》之美——《〈诗经〉选读》………（124）
  第二节 小说：感知繁复的人世——《红楼梦》与《三国演义》
     …………………………………………………………（143）
  第三节 传记：一蓑烟雨任平生——《苏东坡传》 ………（162）
  第四节 文化与人文论著：揭秘圣人的智慧——《论语译注》……（180）
  第五节 文学论著：让你拥有一双发现美的眼睛——《谈美书简》
     …………………………………………………………（197）
  第六节 自由阅读：横看成岭侧成峰——向你推荐一本书………（214）

参考文献………………………………………………………………（226）

后记……………………………………………………………………（228）

第一章
融合教学背景下的教学思考

第一节 融合教学背景下语文课堂教学的问题与策略

在鼓励人工智能、信息技术与学科教育教学不断紧密融合的今天，语文教育教学尤其是课堂教学存在什么问题、怎样去解决这些问题？本节从实践体验的角度，以"问题—策略"的方式，从五个方面加以阐述。

一、课堂视界小而窄、短而低

什么是"视界"？"视界"本是一个物理学概念，指一个事件刚好能被观察到的那个时空界面，也指我们自身能达到的一种精神上的对周围事物所认知的一种境界。

课堂视界要大而广、远而高，主要从以下三个方面锤炼自我。

（一）大眼界

大眼界，意味着知识视野足够宽广而且深邃，往往能以小见大、见微知著。那么，大眼界从哪里来？首推阅读。但现实中，许多教师在中小学甚至大学的受教育阶段，除了读教材外，其他书读得不多，出来工作后就更不喜欢读书了。有些教师，中小学时代更多的是为了应对考试，只读教科书；到了大学，为了学分，读得多的还是教科书；工作后，要么因为工作忙，无暇读书，要么本身就不爱读书，真正自觉读书的人还是不多的。由此造成教师不仅知识视野狭窄，甚至一旦没了教学参考书就不会备课、上课了。次推备课。认真备课，一是凭教学经验和感觉，但经验往往守旧；二是基于全面把握和理解课堂四要素（课程标准、文本及其作者、编写者的意图、自身和学生的特点）；三是提倡问卷或其他手段的调查和文献佐证（第一手资料是高效课堂的有力支撑）。因为课堂教学归根结底就是为学生知、情、意、行的发展服务的，所以，你得了解学生的真实现状。总之，一个人如果没有大眼界，就一定没有大视界，更不会有纵横自如的课堂教学。

（二）大胸怀

大胸怀，体现在课堂教学中，即是以宽容学生为大。面对学生，既要把学生看成是正在成长的孩子，也要把学生看成是有责任和担当的成人。学生为什么来学校学习？是因为学生"不会"，所以，才要"学习"的，从"不会"到"能"再到"会"（"能"指你能够并且有能力做，但做得是否尽可能完美、极致，代表较高甚至最高水平，就不是"能"，而是"会"，"会"则是通晓、擅长，显然比"能"更胜一筹）是需要时间和过程的，教师需要有足够的耐心等待学生，在等待的过程中，教师务必宽容学生可能出现的各种错误或不足，更不能嘲笑学生的缺陷和不足——哪怕只是一个贬义词、一个鄙夷的动作或眼神，都是不允许的。

可能各位听过这样一个故事：一个香港的小学教师，将一篇错漏百出的作文视为优秀作文，这位教师的解释是这篇文章抒发了作者的真实情感。苏联著名教育家苏霍姆林斯基当校长时，发生了这样的一个故事：校园里开出了一朵最大的玫瑰花，每天都吸引了很多学生来看。一天早晨，苏霍姆林斯基看见一个小女孩摘下了这朵玫瑰花，他问小女孩为什么要摘这朵玫瑰花。小女孩就告诉他，是她的奶奶病得很重，奶奶不相信校园里有一朵大玫瑰花，摘下来是想让她的奶奶看看自己说的没错。听了这样的解释后，他立即又摘下了两朵玫瑰花，对孩子说："这一朵是奖给你的，你是一个懂得爱的孩子；这一朵是送给你奶奶的，感谢她养育了你这样好的孩子。"面对这样的事，恐怕我们的老师早就大喝一声："不准摘！"然后是苦口婆心的教育乃至对学生进行处分。两相对比，教给学生是爱和宽容还是粗暴和不耐烦，是善和美还是丑和恶？效果不言而喻。

大胸怀，意味着能善于接纳。从学习的角度上说，教师应有"拿来主义"的精神和理念。"放出眼光，自己来拿"，尤其是新事物、新观点，无论对错、好坏，拿来再说；然后再辨别它、挑选它、学习它、尝试它。道理很简单：存在的就是合理的，但存在未必合情更未必合法。就课堂教学而言，教师一定不要随意、轻易甚至轻率地否定学生的劳动和创造性成果，哪怕再差，也是他的创造；哪怕再糟糕，也有他的亮点。比如，我和我的学生常常说，今后不要把自己写的作文叫"作文"，请叫"作品"，请看成是自己的孩子！因为是你花了不少心血原创出来的东西，得视如宝贝好好珍惜，我至今还保留着30年前学生的优秀作品，这曾让我的学生大吃一惊。

（三）大气魄

大气魄，意味着对自己有强烈的信心、坚定的信念、坚强的毅力，无论何时何地都充满激情和活力，凡是认准的目标就会全力以赴想办法达成。

在一次全国性课堂教学研讨会上，一位来自甘肃的教师开口便自我介绍说："我来自欠发达地区甘肃……"话未说完，便被教授打断了："不要一说就来自欠发达地区，欠发达地区又怎么了？"很明显，教授的意思是不要这样轻视自我。回头看看当下的中、高考，尽管最终的话语权在发达地区的少数人手里，但在信息化、言论相对自由的社会中，似乎谁都有话语权，谁都可能是专家、学者。那么，我可不可以这样理解：在我的课堂上，在我的学生面前，我就是那位专家、学者！

一个教师，要让自己的课堂成为高效、卓越的课堂，培养出优秀或卓越学生，必须具备大眼界、大胸怀、大气魄这三大品质。换句话说，如果我们教师没有这"三大品质"，怎么可能培养出具有"三大品质"的学生来呢？

二、缺乏研究和研究精神

这里所说的"研究精神"，既是指教师对日常教学的反思、总结、调查研究教与学的效果、阅读经典图书、查证文献资料等具体行为，也是指热情地、有目标地基于教学问题并就此形成一个课题展开比较系统的研究工作的理念和行动。

一个有研究精神的教师，其学识一定渊博，视野一定开阔。对学生而言，其亲和力一定更强，因为学生特别钦佩这样的教师。

那么，如何开展自己的研究和培养自己的研究精神呢？

第一，从事教育科研。主持或参与教育科研是教师合格地成长为优秀骨干、名师、卓越教师等自我成长与发展的最佳途径。比如我本人，我参评特级教师时已经年过五十，但学校还是推荐了我，皆因我的教科研成果显著——近10年我主持的市级以上课题就有6个；出版了4部论著，发表了30多篇论文。2018年广东省遴选名师工作室，我是在校长动员和同事的鼓动之下报了名，结果就榜上有名了。

第二，课堂是教育研究和学习的最佳地点。广东实验中学的罗易老师在他的《墨谈》里说："教育是我的宗教，课堂是我的学堂。"他将"教育"作为宗教来追求，将"课堂"作为自己的研究和学习的最佳地点。这样的例子并不鲜见，季羡林先生80岁还写作研究印度吐火罗语；褚时健80岁还在培植"褚橙"……

大师们的故事给我们的感悟是：一个合格或优秀的教师，是活到老，学到老的。但现实是，很多教师似乎真的忙于学校里的各种事务，似乎真的挤不出时间来学习或阅读。可是鲁迅先生说时间是挤出来的——对此我感受颇深：时间的确是挤出来的，就看你愿不愿、会不会"挤"。有一次，几位教师外出学习一周，闲暇时间聊天时，我说，我已经写了近万字的学习感悟文章，他们大吃一惊，本来我没觉得怎样，因为我外出学习有一个习惯，就是要求自己每天写1 000字左右的反思文字。后来我想想，可能这就是我和很多教师最大的区别：很多教师只晓得听课记笔记，甚至只晓得拍拍照，我却重在反思、重在感悟并及时用文字记录自己的感悟，感悟积累多了，零散就成了系统，个别就成了整体，想法就成了思想。

第三，读好书、用好书是教师最需做的事情，也是很实用、很有效的研究工作。一个教师如果不能经常读点书，尤其是优秀或经典图书，那么，他将很难驾驭学生，甚至跟不上学生成长和发展的脚步。我的一位同事和我一起搞科研，我要求她每个月除了读通教学文本外，还至少要阅读一些与之相关的书籍，几个月下来，她很感慨地对我说："过去似乎都白忙活了——几个月阅读的书居然是过去几年读的书，然后就产生了一个疑问——为什么我高中的时候老师没有引导我们去研读《诗经》、鲁迅呢？"可见，阅读给这位教师带来的力量有多大！

因此，可以肯定地说，有研究与研究习惯和精神的教师，他的课堂更吸引学生，没有别的，他的教学视野更广，更能激发学生思考的兴趣。

三、不了解、不掌握学情

2009年，全世界有65个国家和地区参与了世界经济合作与发展组织（OECD）的PISA（国际学生评估项目）测试。2010年12月，上海第一次加入PISA测试，测评结果揭晓：上海在阅读、数学、科学三个方面均排名全球第一，顿时成为世界各国关注的焦点。克·塔克因此写了一本书《超越上海》。他认为，一个高素质的教师必须具备三方面的能力或素质：①拥有较高的一般性智力水平；②对所任教学科有很深的理解；③具备与学生接触并帮助他们理解所教内容的出色能力。

我无法断定你的一般性智力水平如何，更何况人的智力水平是可能产生逆转的；我也不能否认"对所任教学科有很高的理解"很重要，因为这句话的内涵就很丰富，比如，本学科的课程标准是一切教学和考试的行为准则，是最根本的依据，那么，你知道多少？你理解了多少？理解到什么程度？你又掌握了多少？掌握到什么程度？你能灵活应用多少？应用到什么程度？

我更强调的是第三条。课堂教学要实现高效，必须较好地把握学生状况，较为准确地认知学生对本学科及世界的认知程度、行为习惯、学习态度等。我一直认为，了解学生所有、所需、所缺，即了解学生、把握学情是最基本也是最重要的教学工作之一。

了解学生、把握学情，最简单的做法是走近学生，方法如下。

第一，利用零碎时间与学生交谈。比如课后抽几分钟时间向不同类型的学生询问本节课教师的教学是否合适，哪些环节是多余的、不用讲的。这样做，学生会觉得老师那么尊重我，我不认真听课怎么对得起老师？比如抽空和学生聊聊上课以外的东西，他会觉得老师原来不只会教书，原来老师也很随性，亲和力自然增加不少。比如和学生一起吃一次饭，或者你请学生吃一次饭，将彻底拉近你和学生的距离，我曾经看过厦门大学顾振东教授的一篇文章，写的是我国大学和美国哈佛的距离，他说只差三顿饭，其中一顿饭就是教授和本科学生一起吃的饭，相较国内教授，本科生连教授的面都难见着，更别说单独谈话或指导了，由此可知，大部分中国本科学生对大学母校基本没有感情。当然，我们可以不请学生吃饭，如前文所说，也可以和学生建立微信朋友圈或其他交流渠道，这样既不花钱，又能达到沟通、分享和交流的目的，一举多得，实现多赢，何乐而不为？课后经常写些教学感想或感悟也是很不错的了解学情的途径，总结多了，就能摸清学生的有规律性的情况，上起课来就能切中要害，学生也会慢慢感觉到，老师讲的正是我感兴趣的并且需要的，那时，即使他想不听你讲课也不可能了。

必须充分认识到这一点：人都渴望得到他人的关注。事实上，在课堂教学中，处在成长期的学生更需要得到教师的关注，关注度越高的学生，学习的主动性越强、积极性越高，反之，关注度越低的学生，学习的主动性和积极性也会越低。如果你忽略他，他就会变着法子让你关注，但很可能有些学生这时的"法子"会让你郁闷——基本跟你是对着干的。

第二，开展关于教学的问卷调查活动。这也是了解学情最为重要的途径之一。问卷调查一是应当明确调查的目的、主题和内容；二是确定调查对象，包括范围、性别、百分比等；三是问卷设计，设计问卷必须围绕调查目的、主题和内容，尽量体现全面性、科学性、代表性和针对性，问题的设计要具体明确、通俗易懂，也要注意问题的单一性，避免重复交叉；四是回收问卷时注意区分有效问卷与无效问卷；五是调查问卷必须依据事实和数据展开实事求是的分析和判断，不可拔高也不可压低，才能为教育教学提供准确而科学的依据。

第三，利用自媒体如微信、QQ等和学生探讨教学或者学习问题。这种全新的方式最大的优点在于因为不是面对面，使得学生可以自由大胆地表达自己的见解，提出自己的问题或困惑点，尤其对思维不敏捷而踏实和不敏捷而不踏实两种类型的学生而言，平时因为觉得老师高大上而和老师的交流就比较少，甚至没有，但在虚拟的空间里，这两类学生往往会侃侃而谈，甚至比较没有顾忌地说出他的真实想法。

重庆教育学院杨旭红老师说，亲人之间是有磁场的，我认为，相处融洽的师生之间也一定会产生磁场，尤其当你能经常关注学生，师生间磁场的吸引力会越来越强大。要达到这样的效果，必须了解并把握学生情况。

四、学生学习往往是被动而不是主动的

被动、被迫的反义词是主动、自觉。主动和自觉是特别值得提倡的学习习惯。"主动"是关键，没有主动性的人，一般无法做到自觉学习，更不能自律，一旦诱惑大了，他是抵挡不住的，现在好多学生为什么会有网瘾，原因大概都是如此。那么，什么是"主动学习"？

简单地说，不是他人督促而是自觉自愿地求知、探索的行动和习惯。

问题是，在实际教学中，很多人常常认为，如果我不讲，学生就不会——于是什么都想讲，什么都想灌输给学生，偶尔落下一点，都感觉自己的课怎么如此不成功。事实上，在教育信息化的今天，学生获取知识的途径早已不止课堂这一个途径，只要你愿意给学生机会和平台，他学得可能比老师还更快、更全面。道理很简单，很多家长都是大中专毕业，文化水平高，图书馆更开放和丰富了，更何况还有手机、电脑、自媒体等媒介。出现这个问题的原因有以下方面。

首先，一是教师不明白一个道理：学生来学校的目的是什么。个人认为来学校的目的是因为学生不能、不会，所以他们才要来学校"学"和"习"的。"学习"是两个词："学"和"习"。"学"，就是聆听教师的教诲、传授；"习"，就是给平台、给机会让学生自己尝试、实习、练习。如今你只给了学生"学"的机会和平台，却吝啬地甚至没有给学生"习"的

机会和平台。所以，我们还是得实行鲁迅的"拿来主义"，只是它的主角必须是"学生"，让学生自己主动去拿，而不是"教给"。二是教师不明了课堂教学的宗旨是什么。在实际课堂教学中，几乎都是教师问问题，学生回答问题，教师也拼命地解答，问题问完了，解答完了，也就下课了，理科教师更绝，一道道题目拿出来，就是一边按答题步骤有条不紊地讲解，一边板书讲解的内容，愣是整整齐齐写满整块黑板。这种一问一答的模式，甚至被很多专家认为课堂气氛活跃，师生互动多，是一堂好课。其实，许多人没有看到，这样的课热闹是热闹，学生的收获却寥寥无几，因为学生的学习其实是被动甚至是被迫的，那么学生主动、自主学习也就只停留在纸上了，真要学生做起作业来的时候，学生往往又想半天也解不出一道题来。

我认为，课堂教学的核心应该是启迪学生的心智、唤醒学生沉睡的思想和灵魂，是和学生一道享受生命的灿烂的过程，绝不是让学生尽量装下教师"教给"的东西。古希腊普罗塔戈说："头脑不是要被填满的容器，而是一把需被点燃的火把。"孔子说得更直截了当："君子不器。"所以，在课堂教学中，就应当尽可能为学生提供各种实践与实验的机会和条件、环境，给学生多一点展现个性力量的时间和空间。鼓励学生相信自己、激励学生自己动手、自己思考，提倡学生进行合作探究，让学生在动手、思考、合作探究的过程中锻炼思维能力、形成健康的态度与价值观。一旦他们知道了什么样的任务、应用什么样的方式方法，主动学习的习惯就会形成。

其次，无视"学习金字塔"理论，把课堂当成教师自己的表演场的现象普遍存在。事实上，著名的"学习金字塔"理论对教学活动的开展具有导向作用，这个理论认为，不同的学习方法达到的学习效果是不同的，在学习两周之后，学生对知识的保持率如下：

用耳朵听讲授，可以保留5%；

用眼睛阅读，可以保留10%；

视听结合，可以保留20%；

用演示的办法，可以保留30%；

分组讨论则可以保留50%；

练习操作可以达到75%；

向别人讲授相互教则可以保留90%。

"学习金字塔"理论隐含的教学智慧不言而喻。但在很多教师看来，传授知识是教学最重要的事情，因为中考、高考就是考查学生的知识的。

这样的教师讲起课来往往忽略了学生的自我尝试,忽视了思维方式方法的指导、学科学习方法的指点、思想理念的引领等。事实上,高考已经不仅仅是考查知识了,更多的是考查学生的想象力、联想力、思考力和创新性思维能力,甚至是学生对生命的价值取向。

这里以语文教学为例,语文教学中哪些知识性的东西需要讲授呢?孙绍振先生提出的"裂痕说",我很赞同,他认为教学"不但要告诉学生写了什么,还要告诉学生没有写什么"。即文本中显性的知识基本是不用教师讲解的,学生没有能力解决的或无法理解的隐性问题如困惑点、疑问点、难点、矛盾点,才是我们教学必须要讲解分析的。此外的东西你讲了也白讲,不仅如此,你还在浪费、作践你自己和学生的时间和精力。

因此,在课堂教学时,记得要给学生一定的时间自我思考、消化甚至是冥想,只有这样学生才能及时将你课堂上讲的东西内化为自己的东西。

总之,可以肯定地说,课堂教学要高效,最关键的是看你的教学是否调起了学生主动学习的情绪和欲望,使他有所启发,并跃跃欲试。

五、忽视甚至不讲究语言艺术

在什么状态下,课堂教学的效能最高?西南大学于泽元教授的研究认为,在调动学生自主学习的热情时课堂教学的效能最高。那么,如何调动学生自主学习的热情?牵涉的面很广、要考虑的因素也很多,这里我只强调一点:教师在课堂上必须讲究一点语言艺术,尤其应该多应用戏剧语言。

所谓戏剧语言,即人物语言和舞台说明,其作用都是在有限的时间(一两个小时)和空间(一个舞台几个背景)里推动故事情节的发展,表现人物性格和思想感情,吸引观众的眼球。比如《雷雨》,要在规定的时间和空间里,展现30年里两代人的爱恨情仇的剧情,引起观众的共鸣,如果采用小说语言,能达到这样的效果吗?

课堂教学中戏剧语言的主要表现方式和作用:能点燃学生主动、积极参与课堂互动的热情或激情;能引燃学生主动思考、主动提问;善于应用美的言语形式展现辩证思维和逻辑思维。下面做几点阐述。

第一,能点燃学生主动、积极参与课堂互动的热情或激情的表达。一个能点燃学生主动、积极参与的热情或激情的表达的教师,更善于吸引学生的注意力和提高学生的兴趣,让学生以积极的态度参与你的课堂教学。举个例子,在高速公路上看到这样的警示语:"爱妻爱子爱家庭,忽视安全等于零。""医院很远,请注意安全驾驶。"其实它们表达的意思只有一个:请安全驾驶。但这样的表达,恰好都给驾驶员一个特别温馨、暖心的提示,让驾驶员不由自主地提起精神,集中注意力专心驾驶,以注意避免各种安全风险。为什么能有这样的作用呢?道理很简单,就是警示语吸引了驾驶员的眼球。试想想,要是出了安全事故,命丧黄泉,那妻子孩子怎么办,你辛辛苦苦赚钱养家又有什么意义呢?

生活中许许多多的例子都告诉我们:一个幽默、富有情感、善于调动学生热情的教师是最受学生欢迎的,也是最容易达到"亲其师,信其道"的效果的。因此,戏剧语言的应用,首先重在运用幽默诙谐、富有情感的语言,包括适度夸张而合适的肢体语言等表达形式吸引学生的学习注意力,唤醒学生的求知欲,触发学生的学习兴奋点和兴趣点,并努力让学生保持这样的状态,让学生心甘情愿、自觉自愿地去学习、去体验、去感悟、去探究。

第二,能引燃学生主动思考、主动提问。这种语言艺术能迅速地收拢学生的心,让学生主动、积极地跟着老师思考并引发他的深入思考。如导读朱自清的《荷塘月色》,一般都以分析描写为教学重点,但我并没有过多讲朱自清笔下的荷塘美景,而是抛出了余光中对朱自清笔下美景技巧的评价,余光中认为比喻用得太多了,而且有些还不太恰当,如将荷花比作"明珠""星星""刚出浴的美人",做了阐释后问学生对此的理解,很多学生认同这一观点,但是有的学生并不认同这种看法。不同看法里也有两种意见:一种认为"明珠"和"星星"的比喻是恰当的,因为荷花是放在整个荷塘里的,它有一个特定的背景,因此说荷花是"明珠""星星"是有其相似点的,"刚出浴的美人"的比喻则似乎还真的找不到相似点;另一种认为不尽其然,一个美人从水里出浴,不正和荷花开放在荷叶丛中一样吗?更绝妙的是,有学生课后还提出了另外两个问题:为什么是"碧天里的星星"?为什么余光中说朱自清和钱锺书后再无散文大家直到余秋雨出现?

我曾经看过一个资料说,大学生多年后最记不得的课堂是语文课堂,为什么会这样?我分析,语文教师的教学往往是最程式化的:一上来就是时代背景,然后便是对文本内容、结构的分析,最后无非是中心思想或写法分析。这种程式化的教学往往过于呆板和枯燥,完全失去了语文课堂本该有的活力,长此以往,学生一听说上语文课,就想睡觉,哪还有兴趣听你讲课?而且,高考语文又几乎不考课内知识,听了又能提高几分?所以,对某些学生而言,语文课是最为大家所诟病也是最不受学生欢迎的课!

第三,善于应用美的言语形式展现辩证思维和逻辑思维。有人说,在今天这个智能时代,学习什么最重要?答曰:宽广的知识、灵活的思维。我觉得这个论断基本是对的(因为我认为,高中语文教学还有一个重要目标:探寻、感悟语言、文字之美)。对于中学生而言,训练灵活的思维是课堂教学最为重要的任务和目标之一,只有思维活跃了,学生才能形成自主、主动学习的习惯。我觉得"灵活的思维"包括逻辑思维和辩证思维两种,前者讲究严谨缜密、推理严格,讲究的是必须符合科学和规律,比如数学、物理等理科学科;后者则讲究一分为二、变化发展,即不是唯一的,讲究的是言之有理、自圆其说,比如语文、政治等文科学科。据说,未来语文、数学高考将要突出"考查思维的深刻性、敏捷性、灵活性、独创性和批判性"。数学学科加强理性思维考查、体现创新性甚至考查数据处理能力——这是新增加的能力要求;语文学科则明确增加"分析性写作题",要求考生撰写满足学习与研究所需要的辨析论证的分析性文章(另外一类文章是写作如书信等实用性文章)。就分析性作文而言,学生必须把握的是一分为二、全面和发展的辩证思维,必须掌握并灵活应用的是由果溯因、由表及里、由浅入深的逻辑分析方法。因此,这两种思维不仅是中、高考需要的,也是学生的未来人生更需要具备的。我们既要关注并训练学生的逻辑思维能力,更要关注并训练学生的辩证思维能力。

总之,课堂教学的语言必须讲究一点语言艺术,这是实现课堂教学效益最大化的重要手段。

以上对教学素养与发展问题的思考,我把它归纳为课堂教学必须具备的五大教学素养:有大视界;有研究和研究习惯和精神;有掌握学情的习惯和能力;有调动学生主动学习的习惯和能力,有较强的课堂语言表达的能力。

高中生语文读、写、秀状况问卷调查报告及调查问卷

一、问卷调查报告

本次问卷调查设计选择题有24题，自主性回答题有1题，采用无记名问卷方法。参与调查人数54人，收回问卷54份，有效答卷54份。问卷调查的内容、结果和分析报告如下。

（一）调查内容

本次调查内容包括活动成效、阅读、写作、课堂学习行为与心态四个方面。

（二）调查结果分析

1. 活动成效

（1）专题活动成效。选择"具备了一定的语文审美能力、探究能力""拓展了知识面"的学生分别为41人（占75.9%）和44人（占81.5%），这个数字表明学生开始有了审美意识和探究意识，并扩大了自己的阅读面；选择"提高了语文考试能力"的只有6人，这与开学初54%的学生选择此项形成反差，这表明对专题读写活动的功利性实用效果持否定态度或活动在这方面的效果不明显。根据"除专题阅读外还阅读过哪些书籍"的回答，一个学期人均阅读4.3本，加上专题活动的4本书，人均达8.3本书，若按此速度和数量计算，则一年的阅读量超过了韩国的11本，接近法国的20本。但女生比男生人均多阅读4本书，表明女生的阅读速度和兴趣都比男生高。

（2）语文学习的兴趣。回答"一般""偶尔""没有"的35人，占64.8%，比开学初下降8.9个百分点，表明学习语文的兴趣有了比较明显的提升。但在"你会主动（不是迫于家长或老师要求）找书看吗"上，选择了"总是，常常"的为31人，占57.4%，与开学初持平，这表明42.7%的学生的阅读主动的态势没有形成，还处于被动状态，阅读选择的不确定性明显，当然也许是由于高中学习更多的是为了应对高考，没有比较完整的时间用于阅读。

2. 阅读情况

(1) 阅读方式和种类。在"阅读纸质书多于电子书"上选择"总是""经常"的28人，占51.9%，比开学初多了5个百分点，说明学生有偏爱阅读纸质书的趋势，当然也可能是学校对电子阅读产品控制严格造成的。在种类的选择上，虽然所列的11种类型的课外书籍，学生们均有涉猎，但选择"小说"和"现当代作品"的分别为49人（占90.7%）、40人（占74.1%）；选择"古代作品"的仅有6人占11%；很有意思的是分别有25人（占46.3%）、23人（占42.6%）、26人（占48.1%）选择"心理学""历史""外国作品"。这表明"小说"仍为学生的最爱，还有偏爱外国作品的趋向，但可能由于古代作品理解难度较大，学生有一定的畏难情绪，导致不太喜欢阅读这类图书，看来如何继承中华优秀传统文化，还任重道远。

(2) 朗读习惯与速读能力。在是否注意朗读的问题上，选择"偶尔""没有"的11人，占20%，这与开学初没有明显变化，但选择"总是""常常"的学生为19人，占35.2%，比开学初多了11.7个百分点，进步明显。在阅读速度上，超过600字/分的学生为17人，占31.5%，比开学初多了6.6个百分点，选择600字/分左右的为27人，约占50%，这表明本学期速读速度的训练和速读意识的培养效果比较明显。

(3) 课外阅读时间。以周为计算单位，每周花在课外阅读上的时间"在2.5小时以上"的为37人，占68.5%，还有10位（占18.5%）学生达到两个小时，两者相加共47人，占87%。也就是说，每天平均阅读时间高于预期的20分钟的学生占87%，这大大超过了开学初的15%的比例。这一方面可能由于是高一与初中毕业阶段带来的差别，但也表明学生还是有乐于阅读的欲望和动机的。

(4) 读书笔记与阅读应用。在是否做读书笔记的问题上，选择"总是""经常"的为10人，占18.5%，这比开学初高了10.6个百分点，虽然占比还很低，但至少说明强力推进做"读书笔记"的工作还是很有成效的。在关于"你能通过阅读将掌握的知识运用到写作中，以读促写吗"的回答中选择"总是""经常"的18人，占33.3%，比开学初增加了13.3个百分点，但还有13人（占24.1%）选择"偶尔""没有"，这个结论表明虽然学生进步明显，但学生的阅读大多还停留在浅阅读的层次上，不少学生缺乏鉴赏思考，缺乏读书后的总结，这样的阅读状态容易导致他们看过即忘，事倍功半，更不用说做到"学以致用，融会贯通，以读促写"了。

3. 写作情况

（1）写作字数。在对本学期专题读写任务量的调查中，选择"很合适""合适"的为28人，占51.9%，只有4人认为"不合适"，占7.4%；而本学期写作量超过9 000字（不含考试作文、日记）的为24人，占44.4%，只有7人写作量不到6 000字，约占13%。也就是说，超过87%的学生一个学期的创作量达到了6 000字，这已经大大超过普通班学生的写作量。

（2）自评自改与互评互改的习惯。调查显示，至少14人（占25.9%）已经让自评自改和互评互改成为自己的创作习惯。这与开学初相比较至少高出了11个百分点。只有15人（占27.8%）选择"偶尔""没有"，这个数据显示学生被动地等待教师的批改，而不善于主动自纠、缺乏互相交流和共享的意识和习惯的状况已经有了比较大的改观。

4. 课堂学习心态和行为

（1）课堂学习心态。调查显示，28人（占51.9%）在对"课堂教学中是否敢于提出问题"的回答是"偶尔""没有"，这个结果表明学生对主动提问还是比较有顾虑的，他们普遍认为，主要是怕被同学或老师笑话，所以，必须等到有十足的把握后才敢提问。但学生对此又有强烈的愿望，这可以从对"你最关注和喜欢那个教学环节"的回答中看出来——分别有超过51.9%的学生最喜欢"牛刀小试"和"展示交流"，这两个教学环节其实对学生而言任务不仅重而且还很辛苦，但学生又希望能有表达自我、展示自我的机会和舞台。在对"阅读的作品会不会进行书面评价和欣赏"的回答中，还有17人（占31.5%）选择"偶尔""没有"，这与对"是否有做读书笔记"的调查相一致，这也说明学生主动探究意识还很不够。

（2）课堂学习行为。从上述学生喜欢的教学环节看，学生的学习行为存在矛盾之处，一方面希望展示自我，但又不太习惯表现自我，亮出自我的胆略和勇气显得不足。这在对阅读教学方式的选择上也可以看出来，学生们一如既往地更喜欢"教师引导，学生思考讨论""教师引导，师生交流"这两种教学方式，尤其是第二种教学方式，有34人（占63%）选择了它（另有25个学生选择第一种），与开学初36.3%的学生选择"教师讲解，学生倾听"的教学方式不同，这次只有12人（占22.2%）选择，这表明学生希望能积极参与教师的教学，希望能自主学习、主动探究，只是羞于启齿。

（3）展示和发表作品。对"是否希望自己的作品在年级、班级展示或网站、刊物发表"的回答，22人（占40.7%）表示"非常希望""很希望"，只有两个学生表示"基本不希望"或"完全不希望"。这一点与上述调查数据可以相互印证，也表明我们创办网站和开展展示活动的教学策略是适合学生的需要的。这也可以从学生对教师的教学满意度上看出来——有37人（占68.5%）对此选择了"很满意""非常满意"。"不满意"的只有两人，没有学生选择"很不满意"。

（4）阅读和写作能力的满意度。这主要是基于让学生对自己的阅读和写作进行自我评价而设置的。没有一个学生对自己的读写能力感到"很满意"，但至少14人的学生（占25.9%）对自己的阅读或写作能力感到"不满意"或"很不满意"。一方面学生意识到了自己读写能力的不足，另一方面也表现了学生对读写能力的要求达到了更高层次。其中，女生比男生要求更高，因为"不满意"的人数是男生的一倍还多。

（三）结论与建议

1. 结论

（1）开展专题读写活动教学不仅能激发学生的阅读和创作的激情与积极性，而且改变了学生的语文学习观念，一句话：成效比较大。下面学生的评价可以说明一切。

本学期的语文学习，让我悟出太多的"道"。归结起来主要表现在三个方面：第一是阅读和创作之道——专题读写的教学方式，一方面给学生别开生面的感受，在教与学、创新观念与实践中培养学生的阅读和创作兴趣，提高学生的阅读和创作能力；另一方面，它体现的注重阅读习惯的培养也是非常可贵的。我在阅读和创作这两大板块上的能力提升主要来自于教师设计的每月的读书笔记和专题读写，尤其是专题读写，由于文学评论和研究报告是我感觉非常陌生的作文体裁，所以每当结束一个专题，我的写作水平会得到提高，素材也会相对丰富。

第二是为人处世之道。我认为主要是体现在课前三分钟演讲上。教师通过让学生选择关键词的形式表达自己对人生现阶段的感悟或者说是体会。选择的关键词表达每个人对人、对事的不一样的理解。另外，在教师讲课期间，有时候也会谈到关于为人处世的一些问题，会对现实问题发表自己的看法，然后鼓励学生发言，各抒己见。我想，概括起来都可以说是为人处世之道。

第三是修身养性之道，这一点应该主要体现在两个方面，第一个是老师聊到过的关于一种心境的平衡上——抽空冥想或者是发呆，思考人生……其次，有关书法练习和阅读名家名作，尤其是阅读，对于修身养性，个人觉得非常有帮助。

（2）男女生发展不太平衡。在很多方面，女生发展得比男生更好。主要表现：在阅读主动性上，女生比男生更主动；在阅读兴趣上，女生比男生更广泛；在读写目标的追求上，女生比男生更高；在阅读数量上，女生远远超过男生。但男生的读写质量比女生好，如研究报告写得最好的是赖承润，在CN刊物上发表第一篇作品的是男生郭丘乾。所以，如何开发男生的阅读和写作潜力仍然是一个值得探究的问题。

（3）以创作评论（或读后感）、研究报告、适当创作相关文体作品为写作重点的做法是符合当前语文教学的发展趋势和课程标准的要求的；坚持教学以学生和教师为双主体的原则是符合师生关系相生相促的教育观的，能使师生在语文素养上得到共同提升。

（4）在如何应对考试方面值得探究。从问卷看，学生认为本课题活动对考试能力的提升没有太大的帮助，这也可以从期末考试成绩中看出来，由于其他班立足于做大量试题，所以，成绩优于实验班，虽然差别并不大，而且实验班语文成绩提高的速度比较慢，目前似乎还看不出来对应试能力的影响如何。

2. 建议

（1）坚持"读、写、秀"三环节教学，开发更多、更实用的"课内导读""牛刀小试""展示交流"的教学方式方法，以此吸引和调动学生阅读和创作的激情和积极性，让阅读和写作成为学生的生活习惯，不仅仅为高考做好准备，还为学生未来人生的发展奠定坚实的阅读和写作基础。

（2）坚持继续推进自媒体的平台建设，并利用自媒体深入开展"读、写、秀"活动；坚持努力创设各种平台使学生拥有更多表现自我、展示自我的机会和平台；坚持推进开展整本书的阅读活动和单篇文本教学如何有机结合的研究、读写教学如何衔接考试能力提升的研究；坚持课前三分钟主题词演讲活动制度。尽量追溯字词的本义和引申义，引导学生发现生活、感悟生活。

（3）坚定不移地继续培养学生的如下五种语文学习习惯：①朗

读、速读的习惯；②读书笔记的习惯；③勇于提问，敢于发言的习惯；④主动、自主学习的习惯；⑤自评、互评作文的习惯。

（4）重视对网络阅读意识和习惯的培养。这不仅是本课题研究的需要，更是未来社会、国家民族、人类自身发展的需要，如今已经是"互联网+"的时代，在不久的未来，人类必将进入"智能+"的时代，网上阅读势在必行！

（5）深入探索研究如何培养男生的阅读和创作兴趣、如何培养女生深度思考能力这两个课题。

二、调查问卷

说明：本问卷适宜任一学段教学的问卷调查。

1. ［单选题］你的性别（　　）

    A. 男　　　　B. 女

2. ［单选题］你对于语文学习感兴趣吗？（　　）

    A. 总是　　B. 常常　　C. 一般　　D. 偶尔　　E. 没有

3. ［单选题］你_____练习文章（诗词）朗读（　　）

    A. 总是　　B. 常常　　C. 一般　　D. 偶尔　　E. 没有

4. ［单选题］你阅读文章的最快速度是每分钟（　　）

    A. 750 字以上　　　　B. 700 字左右

    C. 600 字左右　　　　D. 500 字左右

    E. 400 字以下

5. ［单选题］本学期除教科书外你阅读过几本书（　　）

    A. 超过 10 本　　　　B. 8～10 本

    C. 5～7 本　　　　　D. 3～4 本

    E. 不到 3 本

6. ［单选题］你阅读的作品通常是纸质书多于电子书吗？（　　）

    A. 总是　　B. 常常　　C. 一般　　D. 偶尔　　E. 没有

7. ［单选题］你会主动（不是迫于家长或老师要求）找书看吗？（　　）

    A. 总是　　B. 常常　　C. 一般　　D. 偶尔　　E. 没有

8. ［单选题］阅读一本书，你做读书笔记吗？（　　）

    A. 总是　　B. 常常　　C. 一般　　D. 偶尔　　E. 没有

9. ［单选题］你每周花在课外阅读上的时间是（　　）

    A. 3 小时以上　　　　B. 2.5 小时左右

C. 2 小时左右　　　　　　D. 1.5 小时左右

E. 1 小时以下

10. [单选题]你能通过阅读将掌握的知识运用到写作中,以读促写吗?(　　)

　　A. 总是　　B. 经常　　C. 一般　　D. 偶尔　　E. 没有

11. [单选题]你觉得本学期专题读写教学任务量(　　)

　　A. 很合适　　　　　　　B. 合适

　　C. 一般　　　　　　　　D. 不合适

　　E. 很不合适

12. [单选题]本学期你的作文字数累计(不含日记)(　　)

　　A. 12 000 字以上　　　　B. 9 000~12 000 字

　　C. 6 000~8 999 字　　　　D. 4 000~5 999 字

　　E. 4000 字以下

13. [单选题]你有自评、自改、自赏作文的习惯吗?(　　)

　　A. 总是　　B. 常常　　C. 一般　　D. 偶尔　　E. 没有

14. [单选题]你有互评、互改、分享自己的作文的习惯吗?(　　)

　　A. 总是　　B. 常常　　C. 一般　　D. 偶尔　　E. 没有

15. [单选题]你利用自媒体(微信、QQ等)的情况(　　)

　　A. 总是　　B. 常常　　C. 一般　　D. 偶尔　　E. 没有

16. [单选题]你觉得在阅读和写作中自媒体的作用(　　)

　　A. 很大　　B. 大　　　C. 一般　　D. 偶尔　　E. 没有

17. [多选题]在读写教学中,你最关注和喜欢(　　)

　　A. 课内导读　　　　　　B. 牛刀小试

　　C. 展示交流　　　　　　D. 知能测试

　　E. 其他

18. [多选题]你喜欢的阅读教学方式是(　　)

　　A. 教师引导,学生讨论

　　B. 教师引导,师生交流

　　C. 教师精讲,学生自学

　　D. 学生提问,教师解答

　　E. 教师讲解,学生倾听

　　F. 其他

19. [多选题] 通过阅读和写作训练,你觉得自己(　　)

A. 有了较强的语文应用能力

B. 具备了一定的语文审美能力、探究能力

C. 培养了良好的思想道德素质和科学文化素质

D. 拓展了知识面

E. 提高了语文考试能力

F. 较好地消遣娱乐

G. 其他

20. [多选题] 你喜欢阅读(　　)

A. 文学1(小说散文)　　B. 文学2(诗歌戏剧)

C. 政治、哲学　　　　　D. 语言学

E. 心理学　　　　　　　F. 社会科学

G. 历史　　　　　　　　H. 现当代作品

I. 古代作品　　　　　　J. 中国作品

K. 外国作品

21. [单选题] 你对自己的阅读能力满意度(　　)

A. 很满意　B. 满意　C. 一般

D. 不满意　E. 很不满意

22. [单选题] 你对自己的写作能力满意度(　　)

A. 很满意　B. 满意　C. 一般

D. 不满意　E. 很不满意

23. [单选题] 你对本学期语文课堂学习与教学的满意度(　　)

A. 很满意　　　　　　　B. 满意

C. 一般　　　　　　　　D. 不满意

E. 很不满意

24. [单选题] 你希望自己的作品在班级、年级或者是网站网页展示甚至发表吗?(　　)

A. 非常希望　　　　　　B. 很希望

C. 一般　　　　　　　　D. 基本不希望

E. 完全不希望

25. 除"专题读写"要求阅读的书目外,你还阅读过哪些书籍?请写出作者和作品名称。

第二节 融合教学·语文核心素养·高考

很多人都会有意无意地认为,在中学搞课题研究似乎是高大上的、有点脱离教学实际的东西,说白一点,就是课题研究似乎不是为了提升学生的成绩这个最实在的东西,而是为了提升学生的素养这类比较虚的东西。是为了分数,还是为了素养?这似乎是个问题,但其实这是个伪命题。因为这两者之间并不是矛盾而是相互融合的。试想想,学生的学科素养强了,他能无法面对考试、考不好试吗?在我看来,课题研究就是为了解决实际教学问题的,因为存在问题,或因为现行教学还有值得或可以完善的空间,我们才要去探索能不能找到一条新的教学路径来解决存在的问题,完善不太完善的教学,由此提升学生的学科能力和水平。据公布的广东省教育研究成果奖(2017)名单看,广东实验中学、华南师范大学附属中学、执信中学、深圳中学、珠海市第一中学、中山市第一中学等名校的身影比比皆是。在前不久公布的国家教育研究成果奖名单中,除一项为湛江市外,其余均为珠三角学校,可是,它们影响了高考成绩吗?

当下语文教学明确必须围绕学科核心素养(语文核心素养包括语言建构与运用、思维发展与提升、审美鉴赏与创造、文化传承与理解)来组织教学,高考也必须体现学科核心素养,这一点已经明白无误地写在了《普通高中语文课程标准(2017年版)》(以下简称《课程标准》)中。从这一点出发,如果课题研究不是围绕提升学生核心素养来开展,那么,这个课题研究也不会有生命力。因此,课题研究和学科素养、高考之间并不是相克相斥,而是相融相生的。

"以自媒体为媒介,开展专题读写活动教学",这种融合教学的方式和《课程标准》的要求是高度吻合的。比如,《课程标准》要求在3年内,共计有18个学习任务群（必修与选择性必修、选修）要完成。我们是一年半，14个专题（至少阅读28本书，其中，精读15本书），每一个专题就是一个学习项目，包含了多个读写任务，其中，精读一本书、读书笔记和论文（评论或研究报告或研讨会议记录）的写作是必须项。这个要求已经高于国家要求（国家要求其实也不轻松，因为它的任务也包含很多项目，如"调查研究"这个词出现的概率很高，意味着很多学习任务群都需要开展调查研究工作，而以我的经验而言，这项工作是非常花时间、花精力、费神的）。这18个任务群，已经囊括了高中生必须接触的所有阅读领域，而我们的课题在设计专题时也已经考虑了这一点。《课程标准》里的"学习任务群的设计着眼于培养语言文字运用基础能力，充分顾及问题导向、跨文化、自主合作、个性化、创造性等因素，并关注语言文字运用的新现象和跨媒介运用的新特点"，它"以任务为导向，以学习项目为载体"，"引导学生在运用语言的过程中提升语文素养"，也正是我们的课题在研究的东西，可以说，《课程标准》就是我们课题的行动指南和法律保障。[①]

为了与高考接轨，也为了检测学生阅读的成效，融合教学根据"学什么，考什么"的原则几乎在每个专题都设置了"知能测试"，设计的题目与高考题型吻合，题目皆为原创命题，这样，就将《课程标准》落到了实处，而且将标准、课题、高考有机地连接了起来。

为了进一步说明融合教学与语文核心素养、高考的关系，下面从读和写两个方面加以阐述。

一、阅读的角度

探寻语言、文字之美，感受语之趣、文之味，是融合教学的主旨，也是高中阅读教学必须正视和解决的问题之一。比如专题一，是探寻《诗经》之美，我们发现，单是语言文字之美，就美不胜收了，一首《芣苢》，整首诗采用重章复沓的表达方式，反反复复地表达欢快、迫切之情，却只用不同的六个字——"采""有""掇""捋""袺""襭"，不仅描绘了劳动的过程，还表达了希望能够满载而归、多生孩子的愿望！我们阅读《击

[①] 中华人民共和国教育部. 普通高中语文课程标准（2017年版）[M]. 北京：人民教育出版社，2018：8.

鼓》，"我独南行"中的一个"独"字，非常形象地凸显出那种孤独却又有担当、有血性的远征的战士的形象，于是"执子之手，与子偕老"就显得如此的奢望，那种铁骨柔情、那种信守盟誓的战士形象谁能不为之动容、为之感动呢？至于《蒹葭》中的"溯游从之，宛在水中央"，一个"宛"字，写出了若隐若现、似有似无的曼妙境界，透露的是似近却远、可望而不可即的梦幻般的感觉，不由你感慨：众里寻他千百度，就是不知你在哪。因此，曲黎敏说，人生诸苦，"求不得"最苦！那种千般柔情、万种思念而不得，再没有比这个字更恰当的了。想想看，这不是语文四大核心素养的具体体现吗？而古代诗歌鉴赏也是高考的主要考点之一（分数基本稳定在9～11分，与现代文的议论类文章阅读至少持平），虽然少有考查古体诗，但学会了赏析古体诗，近体诗、词的鉴赏是不在话下的，道理很简单，它们之间是融通的——无论是诗歌的内容还是形式。

再举《鸿门宴》的例子看看，司马迁是运用语言的高手。比如，他写两个阵营的状态，我们知道刘邦的阵营是同德同心的，而项羽的阵营是离心离德的。他是这样写刘邦阵营的：主帅刘邦和下属谈事，几乎都有一句口头禅："为之奈何？"满口都是兄弟般商量的语气，而下属甚至连说出来的话都惊人地和刘邦一致，古人讲究的不就是"打仗亲兄弟，上阵父子兵"吗？再看看怎么写项羽阵营的，我们可以看到，项羽是这样说的："为击破沛公军。"范增是用这样的口气说："不者，若属皆且为所虏！"几乎都是以自我为中心、带有命令甚至威胁的口气，那是一种等级森严的上下级关系。两相比较，充分显示了刘邦很会做人，善于聚拢人心，这种上下同欲，正好和项羽阵营做了鲜明的对比。项羽则热衷于个人权力，自负自大，各自为政，这就是造成项羽悲剧的主要原因之一。如果能引导学生发现这些"秘密"，不仅可以提升其语言文字的应用能力，还能获得深刻的生活启示。

我想，品味语言、文字的美妙，本来就是语文核心素养——《课程标准》中的"语言的建构与运用""审美鉴赏与创造"[①] 的体现，也是高考必须考查的内容，它甚至还是考试所需要的阅读与写作的基本技能。两者难道不是相互融合吗？怎么可能相互对立呢？

---

① 中华人民共和国教育部. 普通高中语文课程标准（2017年版）[M]. 北京：人民教育出版社，2018：8.

二、创作的角度

融合教学的另一项重要任务是创作，不说记叙、议论等文体的创作，单是创作论文、研究报告，就是批判性思维和逻辑思维能力和品质的训练。从训练实践看，刚开始的时候，大多数学生既不知道该怎么写，又从没有写过如此长的文章（1 500 字以上），但经过半年训练，大约90%的学生就能够按照规范来写了，大约20%的学生可以达到甚至超过那些一开始就会写的同学的水平；如果持续一年，那么其中优秀的比例可以达到35%~45%，很多人的创作水平会保持稳定，当然，理科生和文科生会有一定的差别。而写作论文，其实就是议论类文章的训练，这与高考作文的考查方向"突出考查学生的逻辑思维和批判性思维以及深刻性"正好相契合，更是与语文核心素养的要求"通过语言运用，获得直觉思维、形象思维、逻辑思维和创造思维能力的发展，以及思维的深刻性、敏捷性、灵活性、批判性和独创性等思维品质的提升"高度吻合。

即使是研究报告也是很有实用价值的，假如2017年的高考全国Ⅰ卷作文题有学生的作文写成研究报告，那一定很出彩——因为当年的作文题目其实很适合写研究报告。像这类文体的写作，其实是高于高考的实际需要的，同时也培养学生严谨研究和分析问题的能力和习惯，而这正是当前学校教育常常忽视的。类似的实用文体的训练在专题读写活动教学中还有很多，比如会议记录，是几乎每一个专题都会应用到的文体。但我曾经询问过多位教师，会不会做会议记录，结果大多回答很迟疑，甚至干脆说不知道规范格式。

每一个专题读写活动，虽然只有一个月，但是我们学生的阅读量和写作量却增加了。这种专题学习，相对其他普通班学生，读写量都要大很多，坚持下来阅读也将至少达到450万字，单是论文、研究报告和文体创作的课外练笔至少达到2.5万字（不含读书笔记），更是大大超出了《课程标准》提出的"三年的阅读总量不低于300万字，课外练笔不少于2万字"的要求。这样，就较好地引导学生爱上阅读，较好地拓展了学生的阅读面，也引导着他们学会自己提出问题，好些学生提出的问题、回答问题的质量都较高。

学会提问是语文教学最为重要的具体任务之一。因为我们阅读是为了吸取他人的优秀或精华之处，写作表达是为了展现自己的思想和情感，而提问（例子详见第六节）必然会使思想产生碰撞，一旦迸发出火花，其裂变所产生的能量将使每个人产生变化。这不也是教育希望达到的目标吗？

顺便再提及一点，《课程标准》提到教师开发和设计课程的能力问题，笔者认为，融合教学研究恰恰就是锻炼教师课程开发和设计能力的。14个专题读写活动，其实就是14门课程，如果能根据预设的5个流程，采取不同的策略和方式方法开展研究工作，将研究工作记录在案，形成系统文字，就可以逐渐变成一门门的课程了。

因此，高中阶段利用从高一到高二第一学期共一年半的时间来开展专题读写活动是完全可行的，当学生的阅读视野、创作视野、思维视野足够宽阔的时候，你还会担忧学生应对不了高考吗？至少笔者两轮的教学实验已经证明这是多余的！

师生对融合教学的看法

一、教师的看法：教学之路越走越宽

很荣幸能够参与林明老师主持的广东省教育科研"十三五"规划重点课题"以自媒体为媒介，开展专题读写活动教学"。这一年来，我在教学方式的转变、课堂组织形式、教材相关资料研读等方面，取得了一定的进步。

过去，作为一名资历尚浅的教师，对于每一门新课，我常常疑惑该以怎样的方式开展教学活动，教学目标该如何设定，每一堂课的重点要落在哪里，如何提高课堂效率，上完一节课，学生能够收获什么。课题开展以来，我带着这些困惑，虚心向同事们学习，对于这些困惑已久的问题，终于慢慢地揭开神秘的面纱。

以前，我主要是采用教师讲授的方式，每节课教师讲得口干舌燥、汗流浃背，学生听得索然无味，真是既苦了老师，又难为了学生……课题开展以来，我的课堂组织不再单一，而是形式多样，比如"牛刀小试"环节的学生自主赏析、《论语》专题的"论语三人行"活动、《雷雨（节选）》则全班学生参与的辩论赛等。以《雷雨（节选)》为例，过去我只是介绍一点话剧的基本知识和赏析文本，枯燥乏味，而这一次，我采用全班同学参与辩论的方式，课前先公布辩论赛基本方案，发布辩题，将全班同学分为正反两方，确定主持人及双方的一辩、攻辩、四辩。自由辩论阶段则由正反两方自由发言，不受人数限制，扩大参与面。同学们就"周朴园爱不爱鲁侍萍"这一问题展开非常激烈的辩论，通过辩论，不仅熟悉了课文内容，还了解了整本书。同学们积极性很高，课前查阅创作背景、名家评论等相关资料，课堂气氛十分活跃，如此一来，不仅激发了学生的学习和阅读兴趣，还加深了对文本的理解，对戏剧中主要人物"周朴园"也有了更全面的认识，这不也就达成我们的学习目标了吗？辩论赛后，我及时总结，鼓励学生，还插播了学生自导自演的课本话剧片段表演，可谓寓教于乐。同学们对这话剧片段表演留下了深刻的印象，我也从过去枯燥乏味的课堂教学中"解放"出来了。

根据课题开展的需要，课题组老师通力合作，编写了四本校本教材，涉及四个不同的读写专题。每一本教材内容的确定，都涉及大量的资料，这对于我来说无疑是一项挑战，也是一种强大的动力，推动着我积极查阅资料，不断研读相关内容，提升了我研读教材相关资料的能力，让我从过去的参考教参式的粗浅阅读进入到参考专家专著式的更深层次的阅读，扩大了知识面。例如，在这一学年，我开展了"论语三人行"活动，为了上好《论语》专题的导读课，我阅读了杨伯峻先生的《论语译注》、白子超先生的《白说论语》、宋淑萍老师的《中国人的圣书：论语》、李零先生的《丧家狗：我读〈论语〉》等几部著作，花了两个课时和学生上了一节《论语》导读课——"从《论语》看孔子"。正所谓"教学相长"，教师应该既是"教"者，也是"学"者，"教"与"学"是相辅相成的，系列专题读写活动，让我在"教"的过程中，认识到自己尚有许多不足，也给了我强大的"学"的动力，让我深刻认识到教材研读应是无止境的，我们只有与时俱进，不断更新自己的教学理念，才能不断进步。

虽然教学之路漫漫，但我觉得自己的教学之路越走越宽广了。

（作者：杨瑞琴）

二、学生的看法

房悦： 小学时候，老师强迫我们看一些看不懂的书，如《红楼梦》，但是看不懂，我们就不去看，考试又要从这里出题目，我们就对《红楼梦》产生了一种厌恶的感觉。但是这个暑假看《红楼梦》，因为有老师的导读，让我明白了自己阅读的意义和方向，就觉得这个《红楼梦》是挺经典的、挺值得一读的。

赖承润： 初中时，对这些名著经典，只觉得枯燥无味。直到语文老师说，中考要考名著，我才硬着头皮去买了一本《名著直通书》，来恶补我的知识。可是我对名著的认识仅仅限于名著选段和课后作业，我连它想表达什么，讲的内容是什么都云里雾里，直到开始了专题读写活动。但我当时还有些不以为然，毕竟这些东西似乎与高考不直接相关。可在老师的指点下，知道了如何参透经典作品，对所读的经典就开始粗略理解了，细读数遍后，竟然能提出自己的观点与问题。所以我觉得专题读写不仅让我们感受经典的美妙，而且能帮助我们学会赏析的方法，为未来和高考奠定坚实的基础。

汤毅政： 利用自媒体这种教学方式对于师生之间的交流讨论有非常大的作用，也有利于学生更有效地理解专题，在某种意义上激发了学生对专题读写的兴趣。我之前并不喜欢看书，基本上不接触文言类的书籍，但在这种专题读写中，我觉得书给自己带来了挺多新的认识，每当自己看完一本书，自己的感触都挺大，也挺有成就感。

邹晨晖： 我觉得从专题读写中我们可以得到一些有质量的书的推荐，不会浪费大量的时间去看一些没有什么营养价值的书籍，并且不会像看故事一样不去深究人物之间的对白和他们的形象描写中所隐藏的作者想要表达的意思，想要告诉我们的道理或者一种活法；也让我接触了一些我一般看到书名就不会想看的书——比如《谈美书简》，不是因为它不够好，而是我们习惯性地想要一些直接的、一目了然的东西，而不是去认真看一些枯燥的文字，认真地思考它们，所以我经常会错过重新接触认识这个世界的美的机会。在思考撰写小论文的时候总是会先画思路题，打草稿，然后再逐字逐句地研读下去，仔细推敲该用什么字词更合适（虽然感觉没什么区别），一遍又一遍地推敲润色，虽然也会不耐烦放弃，但在之后还是会重新拿起笔来认真修改。即使最后的成稿也不怎么样，但也算是养成了一个好习惯。

朱峰：刚开学那会儿的我对于专题活动的想法就是老师布置了任务，我就尽自己最大的力量去完成。但是在我完成关于《家》的任务时，我开始有兴趣去完成这个活动，而且我也感受到阅读的好处。说实话，我从小学到初中都比较喜欢阅读冒险类的书籍和外国小说，对《红楼梦》这一类的书籍有抵触的情绪。然而专题活动让我改变了观点，它让我开始体会到中国文学的美妙。这个活动还帮助我改变了不少的坏毛病，例如我以前的阅读量是很少的，而我现在一学期能够阅读六七本书。再如它还增强了我的团队意识，提高了个人的语文综合能力。不过活动需要花的时间也很多，有时候我没安排好时间，就会把自己搞得手忙脚乱。

李昱慧：因为有了专题课，我觉得自己会读到更多自己本以为很不喜欢的名著，就像《三国演义》《家》等，然后也可以提升自己的写作能力。因为要"牛刀小试"和"展示交流"，上台讲解自己的理解或看法，像我这样一上台就哆嗦就结巴的，正好能够锻炼我们的胆量，增强我们的勇气和信心。

刘海颖：专题读写教学的优点在于：它帮助我们了解和运用一些以前从未接触过的文体，还有关于Word、PPT、微信的运用等；对于未来我们面临"要让百分之十五的学生做不完语文试卷"的难关来说无疑也是有极大的帮助。但由于面临着来自学业和专题作业的双重压力，所以有些同学觉得工作量太大，有的人还会怀疑，是否有益于高考？

郭丘乾：专题读写活动让我开始真正喜欢上了语文。像"牛刀小试"活动，五个人组成一个读书小组，一起讨论、一起学习、一起分享成果。这极大地培养了我们自主学习的能力。也让我开始感受到了语文的乐趣，让我知道语文原来还可以这样学。

张嘉玲：我个人认为这挺好的，能够锻炼我们多方面的能力，比如：通过小组成员一起合作，会有一种集体荣誉感，这种集体荣誉感促使我们完成下达的任务（因为如果没完成，主管会催促完成）；多人合作时我们容易发现自己的不足以及其他人的长处，彼此之间取长补短对我们肯定有益无害，甚至还能增进我们的友谊；可以让我们有目的地学习，比如课堂上经常有优秀同学上去讲自己小组的成果和方法，这对语文学习是很有帮助的。

周丽灵：说实话，一开始我对专题读写活动是十分抵触的，因为它除了要识记积累2 000字外加理解探究所提的8个问题之外，还要写一篇评论和小组合作写一篇研究报告。而对于评论，我往往是无从下手的，要么是文不对题，要么就是选的论点太宽泛、分析得不够深入。看着老师印发出来的同学的优秀作品，心里不是不羡慕的。除了评论之外，我没想到读书笔记也让我很头疼，刚开始我提的都是"这个人物的形象是什么"或"这本书带给你什么启示"之类的问题。我觉得这并没有什么问题啊。直到老师在课堂上把这些问题一一指了出来，我才知道原来这种情况不止我一个人存在，才知道一个好的问题不是大而泛的，而是具体且指向清晰的。虽然每次写评论还是免不了绞尽脑汁地凑字数，虽然读书笔记探究得还不够深入，但是跟着大家一起进行专题读写活动，真的学到了很多，也改变了以前阅读和赏析上的一些误区。苦有，但除了苦，我也开始学着把专题读写活动当成一个提高自己思辨能力、锻炼自己写作水平的平台、一个机会，慢慢去感受这个活动所带来的乐趣。

第二章
融合教学的内涵、流程与策略

第一节 融合教学的内涵与流程

《课程标准》首次提出了语文学科核心素养的概念，主要包括"语言建构与运用""思维发展与提升""审美鉴赏与创造"和"文化传承与理解"，它是"语文素养的核心要素和关键内容"。那么，在语文教育教学中如何落实这些素养呢？我认为还是得找到一个抓手和途径，《课程标准》里有这样一段阐述："要积极探索基于网络的教学改革，利用具有交互功能的网络学习空间，创设线上线下一体化的'混合式'学习生态，为课堂教学和课外学习服务。"[①] 这段阐述也正好契合我的教育理念——近几年，我以"以自媒体为媒介，开展专题读写活动教学"（简称"融合教学"）为研究课题（本课题也是广东省教育科研"十三五"规划2017年度重点课题，项目批准号：2017ZQJK017）展开了实践研究，在持续6年不断的研究中发现：要实现让学生自由、自主地感悟语之趣、文之味，并激发学生读写兴趣的目标，就必须在坚持"不变"的一面——突出"读"和"写"的前提下，在"变"的一面与时俱进，创新方法与途径甚至尝试新的读写内容和形式。

一、融合教学的内涵

（一）基本概念

融合教学即"以自媒体为媒介，开展专题读写活动教学"，实质上就是如何实现自媒体与专题读写活动教学的融合问题，相对于传统纸媒体而

[①] 中华人民共和国教育部. 普通高中语文课程标准（2017年版）[M]. 北京：人民教育出版社，2018：43-44.

言，自媒体是专题读写活动教学的新途径、新方法、新方式。概言之，即是以自媒体为媒介，以审美素养的培养为着力点，以"读、写、秀"为教学形式和方法，依托高中语文必修教材资源，开展专题读写活动，从探寻、感悟语文之美中感悟语之趣、文之味，进而激发起学生主动阅读的兴趣，达到提升学生语文核心素养的目标。

"以自媒体为媒介"，是指在专题读写活动教学中，根据预设的读写活动专题内容，借助互联网、网站、微信（设立公众号）、QQ等自媒体及智能手机或平板电脑等设备作为专题读写的途径或工具，开展相关专题读写活动，完成读写任务群的任务，使学生的阅读视野、创作视野、思维视野得以最大限度的拓展和发展。

值得提醒的是，自媒体只是"媒介"，是"读、写、秀"的手段、工具和途径，前SOHO[①]中国副总裁、现为洪泰创新空间CEO的王胜江先生认为，现在不是"互联网+"的时代，而是"+互联网"的时代。本课题认同这一理念。因此，自媒体只是"读、写、秀"教学的辅助手段，是一种顺应时代发展的潮流，是为广大青少年喜爱的新途径、新方法。

"以审美素养的培养为着力点"，语文教育在学习建构和运用语言文字、提升和发展语文思维、传承和理解文化上都可以让学生获得美的熏陶，感受到语文的"趣"和"味"，在感受"趣"和"味"的过程中，又不断获得美的熏陶，从而潜移默化地培养学生自觉的审美意识、高尚的审美情趣和审美感知能力，并逐步形成表现美、创造美的能力，进而实现提升学生阅读和写作兴趣、能力的目标。归结为一句话就是：语文教育就是让学生自由、自主地感悟语之趣、文之味。

"读、写、秀"，既是教学活动的三个环节，也是教学的三种方法和手段，还是教学要达到的目标。阅读是基础，没有读，就做不到有感而发，就不能触景而作；写作是吐纳，是独立的自我情感的抒发和自我思考的呈现；而阅读和写作是"秀"的先决条件，"秀"归根到底就是阅读、写作成果和经验的展示、交流和分享。无论"读""写"还是"秀"，教师应该是也必须是策划者、引导者、组织者、参与者、行动者，教师和学生同是学习的主体，但只有学生参与其中并让他们觉得自己是主角时，这样的教学才真的有实效。所以，教师要责无旁贷地开发、创建多种适宜学生语文学习——读、写、秀的平台和机会。它的行动规则是：先读后写，先写后秀，先读后秀，边读边秀，秀后读写。

---

① SOHO，即SOHO中国有限公司，前身为北京红石实业有限责任公司。

"依托高中语文必修教材资源",主要是指:(1)根据高中语文必修教材的先后顺序和学段安排来设计专题读写活动的内容;(2)从经典文本或文本作者等相关资源中提取并确定一个专题,开展专题读写活动;(3)教材文本作为范例主要放在课内导读、牛刀小试等环节进行,引导学生理解、赏析、探究文本,对学生进行阅读和写作的方式方法、情感态度、价值观等方面的引导,使他们逐渐形成自己的读写习惯;(4)对文本的教学,着重训练"三读":粗浅阅读,了解书中的内容和结构;速读,重点把握文本结构思路和主旨(观点);精读(分析阅读),发现问题,进而探讨问题、尝试解决问题并形成作品,也可以围绕某一问题或某一关键点展开阅读讨论,进而形成多样化作品。

"专题读写活动",指在规定时间(即高一到高二第一学期的一年半时间)内,按照不同体裁、不同作家作品,安排15个专题(其中一个备选专题),并以此开展系列读写活动。每个专题为一门课程,14个专题组成一个课程系列,每门课程均依据项目学习理论设计若干个读写任务套餐,以此带动、促进读写活动的开展。每个专题读写活动的研读时间一般为一个月,每个专题分为"精读"和"选读"两个部分,共计148部作品;精读书目(一般为一本书)为学生必选的阅读书目,选读书目(一般至少提供6本书)供学生课外扩展阅读,体现自主、自由读写的特点。

(二)基本框架

根据一个专题就是一门课程的设想,在前期三年实验研究的基础上,建构了下列课程系列(只涉及课程内容)。

1. 第一学段

(1)古体诗专题。

精读:《〈诗经〉与汉魏晋南北朝诗歌选读》(自编)。

选读:《诗经》(赵逵夫)、《诗经选》(余冠英译注)、《诗经注析》(程俊英、蒋见元)、《诗经:越古老,越美好》(曲黎敏)、《思无邪》(安意如)、《中华的另一种可能:魏晋风流》(唐翼明)。

(2)现当代散文专题。

精读:《朱自清与鲁迅散文选读》(自编)。

选读:《郁达夫散文选》(郁达夫)、《朝花夕拾》(鲁迅)、《野草》(鲁迅)、《鲁迅散文十五讲》(钱理群)、《文化苦旅》(余秋雨)、《周国平散文》(周国平)、《张晓风经典散文集》(张晓风)、《人生的盛宴》(林语堂)、《生活,是很好玩的》(汪曾祺)、《心有欢喜过生活》(林清玄)、

《听听那冷雨》（余光中）、《无宠不惊过一生》（丰子恺）、《雅舍小品》（梁实秋）、《病隙碎笔》（史铁生）、《厚积落叶听雨声》（朱光潜）、《一只特立独行的猪》（王小波）。

2. 第二学段

（1）中国现当代小说专题一。

精读：《呐喊》（鲁迅）。

选读：《狼图腾》（姜戎）、《围城》（钱锺书）、《尘埃落定》（阿来）、《活着》（余华）、《花季·雨季》（郁秀）、《问青春》（张闻昕）、《台北人》（白先勇）、《白鹿原》（陈忠实）、《长恨歌》（王安忆）、《撒哈拉的故事》（三毛）。

（2）《人物传记》专题。

精读：《苏东坡传》（林语堂）。

选读：《放逐与回归——苏东坡及同时代的人》（洪亮）、《名人传》（罗曼·罗兰）、《从文自传》（沈从文）、《我的父亲邓小平》（邓楠）、《了不起的盖茨比》（美国·菲茨杰拉德）、《我生活的故事》（海伦·凯勒）、《居里夫人传》（艾芙·居里）、《无尽的探索》（卡尔·波普尔）、《毛泽东传》（中共中央文献研究室编）、《华盛顿全传》（华盛顿·欧文）、《激情岁月：郎平自传》（郎平、陆星儿）。

3. 第三学段

（1）近体诗与词专题。

精读：《诗词名家作品选读》（自编）。

选读：《唐诗三百首》、《宋词三百首》、《唐宋词十七讲》（叶嘉莹）、《毛泽东诗词选》、《中国古典诗词感发》（顾随）、《蒋勋说唐诗》（蒋勋）、《唐诗素描》（曾冬）、《蒋勋说宋词》（蒋勋）、《宋词的故事》（王曙）、《在最美的宋词里邂逅最美的爱情》（宋默）。

（2）自由阅读——向你推介一本书。

精读：自选。

选读：自选。

4. 第四学段

（1）戏剧专题。

精读：《雷雨》（曹禺）或《哈姆莱特》（莎士比亚）。

选读：《西厢记》（王实甫）、《窦娥冤》（关汉卿）、《茶馆》（老舍）、《屈原》（郭沫若）、《梧桐雨》（白朴）、《桃花扇》（孔尚任）、《汉宫秋》（马致远）。

（2）现当代诗歌专题。

精读：《现当代诗歌选读》（自编）。

选读：《艾青诗歌选读》、《徐志摩诗歌精选》、《舒婷、顾城诗歌选读》、《普希金诗歌选读》、《余光中诗精编》、《泰戈尔诗选》（泰戈尔）、《席慕蓉诗集》。

（3）中国现当代小说专题二。

精读：《家》（巴金）。

选读：《子夜》（茅盾）、《三体（第一部）》（刘慈欣）、《红高粱》（莫言）、《射雕英雄传》（金庸）、《边城》（沈从文）、《骆驼祥子》（老舍）、《穆斯林的葬礼》（霍达）、《平凡的世界》（路遥）、《命若琴弦》（史铁生）、《霸王别姬》（李碧华）、《呼兰河传》（萧红）、《半生缘》（张爱玲）、《繁花》（金宇澄）。

（4）中国古典小说专题。

精读：《红楼梦》（曹雪芹）或《三国演义》（罗贯中）。

选读：《聊斋志异》（蒲松龄）、《官场现形记》（李伯元）、《儒林外史》（吴敬梓）。

5. 第五学段

（1）外国小说专题。

精读：《巴黎圣母院》（雨果）。

选读：《悲惨世界》（雨果）、《大卫·科波菲尔》（狄更斯）、《欧也妮·葛朗台》（巴尔扎克）、《简·爱》（夏洛蒂·勃朗特）、《哈利·波特与魔法石》（J. K. 罗琳）、《荆棘鸟》（考琳·麦卡洛）、《嫌疑人X的献身》（东野圭吾）、《飘》（米切尔）、《茶花女》（小仲马）、《一个人的朝圣》（蕾秋·乔伊斯）、《人间失格》（太宰治）、《霍乱时期的爱情》（加西亚·马尔克斯）。

（2）文化（文学）与人文专题。

精读：《谈美书简》（朱光潜）。

选读：《瓦尔登湖》（戴维·梭罗）、《宽容》（房龙）、《歌德谈话录》（艾克曼）、《美学散步》（宗白华）、《人间词话》（王国维）、《圣经》、《时代三部曲》（王小波）、《吾国与吾民》（林语堂）、《丑陋的中国人》（柏杨）、《莹窗小语》（刘墉）、《培根人生论》（培根）、《曾国藩家书》（曾国藩）。

6. 第六学段

（1）科学、历史、法律专题。

精读：《寂静的春天》（蕾切尔·卡森）。

选读：《昆虫记》（亨利·法布尔）、《捕蝶者》（筱敏）、《人类的故事》（房龙）、《风物长宜放眼量》（季羡林）、《所罗门的指环》（康拉德·洛伦茨）、《法律的故事》（约翰·麦·赞恩）、《菊与刀》（本尼迪克特）、《明朝那些事儿》（当年明月）。

（2）中国古代文化论著专题。

精读：《论语译注》（杨伯峻）。

选读：《白说论语》（白子超）、《于丹〈论语〉心得》（于丹）、《道德经》（老子）、《孟子译注》（孟子）、《孙子兵法》（孙武）。

（3）外国小说专题。

精读：《莫泊桑短篇小说选》与《契诃夫短篇小说选》。

选读：《欧·亨利短篇小说选》、《老人与海》（海明威）、《堂吉诃德》（米盖尔·德·塞万提斯·萨阿维德拉）、《挪威的森林》（村上春树）、《麦田里的守望者》（塞林格）、《少年维特之烦恼》（歌德）、《追风筝的人》（卡勒德·胡赛尼）、《变形记》（捷克·卡夫卡）、《复活》（列夫·托尔斯泰）、《局外人》（阿尔贝·加缪）、《娱乐至死》（尼尔·波兹曼）。

二、融合教学的基本教学流程

根据专题读写活动教学的需要，每一个专题读写活动教学设计为如下五环节的流程：

（1）下达任务，读写导引；
（2）应用资源，自主读写；
（3）分工合作，牛刀小试；
（4）知能测试，形成能力；
（5）展示分享，达成任务。

要求在规定的时间内走完流程并完成读写任务套餐。每个流程结束后，即开始新的专题读写活动。流程如图 2-1 所示。

值得提醒的是，一般情况下，QQ、微信等自媒体可以应用于每一个流程中。下面做简要说明。

1. 下达任务，读写导引

下达任务其实也是"导引"的一部分，通常的做法是教师主导开设一个"课题超市"，提供给学生选择，让学生尽快确定研究方向或课题。而"读写导引"，一方面采用不同导引形式展示学生查阅难甚至查不到的内容等——这也是孙绍振先生所说的困惑点、疑难点、裂痕点，并试图以此激

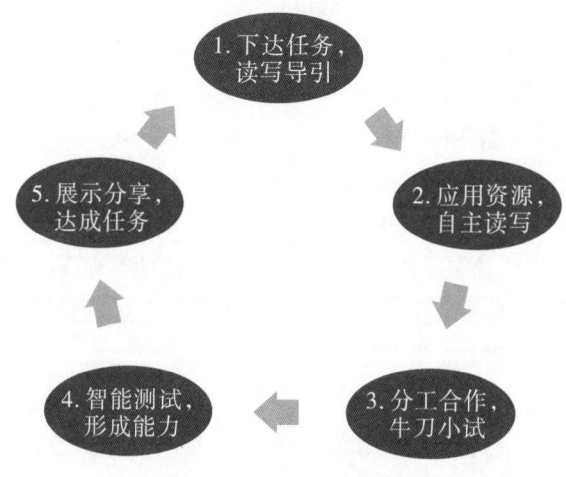

图 2-1 读写活动流程

发学生的读写兴趣；另一方面，需要选取作品中有典型性、启发性、示范性的章节或教材文本，围绕文本特征采取各种方式方法展开分析、解读、试读，为学生后面的自主阅读提供思路或方法借鉴。在此，我主张文本教学注意典型性、启发性和示范性，注重学生的思维指导，重点引导学生思考作者或作品为什么要写"这一个"而不是"那一个"，并由此寻找文本与思维方法的契合点，而不是将与文本相关的所有东西一股脑塞给学生（如图 2-2 所示）。我最反对订阅教辅资料，因为教辅资料提供的东西太全了，导致学生失去了思考的空间。

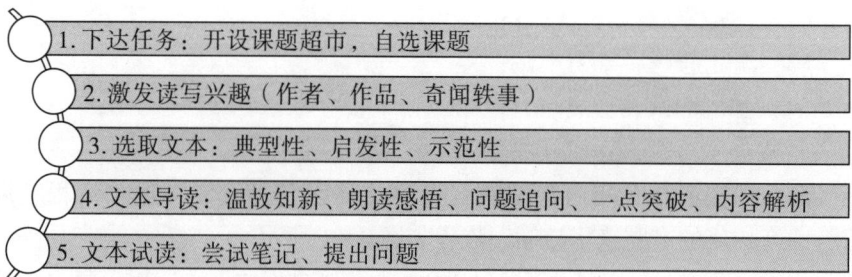

图 2-2 下达任务，读写导引

2. 应用资源，自主读写

重在引导学生舍得花时间、积极主动读写——我们向学生提出了这样一个要求：平均每天花 20 分钟阅读整本书，每周另外加一节课开展阅读活动，这就是时间保证；培养学生善于查找、筛选并应用资源——尤其应用互联网的知网、龙源网、万方数据库等网络平台;在阅读中思考、探究不同体裁、不同作家作品读什么、怎么读的问题("三读":朗读、粗读、分析阅读)并做好读书笔记;能自主或通过合作在读写任务的驱动下高质量地完成任务套餐,最终形成读写能力。核心是:在阅读过程中需引导学生(课堂教师引导,课外同伴互相启迪)用欣赏的眼光发现、感悟、探究、分享作品的语言和形象之美,教师要侧重学生困惑点、疑难点的问题指导;在创作过程中,能互评自改,分享各自的创作成果。不过,要求学生查找、应用资源的问题,我们觉得最好还是提倡学生先得出结论,再查找相关资料加以印证,因为如果应用自媒体等各种途径先让学生查找资源,将导致学生不由自主地抄袭他人成果而不愿意再深入思考面临的问题。对于学生的"创造""创新",我是这样理解的:只要是通过学生自己思考得出的成果,哪怕前人早已得出结论,我认为对学生而言,都是创新的。他们在思考的过程中,既锻炼了自己的思维,也深切感悟到了思维之美:原来自己也可以得出别人一样的结论。如一读书小组在研读《家》的语言特色时,得出了自己的结论,但一查阅相关资料,发现还漏掉了两点,于是高兴地在他们的研究报告上补上了这两点(如图2-3所示)。

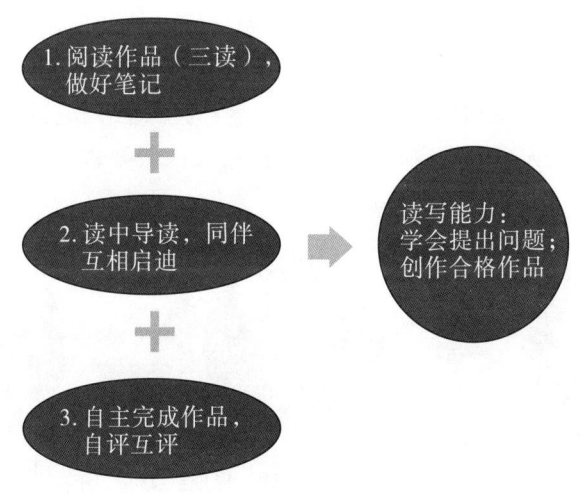

图2-3 应用资源,自主读写

3. 分工合作,牛刀小试

这个环节的难点是培养学生如何分享各自的研究成果——主要基于有的学生不想、不愿、不肯合作,导致读书小组集体成果的难产。这就需要教师给学生提供必要的阅读环境和讨论的时间、处所,指导学生掌握必要的读写方法,帮助学生建立不同层次的QQ或微信读写群,也需要督促学生在规定的时间内完成项目任务套餐，拿出研究的成果；而"牛刀小试"其实也可以看成是展示分享，只不过强调的是团队合作。这个环节可以实行边同伴示范，边完成各自任务套餐的做法（如图2-4所示）。

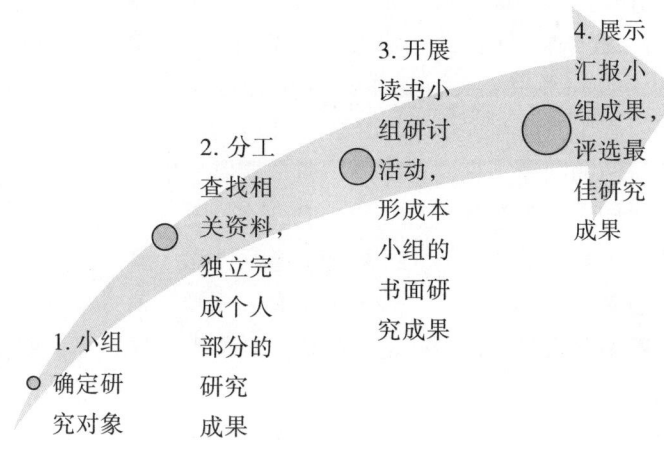

图2-4　分工合作，牛刀小试

4. 知能测试，形成能力

这个环节的关键是如何命题和组织测试。遵循的原则是：尽量原创，体现原著内容，体现高考阅读能力要求（不要避讳高考，我觉得课题研究目标之一就是为了提升教学质量的）。一般为课题组成员集体分工命题，建立题库，测试大多随机定时抽测，测试结束一般要进行表彰鼓励（如图2-5所示）。

图2-5　知能测试，形成能力

5. 展示分享，达成任务

前四步工作开展踏实，那这一步就是水到渠成的事了。这个环节是让学生获得并保持成就感的最为重要的环节。需要明确的是，成就感和获得感将进一步让学生更有兴趣、更主动地去阅读和创作，如此形成循环后，学生的读写兴趣就会形成习惯，而这正是课题希望达到的理想目标。其基本原则是：及时、实效、鼓励、开放。展示平台的设置上提倡多样化，可以是传统的，如作品朗读会、无组织主题讨论、原创成果推荐等，但更提倡利用符合时代潮流与发展的自媒体，如利用微信公众号、QQ、微信朋友圈等自媒体，通过互联网组织网上读书讨论会，制作并展示视频、PPT，发布学生和教师的读写成果等。同时，对取得优秀成果或表现优秀的学生要及时表彰，以增强学生的成就感和获得感（如图2-6所示）。

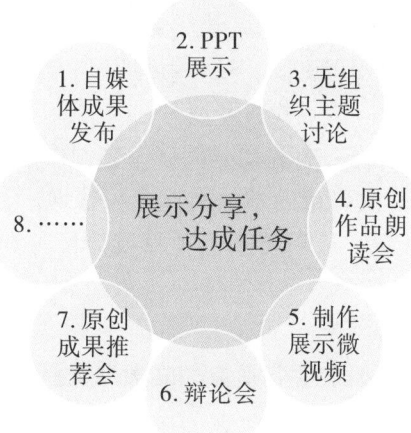

图2-6　展示分享，达成任务

本专题活动教学没有固定的教学模式，形式上应该是多样化的，即使是同一个流程，其方式方法也鼓励差别化——只要有效。它更注重教师在实际教学中的总结提升，使之成为一个个经典的、有一定推广价值的案例。因此，它依据专题读写任务进行活动的项目设计，目的是提供基本的教学思路、方法，方便教师在实际操作中由此及彼地想到更多达成读写任务的操作性强、效果显著的教学方法和手段。

要顺利完成上述流程，需要师生达到下列基本要求：

1. 对教师的要求

（1）明确语文教学的目标，以"品味语言，鉴赏形象"之美为核心，不断向学生灌输"会"阅读和创作的理念——我和课题组的成员有一个共识：学习理念需要靠正面灌输，这就是"洗脑"。

（2）转变教材观念。教材不仅仅指人教版或粤教版，专题设计的项目所涉及的精读文本也是教材，在导读环节教师应当注意两者的融合，统筹考虑选择导读的文本。选读书目设置的目的是扩展学生的知识视野，并提供必要的阅读书目参考；网站还提供相关知识链接和大量学习资料。

（3）树立信息化教学的理念，充分应用互联网、自媒体如微信、QQ

等以及智能电子设备为教学服务。

（4）必须做到心中有"课程标准"，一切以"课程标准"为活动教学的指南；必须努力激发学生的阅读和创作的兴趣，努力提升学生"语言建构与运用""思维发展与提升""审美鉴赏与创造""文化传承与理解"的语文核心素养。

（5）明确教师角色：策划者、引导者、组织者、参与者、行动者等，教师要有开放的教学态度和行动，让学生能够尽量自由、自主地学习语文；教师要摒弃教学重知识讲授、轻学习思路和方法引导的教学理念。尽可能让学生自己去感悟、去寻找打开读写之门的钥匙。

（6）教师的三大任务：首先要爱阅读、会创作，在读写上，必须比学生"先、广、深"；其次要帮助学生制订读写计划，下达读写任务，并督促学生完成计划和任务；最后要承担项目设计撰写和知能测试原创（改造）命题等任务。

2. 对学生的要求

（1）理解"品味语言，鉴赏形象"之美的重要性，领会语文学习的关键是"会"阅读，"会"创作。

（2）申请一个微信号或 QQ 号、邮箱。微信、QQ 用于分享交流和探讨活动，邮箱用于提交作业、作品。经常上"爱吐纳"（aituna.cn）网站下载学习资源，鼓励进入专题读写微信群参与互动学习、分享彼此读写成果。

（3）学会规范编辑 Word 文档，提交作品可以使用纸质稿，也可以使用电子稿，鼓励书写过关的学生提交电子稿。

（4）承诺不因袭他人成果，引用须规范注明出处。承诺书格式如下："我谨在此承诺：本人所撰写的作品均系独立完成，没有抄袭行为，凡涉及其他作者的观点和材料，均作注释，若有不实，后果由本人承担。"学生要签名。

（5）建立 4~6 人读书小组（5 人最佳），原则上每个专题读写活动教学周期内，读书小组人员不变，需要变化的，应当在周期结束后再进行调整。

（6）积极购买教师推荐的纸质图书（包括精读和选读作品），鼓励以学习小组为单位购买，每 1~2 个人买同一本图书，方便同读一本书，小组间购买不同的书以实现图书共享。

三、实施融合教学的八大准则

（一）以"探寻文本之美"为核心

这是开展课题研究以来长期思考的问题，因为做什么事情都必须目标明确而清晰，我认为，语文教学的目标就是必须牢牢抓住阅读和写作这个根本，至于你应用什么样的途径和方法，那是可以探讨的。所以，我把语文教学的目标定位为：让我们（指的是教师和学生）自由、自在地感悟语之趣、文之味，只有如此，学生的心灵才能充盈、灵动，思维才能灵活、开阔。

但是，要实现这个目标，你得找到一个核心和支点或者切入点来突破才行。有人说，21世纪培养学生最重要的是广博的知识、灵活的思维，权衡之下，我觉得这还不够，终极目标应该是培养学生健康的审美情趣和创造美的能力，这也是教师专业素养中最好的、最具竞争力的，这也是语文教学的核心——当学生感悟到语言、文字和形象之美时，那种语之趣、文之味不是就可以自然而然生发出来吗？道理很简单，当我们觉得生活充满情趣时，我们便会觉得生活是多么美好、生活是多么惬意。而人要"会"生活，其中一个很重要的方面就是要会欣赏生活，用审美的眼光来审视生活。

落实在语文教学中，这个切入点或者叫支点的，应该就是"品味语言，鉴赏形象"。具体而言，就是会不会用欣赏的眼光发现、审视、探究、感悟作品的语言和形象之美，这是学生能否创造美的基础，也是学生读写能力有没有形成的标准和标志，更是学生心灵和思维是否都得到自由发展和飞翔的标志。

（二）创设并应用自媒体等平台

从对"你觉得在阅读和写作中自媒体的作用"的问卷看，占55.5%的学生选择"很大"和"大"，从对"是否希望自己的作品在年级、班级展示或在网站、刊物发表"的调查看，占40.7%的学生选择"非常希望""很希望"，只有两个学生选择"基本不希望"或"完全不希望"。这两组数据都可以证明学生其实还是很看重自媒体并很愿意应用自媒体的，也说明我们的预设是符合学生的需求的。因此，实验还没有开始，我们就分别创办了网站"爱吐纳"和同名微信公众号；在课题实施过程中，我们又组织了微信讨论群"畅游书海2017",同时要求学生以学习小组为单位,组建微信群或QQ群,这些自媒体为顺利实施和完成课程任务提供了保障。

关于应用问题,根据实际教学活动,我们总结了三种自媒体应用方法:

(1)课堂教学有限应用。因为大多数学校不允许学生将智能手机或平板电脑带入课堂,这样就限制了自媒体的应用概率。我们的做法是:提前和班主任、学校、家长沟通,允许学生上语文课时带平板电脑或智能手机进课堂,这样,方便课堂实时展示活动、无纸化测试,以便及时查找相关资料等,从而提高教学效率。

(2)课堂教学以外相对宽松应用。"相对宽松"指的是可以和学生乃至家长约定一个单位时间(通常是周末某一个时间段),带平板电脑或智能手机,组织学生应用自媒体开展"自主读写""牛刀小试""展示分享"等活动。最常用也是最佳的方式是微信朋友圈或QQ。

(3)利用自媒体、网站网页及时发布优秀读写成果。作为事后展示手段,这是让学生产生成就感和获得感的最佳途径。大多数学生还是希望或愿意把自己的作品通过某种方式展示出来的,自媒体的应用,学生和家长都可以第一时间接收到这样的信息,这种及时激励的方式能激发学生更大的阅读和创作兴趣。

以上三种形式和方法不仅可行,而且也取得了较为明显的效能。不过,必须明确,自媒体永远只是辅助工具,读写才是主角,必须预防过度依赖自媒体的习惯,尽量避免出现阅读和创作碎片化、拼凑化,使学生变得不会书写,甚至提笔忘字,更连笔记都不愿意写(因为自媒体只要复制粘贴即可)的局面,否则,不仅是喧宾夺主,更使专题读写活动教学失去了本真,偏离语文教学的本质和目标。

(三)科学、合理预设项目任务套餐

我们遵循"以读写任务为导向,以学习项目为载体"的基本规则,根据项目式学习理论,科学、合理地将每一个专题读写活动设计成一个个项目,每个项目都设计成一个必须完成的任务套餐,目的是帮助学生确定读写的研究方向,以任务套餐的方式驱动学生读写活动的开展。套餐通常包含如下任务:

(1)阅读。

阅读1~2部作品(其中一部为精读)。

（2）读书笔记。

①记忆积累——摘抄（包括优美、精彩的文句、文段），一个专题不少于1 000字。

②理解分析——问答的形式（提倡自问自答，重点探究"是什么"。包括认为有哲理或隐含义、有启发或感悟的事例和句子、写作艺术），至少三个问答，每个问答不少于60个字，其中一个问答不少于100个字。

③鉴赏探究——问答的形式（提倡自问自答，重点探究"为什么"。可以赏析形象甚至形象中的某一方面或主题，也可以赏析艺术手法中突出的一个或几个，还可以赏析语言特色中的一个或几个，也可以综合赏析有特色的某一点），选取自己觉得值得探究的五个问题做简要论述，每个问题论述字数不少于100个字。

（3）创作。

①赏析评价——写一篇论文（评论）或研究报告等，原则上不少于1 500个字。

②应用——尝试创作符合本专题文体或其他形式的作品，这是最费神的一个任务设计。

以上分类和层级基本上是按照高考要求来设定的。

（四）组织多样化、多层次展示交流活动

从问卷对"你最关注和喜欢哪个教学环节"的回答中看，超过51.9%的学生最喜欢"牛刀小试"和"展示交流"，这两个教学环节其实对学生而言任务不仅重而且还很辛苦，但学生渴望能有表达自我、展示自我的机会和舞台。事实上，展示是最佳的示范引领，也是感悟语文美的最好途径。从我们的实践看，学生无论在课堂上还是在课下的表现，很多地方是我们教师都无法企及的。这里试列举三例说明：

其一，学生更有勇气提出不同见解。如阅读《谈美书简》后，一个学生就和朱光潜大师探究起文本的美中不足了，提出该书有三个硬伤——我觉得无论学生对与错，这种敢于质疑的精神是值得提倡的；其二，论述的逻辑性不输于教师，比如一位学生提交的一篇文章《弗罗洛爱情观形成原因探析》，就从当时的社会环境、本身的性格、自身的观念等三个方面加以阐述，更难能可贵的是他还联系了《尘埃落定》《项链》等作品进行分析，充分展现了自己的阅读面和思考的广度与深度；其三，对分析对象的解剖更深入。如一学生阅读了《鲁迅散文选读》后，写出了《鲁迅：以笔为刃，刺穿雾与夜》，他认为鲁迅是一个悟彻生死的哲人、心怀天下的引

领者、锋芒毕露的战士。

展示交流需坚持两个原则：一是坚持"亮点"原则，学生作品只要有亮点，就值得展示，目的是让学生获得成就感——它是激发、保持语文学习兴趣的最大动力，也是学生生成内驱力最强的推手；二是尽量考虑学生的接受程度和喜好，适时调整展示方式，以多样化的形式来吸引学生。

除了传统的展示交流活动外，还有一个重点是课内外能自如应用自媒体，这是当下时代语文读写教学的新特点。如我们创建的"爱吐纳"的微信公众号和公益网站上，提供了大量的教学资源，包括课本内容、资料、要解决的问题，学生作品也可以随时上传。此外，还以微信群"畅游书海2017"为平台，组织专题读书会，讨论某个话题，在线的学生自由发言，教师精选精彩发言汇总。而课内的展示平台就更多了，它依每一个专题读写任务的不同而设定。

（五）分工合作设计课程与项目设计（教学案）

我们很明确一点：一个专题读写活动，就是一门课程。因此，我们要求每一位参与者轮流负责承担课程并担纲撰写项目设计（教学案）。要求每个项目设计（教学案）包括活动设想、活动目标、活动设计（流程图）、活动实施、活动总结、知能测试题库和师生优秀作品选，共七个部分。其中"活动实施"根据预设的五个教学流程，分步骤展开，但每个专题具体实施项目和实施方式方法是各不相同的——这取决于这个专题需要完成什么任务，尤其是"展示分享"，除了基本上要求写作一篇评论或读后感（有些专题是读书小组讨论记录）外，各种体裁的展示活动形式并不相同：诗歌专题强调原创诗歌并开展一次原创诗歌朗诵会；小说专题，重在分享各自的对语言和形象的品读与体验；戏剧专题更强调组织学生进行课本剧（或者对所阅读过的小说改编成剧本）表演；科学历史专题偏重于组织学生走进社区、亲近自然去拍摄、编辑微视频（包括文字稿），以发现现实生态世界中存在的美与丑；传记专题侧重引导学生为自己的亲人尝试创作传记；文化（文学）论著专题侧重组织学生展开辩论交流；自由阅读重在让学生制作海报向教师和同学推介自己阅读的作品；等等。

（六）指导学生学会做读书笔记

什么叫"会"做读书笔记？标准是：能自己发现问题提出问题、分析问题和解决问题。我的体会是刚开始的3~4个专题，每个专题至少一次，精心挑选做得比较好的学生笔记拿出来展示并精准分析，仔细讲评，这种榜样的力量还是比较厉害的——当然，也要明确指出学生存在的问题，通过多次反复的训练与模仿，学生一般能较快上手并得到巩固。

学生是否会做读书笔记，是其阅读能力是否提升的标志，也是其是否深度阅读的标准，因此，必须抓细、抓实。

（七）注重导读和导创

在导读上，强调课内课外结合，教师须重视"三导"：课前利用各种自媒体或其他手段和途径，了解作家和作品，尽量做到知人论世；课内导读侧重于赏读方法的指导和训练、阅读态度和价值观的培养；阅读过程则侧重引导学生交流、分享因理解、鉴赏评价、探究文本而生成的思考和感悟。在导读中要引导学生学会粗浅阅读、速读、精读（分析阅读）。

在导创上，首先要求学生树立"创作"的理念。"作文"与"创作"虽是一字之差，但"创作"强调"创造"，重在从无到有，因此，自己创作的文章，就可以叫"伟大的作品"，无论写得多么差，都必须将之视若自己的亲生儿女，去珍视它、爱抚它、保护它。其次，教给学生必要的"创作"的基本要求和方法，让学生一开始创作就符合规范要求。如创作评论、研究报告的格式，这一年中的两次作文比赛，我们发现，训练过的学生完胜没有训练过的学生——指导如何安排文章的思路，知道必须具备的基本要素，知道如何标注"参考文献"等。

总而言之，"导读"主要要引导学生读什么、怎么读，思考什么、怎么思考；"导写"主要要引导学生写什么、怎么写。

（八）及时鼓励与指导

有温度的东西永远比没温度的东西好！趁热打铁的鼓励可以让学生及时感受到成功带来的成就感，而这个成就感有利于学生及时且积极地投入到新的阅读写作中去。在阅读方面，必须及时抓住关键节点——当大多数学生被某一章节卡住或遇到普遍问题时或抓住作品本身的转折点等展开阅读研讨活动（可以是网上研讨，也可以是面对面研讨），帮助学生解开纠结之处，使阅读活动继续下去；在创作方面，学生最迫切的希望就是能及时得到同学和教师的指点，帮助自己发现亮点和不足。因此，我们主张从学生写好作文到互评、教师评改，再到讲评，并将作文发还给学生的时间，不超过一周。

教学例谈

《鲁迅散文选读》导读设计：鲁迅散文之美美在哪里？

先和大家探讨一个问题：有人说，散文是美文。那么，散文之美美在哪里？各路"神仙"答案各不相同——

美在语言表达有文采。因为很多散文大量使用修辞，多使用形容词、动词等描述性语言，句式灵活既整齐又富于变化。比如朱自清的《春》《绿》《荷塘月色》。

美在富有情趣。因为散文和诗歌一样，就是为了表达自己的真实情感的，比如茅盾的《白杨礼赞》，郁达夫的《故都的秋》，余光中的《听听那冷雨》。

美在富含理趣。因为它从人们司空见惯的现象或人与事中发现蕴含的深刻道理。如鲁迅的《中国人失掉自信力了吗?》《风筝》，周国平的《面对苦难》，余秋雨的《文化苦旅》等。

美在表现手法多变。有时是通过白描抒发情感，如朱自清的《背影》；有时是通过平静的叙述展现情怀的，如鲁迅的《从百草园到三味书屋》；又如鲍尔吉·原野的《那个叫世界的地方到底在哪》；等等。

……

其实，散文之美，美在能够应用恰当的语言形式表达自己真实的情感或（和）思考，字里行间充满情趣或（和）理趣，并由此引发读者的强烈共鸣。

而在中国现代文学史里，最善于借景抒情或叙事写人抒情的人是朱自清，最敢在复杂的人类世界中说真话的人是鲁迅。他们都是中华民族的脊梁！

因此，我们专题二的专题就是"朱自清与鲁迅散文选读"。由于时间限制，我们打算重点研读鲁迅的散文，时间为一个月。

大家知道，鲁迅原是学医的，为什么弃医从文？是因为他觉得医术只能拯救人的身体，文学可以医治人的思想。而中国落后的根本原因在于思想，当时鲁迅先生就是想利用文学的力量改变中国国民人性中的劣根性。

但是，鲁迅先生在自己的人生路上却经历过两个沉默期：其一是1908—1918年之间，其间他做了两件事，沉入民间、沉入古代，这个时期是他思想最苦闷的时期，所以他《彷徨》，所以能写出《呐喊》；其二是1921年前后，中国社会分化，他把困惑或绝望沉入到自己生命的最深处，进行自我拷问。这个时期后，他写出了《野草》，该书是其自我生命的追问过程，这里有希望与绝望的纠缠、光明与黑暗间的徘徊、生与死的抉择、直抵死亡的追问。此后他就转入他文学的主阵地——杂文的创作了。事实上他最大的文学成就就是杂文。

所以，要认识鲁迅，走近鲁迅，我们可以从理解、感悟其两大主题入手：生命、死亡、反抗（《野草》）；对国民性的批判（杂文）。这是我阅读钱理群教授的《鲁迅作品十五讲》并与课题组老师多次探讨后得出的结论。

我曾在读完钱理群的《鲁迅作品十五讲》后写下这样一段话：鲁迅的中心思想是"立人"，从"追求人的个体精神自由"的理想到"几万群众自己做了支配自己命运的人"的理想，他一直是遵循着这样的人生观：爱——反抗，所以，他写孩提时代的美好，所以他写中国人的看与被看、吃与被吃、杀与被杀，揭穿瞒与骗的本质，寄希望于一代又一代的青年，给予青年以热切的希望。而这都来自他那根植于心且融于血的求真、爱国的思想，即使遭受不断的封杀也义无反顾地怀抱着"微茫的希望"，带着自己的韧性从夹缝中求生存、谋发展。他那以小说家的笔法、思想家的触角一针见血地揭示问题的本质的写法，令我敬佩，让我敬仰。这使我明白：要读懂鲁迅的作品，需要全面理解至少了解其所写的对象和当时的社会背景。

具体到《野草》，鲁迅自己说，《野草》是独语，"不希望人去读"。但是，要走近鲁迅，认识鲁迅，就必须领悟鲁迅在《野草》中所表达的情趣和理趣。钱理群教授说，进入《野草》有两个途径：生命体验——阅读过程是我们和鲁迅进行生命的交流、撞击的过程，由此让生命上升到新的高度；语言试验——抓住语言进入其内心世界，通过对语言的体悟来达到对鲁迅生命体验的理解和认同。阅读的最佳途径是朗读。有人说，阅读鲁迅的作品往往不仅仅是朗读，甚至要喊读，才能体现鲁迅的精神世界。我认为这话有道理，值得借鉴和推广，也希望同学们能尝试尝试"喊读法"，体悟体悟鲁迅的情怀。

而鲁迅的杂文，钱理群教授说，其特点是开口小但开掘深，深入到历史文化深处，深入到人性深处，因而就具有普遍性和超越性的特点，即具有时代性和历史性以及当代性，这是与其他作家区别最大的地方。这个评价是最为准确的，需要我们细细研读和体悟。

我们在课堂上要研读的文章有：《野草·题辞》《腊叶》《秋夜》《记念刘和珍君》《论"他妈的"》《中国人失掉自信力了吗?》《拿来主义》。课外要求同学们完成三篇文章，分别是：

（1）研究报告一篇，基本要求：1 500字以上；以读书小组为单位，根据如下选题方向选择一个课题，每个小组完成一篇研究报告。第四周后提交。报告的参考选题如下：

①鲁迅说"我的哲学都在《野草》里"，鲁迅的哲学是什么？有哪些？

②鲁迅散文语言独特，试赏析其散文语言的特色。

③钱理群说，鲁迅的杂文是真正的文学，试评析其文学性在杂文中的体现。

④鲁迅说自己的杂文反映了中国大众的灵魂，钱理群说，同时也反映了他自己的灵魂。试结合具体文本加以评析。

⑤鲁迅杂文既有时代性也有历史性，更有当代性，请结合文本评析鲁迅杂文如何体现当代性。

⑥鲁迅作品对国人影响深远，请以其散文或杂文为例探究其中缘由。

⑦"鲁迅"这个品牌对浙江（绍兴）的价值探究。

⑧鲁迅杂文的思想性和情感性如何统一？

⑨鲁迅笔下的看客研究。

⑩鲁迅之国民性"瞒"和"骗"研究。

⑪其他鲁迅话题的研究。

（2）文学评论一篇，基本要求：1 500字以上；根据自编教材中的鲁迅散文（除课堂研读的文章外），自选一篇或几篇，以"散文美"为主题（话题）进行赏析。第三周后提交。

（3）创作散文一篇。字数不限，体裁、主题自定。第一周开始就可以提交。

以上作业可以提交电子稿，也可以提交纸质稿。但建议书写不过关的同学提交纸质稿。

下节课我们将进入鲁迅散文选读的旅程，请大家重新阅读一遍《野草》，重点阅读《野草·题辞》，并思考本文表达了怎样的美、是如何表达这样的美的。

第二节 "文本导读"活动的基本策略

每一个专题读写活动教学包含五个基本步骤,其中读写导引——文本导读是关键。它主要以教材或作品中的典型文本为例子,引导学生分析、鉴赏、探究文本及作者,让学生能够掌握一定的鉴赏分析和探究的方法,并形成一定的分析能力,为"自主读写""牛刀小试"和"展示分享"活动的有效开展铺平道路。

那么,专题读写活动教学中的文本导读有哪些基本策略呢?

一、导读的基本原则和要求

(一)围绕一个核心——探寻文本之美

探寻文本之美,这是最基本的原则和核心。

那么,文本之美表现在哪里?即四个字:语言、形象。导读就是要以"鉴赏形象,品味语言"为活动的行动准则。语文教学的核心就是探寻、感悟汉语言文字之美。具体而言,就是要以"鉴赏形象、品味语言"之美来组织教学——这一基本原则贯穿教学的整个过程。比如诗歌鉴赏,重点必须抓住诗歌的语言艺术、情感;散文鉴赏重点在于情感思想及其语言艺术;小说则侧重人物形象及语言艺术;传记的重点显然在于对传主形象的理解及启示;议论类作品则侧重于论辩艺术、论点的把握;等等。

(二)导读的文本要突出"三性"

"三性"指的是典型性、启发性、示范性。

(1)**典型性**。即选读的文本必须文质兼美,是经典、有代表性,能代表某一类或某一流派的作品,通过导读这些文本可以达到举一反三、融会贯通的效果。来源有两个：一是国家审定的教材，在通常情况下，因为教材中的文本选用的都是名家名作，这些文本是很有代表性的经典作品，可以作为最重要的第一手导读材料；二是自编教材中的典型文本，可能更多地代表了当代年轻教师的审美观点和审美情趣，所选作品也许还有一定的争议性，但可以肯定的是这些作品也一定出自名家，随着时代的发展，这些原来并不是名作的作品，可能正好契合当代社会现实，能够给学生带来心灵的震撼和深度的思考，这时，这些作品就理所当然地成为名家名作而变得富有典型性了。

（2）启发性。导读所选用的文本的启发性体现在对学生鉴赏、品味文本有较强的启示、启迪作用，能让学生感受到美的熏陶，促进和推动学生心智成长和发展。尤其是鉴赏方法，必须注意总结规律，并让学生能够应用在自主鉴赏、品味评价的活动中。所选用文本必须注重贴近学生的实际感悟和接受能力，所谓"不愤不启，不悱不发，举一隅不以三隅反，则不复也"是也。

（3）示范性。名家作品很多，但我们不必要篇篇导读，也做不到这样——毕竟课堂教学的时数是有限的。因此需要教师精心选择导读作品，一般需要围绕作品的典型性即代表性来选择导读的文本。

（三）教师要扩展知识视野

教师要扩展自己的知识视野，最好的方法和途径是阅读。在专题读写活动开始前，教师首先要认真阅读专题规定的文本及其相关的辅助资料，尤其是名家赏析，更多地掌握背景材料，做到能够全面透彻地理解专题内容。一般我们要求学生阅读文本3~5遍，那么，教师就不应少于3遍，此外还必须进行一定的赏析和探究，思考学生可能会提出的问题，这些问题可以存疑，待与学生导读鉴赏时再解决，当然，最好是自己能够先分析思考得出结论——哪怕这些思考不够全面、深刻甚至不够准确，因为我们选读的文本解读不一定都很全面，另外即使是名家的解析也未必都是十分准确的。当然我们强调理解分析必须有理有据、自圆其说、合乎道理和逻辑。

在教师的阅读上，提倡和学生之间展开师生阅读比赛，看看谁阅读得更多、更快；也可以明确和学生约定，自己在一个周期内一定要完成多少阅读量，学生一定要完成多少阅读量。这样将自己和学生绑定在同一辆战车上，时时警醒不能违约，迫使自己去阅读更多的必读经典和教育论著。

二、灵活应用导读方法

导读方法主要有如下五种。

（一）温故知新法

这是最常用的导读法，不过一般用在导入环节，目的是唤醒学生的知能，让学生能够应用已有知能在新文本的阅读上，从而增强学习的自信力；同时可以布置和解析读写任务。如《专题二·朱自清和鲁迅散文选读》，在导入环节可以这样设计：让学生从学习过的散文中重温"形散神不散"的散文特点，寻找散文之美的具体表现，明确散文之美美在散文的语言、表达的情感和思想上，并列举学生学过的散文进行分析，让学生有更直观和具体的感知，此时，顺便插入即将导读的文本和作者的主要思想及情感，让学生对散文有更多新的感知和更深入的理解。

（二）朗读感悟法

很多作品如文学类文本（甚至实用类文本也可以）、古代诗文、演讲稿等是可以采用朗读的方法的，其好处是学生能在不断的朗读中潜移默化地领悟语言艺术、感悟形象特征。一般可以要求学生每篇作品至少朗读五遍，朗读提倡有个性、能展示个人能力的朗读，一般反对齐读（小范围的除外），尤其是全班齐读。朗读力求做到"一能二有"（能大声、有节奏、有情感），将文本朗读到甚至能够背诵，这样即使不能立即理解文本，教师一旦稍加点拨，就可以让学生达到"心有灵犀"的地步和境界。如导读鲁迅的《野草·题辞》，课前可要求学生至少朗读三遍，课内导读则在介绍了该文的创作背景后，即要求学生带着一个问题（文章表达了作者什么样的情感或思想）自由朗读两遍，然后又请两位学生齐读文本，进一步感知作者的思想和情感。这样一来，学生就能够隐隐觉得文本是在表达作者对生命价值的思考，认识到作者是向死而生、体会正视生命的价值。

（三）问题追问法

有的经典作品需要我们从内容、表达等多维度深入导读，这时就要用到这种方法。教学过程大致可以分为三个步骤：一是写了什么？二是为什么写？意图或目的是什么？三是怎样写的？这三个步骤并不只是直线式的教学，而是树状发散式教学，每一个问题都可以生发出 N 个问题，引发师生展开讨论，只不过不是每一个问题都必须讨论或充分讨论。对此，要看问题重要不重要、时间允许不允许这两条标准。比如导读《记念刘和珍君》，首先可以提出这样的问题："本文核心是写什么的？为什么要写这篇文章来纪念刘和珍君？"然后引导学生根据文本内容明确两点：值得纪念；因为人们快要"忘却"了。解决了这两个问题再引导学生理解写这些内容的意图就不是难事了，学生很快就能发现作者表达的思想和情感原来是多维度的。最后探讨从表达上看运用了哪些技巧的问题。可以将它分为表现方法、表达技巧和语言特点三个部分，重点阐述两点：一是表现方法，明确本文是篇记叙、议论、抒情相互融合的议论散文；二是杂文中小说笔法的应用艺术。

（四）一点突破法

教学上提倡"一课一得"，因此导读文本上，一节课只要能够抓住一个问题（即一点）穷根究底地赏析透彻，就胜过比什么都割舍不下地讲给学生听。这就叫"一点突破"。比如，导读《秋夜》，可设想如果学生能够理解文本中的众多"物"赋予了其象征意义，如"夜""枣树""小红花""小飞虫"等，并且明了各自的象征义，那么，作者的思想和情感就将迎刃而解。于是，可以考虑从表达技巧上进行突破。再比如，导读《氓》，文本突破关键点，是要理解"氓"中男女主人公的形象，在学生看来，可能男主人公比较好理解，但女主人公那种敢于主动决绝解除婚约的形象就会有点困难，因此，采用的导读策略就可以从女主人公的形象分析上入手，并且适当延伸联系鲁迅的《娜拉走后怎样》中著名的论断——不是堕落，就是回来，谈一点女士的人生路该如何走。实践证明，这样的导读效果明显，好些学生甚至能够模仿《诗经》和鲁迅的笔法创作出比较优秀的作品。

（五）内容解析法

有些文本囿于学生的知识视野和社会阅历，并不是都能采用上述方法的，这时就应该发挥教师布道者的角色及其作用——讲授其中的内容了。比如，《论语之旅》，是研读《论语》的，但学生对开篇《论语·学而篇》

的内容，就遇到瓶颈了，此时可以向学生连发两个问题："'儒'指的是什么？""子曰'学而时习之，不亦说乎。有朋自远方来，不亦乐乎。人不知而不愠，不亦君子乎。'讲述的是三件事情吗？"对于前者，学生隐约知道一点，但至多能答到"有才的人"，对后者，则无法回答了。这样，要让学生提出问题并且讨论下去，就几乎是不可能也不现实的了。因此，对第二个问题，可以重点讲第一篇中的三章（第一章、第二章、第十三章），让学生明白：儒家推崇论道，而要行道，则必须孝悌，孝悌就是仁、义，这三者是一体的东西。这样，学生对《论语》和"儒"开始有了清晰而具体的认识。在"牛刀小试"中，学生也懂得了如何"知人论世"。

当然，导读方法不限于这五种，在实际教学中也不会只单纯使用其中的一种，各种方法应该是相互融合、交错使用的。如何应用，需要教师在实战中不断探索、不断总结，以期课堂教学更高效。

教 学 例 谈

专题读写活动导读语：今天，我们为什么要学《诗经》？

今天开始，我们就要开启"探寻《诗经》之美"的旅程了。之前问大家《诗经》好看吗？看得懂《诗经》吗？大家几乎异口同声回答"不太好看""看不太懂"。看来，我们很多人想要忘了我们传统文化的根和本了，这是个严峻的课题！

为什么这样说呢？为什么今天我们要学《诗经》呢？

其一，《诗经》是最美的文化符号——无论形象、语言、技巧和内容。比如技巧上，《诗经》开创了赋、比、兴的先河。此后的诗词，大量使用这些技巧。有人统计过，《诗经》中出现的动植物共有355种，所以有人说："不读《诗经》，不知道万物有灵。"而《诗经》中常常用动、植物来比兴的。比如《关雎》，其意象就有关雎、荇菜、君子、淑女、琴瑟、钟等。为什么诗人要选关雎来"兴"，又为什么要选荇菜作比呢？个人觉得应该是有讲究的。"雎鸠"因其头顶的羽冠，看起来颇具王者的气度和风范，而且是一种专门捕鱼的鸟，一种沉得住气、耐得住寂寞的鸟——这也是"君子"的标准，什么是"君子"？《论语》中说"人不知而不愠，不亦君子乎？"就是说，即使他人不理解自己也得沉得住气，不发怒、不生气，这和"雎鸠"就有了共同点和相似点了。换句话说，"雎鸠"其实就是那等待捕获"窈窕淑女"的"君子"！再看那"参差荇菜"，它是当时的一种美味食物，根据全文的意思，是不是可以理解为貌美、有德的女子呢？因为"窈窕"是指外貌美，"淑"就是贤淑、心灵美的意思，这样一个女子，不就是人们渴求的美食"荇菜"吗？不就是君子梦寐以求的那个"她"吗？这是技巧美和意象美。

　　至于形象，更是美得没法说。普遍认为这一首爱情诗，你看，月亮升起来，挂在半空中，河水潺潺地静静地向东流，在一个沙洲上，两只雎鸠争着向对方互诉衷情。这时，河边来了一对青年男女……多美的意境呀，多美妙的爱情啊！这是形象美，也是内容（主题）美。

　　当然，也有人赞同毛诗中"后妃之德"的说法。我想，这也不是没有道理的。因为从作品的背景看，当时的社会已经发生了三件事——夏亡以妺喜，殷亡以妲己，周亡以褒姒，让人们感觉一个国家若要长盛不衰，国君就要明智、不沉溺于酒色之中，而要达到这个境界，必须要有勤政的大臣，要有厚德之王后和嫔妃，也就是说，只有"家"和睦、和谐了，才谈得上"国"的强盛繁荣。本首诗歌就是讲述王后如何为"君子"选嫔的过程。还真是不好选啊——要在众多的女孩中挑选出符合"窈窕""淑"的女子和自己一起辅佐君王。王后经历了"流之""采之""芼之"三个阶段，最终选择了一个能够用琴瑟"友之"、钟鼓"乐之"的女孩为嫔，可见，当时多么强调后妃（王后）"德"的重要——试想想，若后妃的"德"达不到高水准，她能帮助君王（君子）去选拔"好"嫔吗？

　　这给我们一个启示，诗歌的内容美可以多样化，只要你有根据地解读，都是允许的。

　　至于语言美，就更是美不胜收了。比如《关雎》这首诗，采用了重章迭唱（句）的表达手法，虽然只有个别字眼不同，却蕴含了丰富的内涵；同时，诗歌还基本采用了四字句，不仅整齐有节奏感而且很有韵味，读起来朗朗上口。

　　其二，《诗经》是中国文化的起源，更是中华诗歌的源头。如果我们用心去归类的话，就会发现，后世的八类诗歌，它几乎都囊括其中——思妇闺情诗《关雎》《静女》《狡童》《隰桑》《氓》《桃夭》《芣苢》《绿衣》《女曰鸡鸣》《出其东门》，写爱情和婚姻的特别多；也有边塞诗，如《采薇》《击鼓》《无衣》；也有送别诗，如《燕燕》（送别诗之祖）；也有羁旅思乡诗，如《凯风》《鸱鸮》《蓼莪》；也有哲理诗，如《墙有茨》《相鼠》《鹤鸣》《北山》《小旻》；也有咏物诗，如《蟋蟀》《蜉蝣》；也有羁旅思乡诗，如《河广》《君子于役》《陟岵》《蒹葭》《白驹》《黄鸟》；还有咏史怀古诗，如《黍离》《园有桃》。至于山水田园诗，每一首诗歌几乎都有动物或植物、自然之景色的展现。

因此，可以说，掌握或精通了《诗经》，就等于掌握了一把打开古典诗歌大门的钥匙，掌握了这把钥匙，要准确解读近体诗、词等等，都不再是问题（至少不是大问题）。

其三，在全球范围内，只有中华民族才以诗为经，并且把《诗经》放在群经之首。《诗经》是中华传统文化的起源，我国古代的人们提倡立身处世要学习"六经"——诗、书、礼、易、乐、春秋。

为什么放在第一位？孔子说了一句概括性的答案：思无邪！我觉得曲黎敏先生解读得好，"邪"的反义词是"正"，"无邪"是不偏不斜，即"正""真"的意思。

在古代，"正"，可以理解为中庸，但更强调"正""直"，"身正不怕影子斜"，这也是今天我们提倡的立身之本。"无邪"还强调"真"，"真"同样也是做人做事的基本原则。所以，孔子告诫他的儿子说："不学诗，无以言。"（还有一句话叫"不学礼，无以立"）一个人连话都不会说，怎么可能行得正、坐得端？怎么在这个复杂的社会中立身处世？著名教育家陶行知有言"千学万学学做真人，千教万教教人求真"，同学们，作为即将有选举权和被选举权的公民的你，一定得学做"真人"，老师一定教你"求真"！我希望大家都有亚里士多德的"吾爱吾师，但吾更爱真理"的精神和勇气，去迎接摆在我们面前的一切挑战！

其四，当下我国提倡"文化自信"（另三个自信是：道路自信、理论自信、制度自信），作为新时代的新青年的责任和使命之一，就是要"激发党和人民对中华优秀文化传统的历史自豪感"，这是国家建设和发展的重要组成部分和需要。而文化自信从哪里来？我以为就是从学习、了解、熟悉、应用中华优秀传统文化中来。《诗经》是最古老的、最有代表性的"中华优秀文化"，作为中华儿女，我们必须担当起传承它的责任。习近平总书记已经带了个好头，在他的讲话中，常常都可见《诗经》的影子——

2012年11月15日，习近平当选中共中央总书记、中央军委主席，与中外记者见面时，用了"夙夜在公"，就是日夜都为国家谋利益的意思，出自《诗经·召南·采蘩》。

2012年12月，在中央政治局会议审议八项规定时说：《诗经·小雅·小旻》中说"战战兢兢，如临深渊，如履薄冰"，就是说官当得越大，就越要谨慎，古往今来都是如此，每一个党员、干部特别是领导干部都应该明白这个道理。

2016年9月3日，在纪念中国人民抗日战争暨世界反法西斯战争胜利70周年的盛典上说："靡不有初，鲜克有终。"（《诗经·大雅》）实现中华民族伟大复兴，需要一代又一代人为之努力。

习近平总书记已经走在了我们的前面，我们没有理由不跟着往前走啊！

同学们，《诗经》这部优秀传统文化作品已经流传了五千年。作为中华儿女，难道能让这部作品在我们这一代手上消逝？答案当然是：不！

那就让我们走进《诗经》，一起去领略诗歌之美吧！

第三节 "自主读写"活动的基本策略

自主阅读，重在引导学生舍得花时间、积极主动去阅读，并在阅读中感悟、思考，做好读书笔记；而自主创作则是要求学生自主或合作完成必须完成的作品。本节将着重阐述自主创作活动的组织策略。

一、基本要求

简单地说就是坚持"五原则"：审美、及时、示范、原创、互评。前二者是阅读和创作都必须遵循的原则，后两者主要适用于自主创作。

（一）审美

即用审美的眼光来"看"（阅读赏析）作品或自己和他人的作文。现实中，当我们觉得生活充满情趣时，我们便会觉得生活是多么美好、生活是多么惬意。而人要"会"生活，其中一个很重要的方面就是要会欣赏生活，用审美的眼光来审视生活。在阅读活动中，这是一个特别重要的基本原则，会不会用欣赏的眼光发现、审视、探究、感悟作品的语言和形象之美，是学生阅读能力有没有形成的标准和标志，它也是学生能否创造美的基础。因此，必须灌输"美"的意识，必须教给学生发现、审视、探究、感悟美的语言和形象的基本方法。

而落实在自主创作中，就要注意引导学生感悟文章中体现的美——对书写就要严格要求，做不到行云流水，也得工整清楚，讲求书写美；注意文章的结构层次安排，讲求思维清晰美；用心呵护文字，力求准确，讲究文采，追求语言美；抒发自己真实的思考与情感而不虚假或矫揉造作，追求文章的内在美——此为重点；时不时拿出自己的"作品"，努力推敲，力求弥补缺失，追求推敲美……

在作品的评改上，无论是面对自己写的文章，还是面对同学的作文，学生都要有这样的概念：把自己的文章看成是自己的孩子，像呵护自己的孩子一样呵护自己（同学）创作的作品——虽然未必完美。从这一点出发，就要不断给学生"洗脑"灌输这样的评价意识：请你用欣赏的眼光评价自己和同学的文章，尽量发现文章中的亮点和特点，宽容存在的不足或缺陷。所谓"发现亮点"就是要让学生自由、有个性、有创意地"说"出作文的精彩之处。他们对文章有什么看法或想法，不"说"出来，交流就难以完成，更达不到分享的目的。在教学中，如何启迪那些比较沉默、被动的学生"说"，远比让学生主动"说"艰难得多，这需要教师的教学智慧。

（二）及时

在自主阅读活动中，虽然强调"自主"，但是，教师的引导或同学之间的相互启发活动是必要也是必需的。教师的导引，首先必须取得学生的信任，让学生觉得你是一个可以信赖且亲近的人，导引才成为可能，否则，即使学生在阅读中真碰到难题了，学生也会宁愿让问题成为问题或者宁愿向同学请教也不会和你商讨的；其次，及时抓住关键节点——大多数学生被某一章节卡住时、遇到普遍问题时、作品本身的转折点等展开阅读研讨活动（可以是网上研讨，也可以是面对面研讨），帮助学生解开纠结之处，使阅读活动继续下去，阅读研讨活动须不断强调在发言中，要做到"一点三因"，即一个观点（看法）、三个理由（阐述的理由必须从书中分别找到依据）。至于学生之间的相互启发，主要培养学生乐意合作分享的习惯，在平时阅读过程中，遇到难以解开的问题时，能够及时求助同学，一起讨论，使阅读活动继续，这也是本课题提倡的学习形式之一。

在自主创作上，主张一旦有了创作的冲动或灵感，就应该立即动笔，至少记录一下创作的思路或概要，时间允许最好能够及时成文。这种习惯一旦养成，对学生以后的学习和工作的影响都将是正面的、深远的。在创作包括评改作品上，一定要明白，有温度的东西一定比没有温度的东西要好得多，评改越及时，学生获得的收益就越大。写好作文后，学生最迫切的希望就是能及时得到同学和教师的指点，因为他想知道自己的作文到底能不能得到大家的认可、得到多大程度的认可，能发现哪些亮点和特点，可能的不足又主要表现在哪些方面，等等。这种心理具有普适性，我们必须关注并应和学生的普适性需要，在这点上，"及时"的表现是从学生写好作文到互评、教师评改，再到讲评不超过一周时间。及时评改作文的好处还表现在让学生感觉教师是十分重视作文的，工作态度是十分勤奋和努力的，无形中给学生树立了榜样，这种带动作用不可小觑，所谓"亲其师信其道"，说的就是因为类似这样的工作作风而达到的境界。

（三）示范

通过示范展示所产生的鼓励的力量是巨大的，它往往成为学生阅读和创作的自信心的主要来源，一旦形成，那种气势将锐不可当。在自主阅读中，需要教师发现学生阅读中使用的优秀阅读方法，尤其是做读书笔记的方式方法，通过示范展示，帮助学生矫正自己的读书笔记，并能够规范且有质量地做好自己的读书笔记。在这一点上，通常的做法是每隔一段时间，通过批阅学生的读书笔记，发现、挑选、示范展示和讲解优秀者的读书笔记，规范学生读书笔记的基本做法，逐步使学生学会提出问题、分析问题和解决问题。

而自主创作，主要体现在作品的讲评上。一是在选择学生示范性作品时，一般应遵循四个基本原则：

（1）典型性。以要求多数学生达到的标准为基准，以中等水平作品为范文，以便学生有话可说、有话好说。

（2）针对性。围绕本次写作训练目标或学生写作存在的主要不足，以解决问题为抓手，从而达到提升写作能力的目标。

（3）可比性。注意同一范围、同一话题，如优秀作文与中等作文的对比，中等作文不同问题的对比，等等。

（4）鼓励性。首先，任何讲评都要从鼓励学生的角度出发，要充分肯定学生作文的亮点，侧重赞赏学生取得的成绩，当然，也要善意耐心地指出学生作文中存在的不足。其次，每个阶段的示范讲评应有所区别，比如，起始阶段的示范，应该注重写作规范，让学生有样可学，明白无误地知道写什么、怎么写；此后的阶段，应该注重"标杆"，其标准是文质兼美——但又要大度容忍学生作文中存在的不足，多发掘一些亮点，尤其是值得借鉴的"特点"（特殊表现之处），让学生不断感受到写作带来的成就感，并因此让学生有写作的欲望和兴趣（至少不至于害怕作文）。

（四）原创

力推原创，是自主创作的基本要求，也是本课题积极推崇的原则。这里主要涉及一个引用他人成果的问题，必须引导学生区分什么是"引用"，什么是"抄袭（剽窃）"，"引用"必须注明作者、出处等信息，而且不可以大段大段引用或全文几乎所有观点都是"引用"他人的，而没有体现自己的思考、发现和探索。要让学生认识到"抄袭（剽窃）"是非常令人不齿的恶劣行为，唯有原创，才最值得自豪和骄傲！

在第一个专题读写活动时，我们碰到的问题可能就是学生为了达到规定的字数，加上从没有写过这么长的文章（1 500字），就不由自主地上网抄袭他人成果。因此，第一次自主创作的讲评阶段，必须做的事情就是和学生讲清抄袭的危害，比如，可以适当联系我国为什么今天变得强大了、一项项惊世的成就不断展现在世界面前，强调原创力对个人、对民族、对国家的巨大作用。等教师再组织第二次专题读写活动的创作时，学生一般能避免出现这些错误，原创的意识才能逐渐根植于学生的内心。当然，原创意识要根植于学生的内心，需要长期坚持强调，直到能自律自觉。

（五）互评

好文章不仅仅是写出来的，更是评改出来的。因此，树立并强化互评互改意识，尤其是"评"的意识就显得特别重要了，在互评互改中慢慢学会分享各自的劳动成果，学会以分享和欣赏的眼光评价他人作文。互评互改作文重在发现亮点，并能够针对不足提出引导意见或建议，以便学生能够对文章做些修改，使文章更完善。这样做是因为人的思维总是由粗略到精细、由肤浅到深刻的。就写作而言，"写"只能一次，"评改"却可以无数次，评改就是感悟，写作的许多道理往往就是从评改中感悟出来的；评改就是提高，通过"评改"，锻炼和提高写作的思维能力、应用文字的能力；等等。因此，需要我们反复规范学生怎样评价自己和他人的文章，除了明确各类作文的评价标准外，最有效的途径只能是反复实践，直到学生能够随口说出评价标准，拿到文章就知道从哪里入手，才能做到精准评价且又具有一定的启发引导作用。

当然，得强调作品提交给教师评改前，必须自评一次，再经过三位同学互评，以此使学生逐渐养成互评的习惯。

二、基本方式和流程

从阅读的角度而言，我们提倡"自主阅读"，突出独立完成阅读任务。在阅读的过程中，要求能够独立思考遇到的问题——语言的、形象的、思想的、审美的等，并积极尝试通过做读书笔记的方式解决遇到的问题。所以，重要的是给学生足够的时间让他静静地去阅读、积极查找相关资料，帮助自己去解决问题，在阅读的过程中，帮助学生领悟如何做好读书笔记，如何提出问题、分析问题和解决问题。只是我们认为，自主阅读没有固定的方式方法和流程，需要根据不同专题采用灵活的方法。

而对自主创作活动而言，它是一个系列活动，主要有四种方式，具体阐述如下。

方式1的基本流程：创作作品（课外）→印发不同等级作品→互评推荐→发表看法→教师点评小结。即根据创作目标，在学生互评互改的基础上，挑选印发若干篇（一般不超过六篇）同题不同等级的具有代表性的作品。首先引导学生进行比较阅读、互评、推荐出优秀作品（这两项工作也可以在课前完成）；然后以读书小组为单位，每组选派一名学生就这些作品着重谈本组的评价；最后由教师进行必要的小结。

方式2的基本流程：创作作品（课外）→推荐并写好推荐词→朗读部分优秀作品→致答谢词（谈体会）→教师（学生）小结。即根据创作目标，以读书小组为单位至少推荐一篇优秀作品在全班展示，要求推荐出若干篇（一般不超过两篇）最佳作品并要求写好推荐词，说明推荐理由；再由作者或推荐的同学朗读最佳作品若干篇；之后由作者致答谢词（或请作者谈谈自己的写作感言或体会）；然后师生适当点评。最后要求学生在一周内再一次修改、反思自己的作品。

方式3的基本流程：教师公布本次活动主题→创作作品（课外）→学生主动（被动）发表自己的看法→教师总结。即根据创作目标，教师在学生互评互改的基础上，选择"优秀作品"中比较典型的作品印发给学生，并公布主题；一般先请比较活跃的学生发言，以调动学生参与的热情，到一定时间段，要注意关注不敏捷而踏实或不敏捷且不踏实的学生，因为他们比较不爱发言，但他们也有自己的看法，要允许学生只讲一点不求全面阐述，教师要适当随堂板书，将学生的发言要点写出来，这样才能显得清晰，学生记忆也会比较深刻。

方式4的基本流程：创作作品（课外）→朗读作品→全班交流分享创作体会→教师点评小结。即根据创作目标，教师在学生互评互改的基础上，精心挑选若干篇典型而有代表性的作品，注意根据对比性原则安排好朗读顺序（课前）。先请作者上讲台朗读自己的作品，每两篇作品为一组，学生边听朗读、边记录自己的思考；每组朗读后，请作者谈谈自己的创作体会和经验或评价自己的作品，进行全班交流；此后，教师做点评小结；最后要求学生在一周内再一次修改反思自己的作品。

教 学 例 谈

微信群研讨:《红楼梦》中哪个人物给你的生活启示最深刻?

时间:2018年8月18日晚8~10点
地点:"畅游书海2017"微信群
参与者:部分师生
主持:大林
会议纪要:

大林:"满纸荒唐言,一把辛酸泪,都云作者痴,谁解其中味?"同学们,今天就让我们一起尝试解解"其中味"吧。今天研讨的话题是:《红楼梦》中哪个人物给你的生活启示最深刻?请依照一个论点(看法),再加三点理由(从文本中分别找出依据)的格式发言。

嘉玲:凤姐(王熙凤)。她身上最吸引我的就是:她身为女子,竟然能主持如此大的荣国府,并且打理得井井有条。所以即便是后来知道了她是如此心狠手辣的人,我还是很喜欢她。在我看来,她有以下三个特点:

聪明绝顶。举一例吧。当贾赦要讨贾母的丫鬟鸳鸯做妾时,刑夫人来找她帮忙,凤姐首先是拒绝的,一看到刑夫人不高兴了,她就马上转换立场,假意顺从。刑夫人叫凤姐先去吃饭时,凤姐第一时间就想到只要婆媳两个一起吃饭,这样凤姐在刑夫人这里就制造了一个一直在场的证据,这样即便秘密泄露,刑夫人也不可能去怀疑王熙凤,因为她一直跟在自己身边。当与刑夫人一同到贾母那时,凤姐害怕会得罪贾母,于是又找了一个很恰当的理由中途退出装无知。真是机灵中的机灵啊。

心狠手辣。比如,王熙凤害死了对她一往情深的贾瑞,之后又害死了她与贾琏之间的小三——怀孕的尤二姐。当她发现为贾琏望风的小丫头,便喝命"拿绳子鞭子,把那眼睛没有主子的小蹄子打烂了",而且威吓她要用烧红的烙铁烙嘴,要用刀子来割肉,而且当即就拔下那个簪子来戳小丫头的嘴,这些,不是心狠手辣又是什么?

善于玩弄权术。在凤姐身上,我看到了贪官的影子,在上,她懂得奉承贾母，取得贾母的欢心；在下，有着独一无二的威信，贾、宁二府上下的人，无论尊卑老少都要让她三分。并且她善于察言观色，一看到有对自己不利的便乘机退出，也善于欺上瞒下，收了很多人的贿赂，敲诈了很多人。

在我看来，王熙凤就是一个令人又爱又恨的人物。

大林： 第一点可取，第二、三点就要引以为戒了哦，太过了，反误了卿卿性命！

荣荣： 薛宝钗——蘅芜君。她是真正的"生活艺术家"，从她身上我们可寻到许多为人处世之道。

雪中送炭三分暖，不及细处多留心。宝钗在贾府里人缘极好，这与她平日里细心不无关系。在史湘云想要请客却苦于钱财时，宝钗贴心地叫自己的哥哥订了螃蟹让史湘云得以宴请众人，便是极得人心的。就是连她的"情敌"黛玉，她也能照顾周全，黛玉病中时，在知道黛玉怕自己过多麻烦贾府的人，不好意思张口，便自己熬了银耳粥，雨夜叫丫鬟送给黛玉，也是令黛玉极为感动。给我的启示是：真心才能换真心，唯有平日里多关心身边人的冷暖，才能交到挚友。

待父母和颜悦色，不"色难"。我们都知道宝钗的哥哥薛蟠好色又鲁莽，在薛蟠想要柳湘莲反倒被毒打时，薛姨妈知道此事后大怒，而宝钗这时有理有据，和颜悦色地跟母亲说明白，才免了让事情闹大而丢脸；薛蟠想要外出游历时，薛姨妈不同意，也是宝钗劝下来的。想起我们自己平日里遇到父母某些事稍微偏袒些或者不合理些，便给父母甩脸色，做模样，可曾做到和颜悦色？

与世界为敌，不如与世界和解。看过《红楼梦》的都知道黛玉一张嘴是死不饶人的，只管说了痛快，因此平时也少不了揶揄宝钗，宝钗则是极少做回应的，要么就是隐晦地回击，或是"点到为止"。我们身边可能会有不少像黛玉一样的人，甚至更甚者，面对这些人，我们不妨像宝钗一样主动和解，既免了冲突，也留了情面。

大林： 荣荣的分析有道理，尤其是第三点，比较独特。

晨晖： 王熙凤。启示：谁说女子不如男，只是也不能太过要强和固执。

"凤辣子"这一绰号表明了王熙凤的性格特点，王熙凤从小被当成男儿养，在贾府中连"琏爷"也"倒退了一射之地"，是个"连男人万不及一的"人物。由于她精明能干，深得贾母和王夫人信任，所以她掌管着贾府几百口人，拥有实质的管家大权，这是只会自伤身世的林黛玉所不能及的。林黛玉太过于"不争"，而王熙凤却是太过于"要强"。不管是因为自己没有丈夫的宠爱，所以把气撒在小妾身上，还是惩治丫鬟，让她"垫着磁瓦子跪在太阳底下，茶饭不给"等，这种种手段都是为了维护她在府中的地位。但是她最后还是为"聪明所累"，即便机关算尽，最后还是难逃家毁人亡的结局。但不能否认的是贾府曾在她的管理之下井井有条，毕竟她的管理手段是全族上下无不称赞的。若是她能不那么的要强，也许在贾府被抄家之后，以她不输男儿的能力，虽不能东山再起，却也能衣食无忧地过完这一辈子，而不是心气郁结，病上加病，以她不屑的病弱悲戚的姿态死去。

大林： 我觉得主要是太过有心计，在生活中，很多事情人算不如天算的——虽然我并不迷信，但冥冥之中，有些东西是有定数的。

晨晖： 可是我觉得她的算计正是她的要强的体现，因为不甘，所以想通过算计人心来达到自己的目的。有点……谋事在人成事在天的意思，虽然她的做法太残忍。但是个人觉得比林黛玉的坐以待毙要好，她有努力，只是用错了方式。

大林： 这两个人很难放在一起对比的，各有缺点，也各有优点——只是不同而已。总而言之，"算计"自己或他人都不可取。

房悦： 宝玉和黛玉。本书围绕着宝玉和黛玉的爱情，作为故事的中心，看似写的是儿女情长，却恰好诠释了封建思想的弊端，无论精神上的人还是物质上的人的选择，古代都说女子无才便是德，但我觉得，古代女子最悲惨的事情就是这个，所以古代妇女的地位很低。在第一次工业革命前的欧洲妇女，因为没有经济来源，地位比较低，但是在第一次工业革命后，竟然出现了妇女进工厂的运动，所以男女平等也在欧洲大范围的蔓延，与其说我国是一个延续 5 000 年的文明古国，倒不如说我国是一个 5 000 年"物质"文明古国，因为他们已经不懂得如何去维权，不懂得何为平等。宝玉和黛玉的悲剧可能就在于宝玉傻、黛玉笨，他们不懂得人权，不懂得根据自己想要的去生活，若当时宝玉反抗，或许不会是这个下场，毕竟宝玉是在贾府是当心肝宝贝疼的呀！所以到底是亏欠还是爱呢？

人生最痛不过生离和死别，我觉得宝玉和黛玉的爱情，不如说宝玉对黛玉更多的是亏欠。何为活？"活"是三点水的，那代表着水是会流动的呀。说明活着会改变一切事情，如果不努力不尝试，怎么知道结局呢？从文中描写宝玉说的话来看，可以看出宝玉就像孩子般的纯真与无知。黛玉的悲吟和临终时说的宝玉，你好……这个便体现了真正的惨痛。似乎生离和死别更能让人感受到悲剧吧。贾宝玉对女性的尊重，事实上就是对人的尊重。鲁迅曾评价："悲凉之雾，遍被华林，呼吸领会之，唯宝玉而已。"这便是宝玉的悲哀了。

最主要是当时的社会制度。我觉得有一句话说得挺对的，环境可以改变一个人。但是对比起王熙凤的泼辣和结局，更告诉了我们，做人要刚刚好才行。懂得什么该说，什么不该说，什么事该看破，不看破的时候就合乎规矩地做。

大林：你提到了人权与平等的问题，这可能是悲剧的根源，但有了人权和平等并不等同于结局就是喜剧，今天我们是社会主义社会，无论男女都有了人权和平等，可是现实生活中悲剧的例子还是有很多的。所以，这只是缘由之一吧。当然，第二点分析得很好！

房悦：第三点我可能有一点疑惑。如果大家都是一样很傻，只是打个比方。那么你是跟着大家一起去傻，让自己活得开心呢，还是说你要用你自己的力量去改变这个世界？我觉得众人皆醉我独醒，众人皆浊我独清这个挺好的。可是如果只是单凭一己之力的话，可能受到的是更多人的排挤、质疑和讽刺。那我们应不应该假装顺应那个时代的潮流，把自己变成那里的一部分，然后再想办法去把那个环境给改变过来呢？

看着这本书，然后就不知道为什么会突然之间跳出这样的念想。可能是因为宝玉的懦弱，宝玉的不及时长大，以及众人顺应着封建思想去生活的那种悲剧让我会有这种奇思异想吧。

表达能力不太好，请大家不要误解了我的意思。

荣荣：所以不能说宝玉和黛玉的爱情悲剧单是因为宝玉傻、黛玉笨吧？

房悦：还有时代、环境、为人处世。

大林：我也说一个人吧——刘姥姥。理由是：她是最实诚的人。与众多有心计、爱耍滑头的人相比较，她最实在、诚实，无论是自己和整个家庭身处潦倒的境地，还是收养凤姐的女儿。此其一。其二，会说话。懂得"看菜吃饭量体裁衣""在什么山说什么话"，这体现了虽然她是一个农家老农妇，但却也恪守礼仪。其三，知恩图报。从她身上真正体现了什么是"滴水之恩当涌泉相报"。其四，虽因为长得不好看常被人取笑，但她善于自我解嘲，不因为有缺陷而自寻烦恼，而是平静地过好自己的生活。这四点其实也是当下很多人（包括高中生）缺失而又必备的基本生活素养，换句话说，有了这四样东西，生活中许许多多的风雨也就不在话下了，你就能够坦然、问心无愧地拥有自己美好的生活了。

斯缘： 老师，刘姥姥算是难得糊涂吧？

大林： 我认为"是的"。

毅政： 薛宝钗。

第一，从基本人物形象出发，薛宝钗是个很世故、很圆滑的人，即很会做人和处世。她从来不会发脾气，处处为了别人而做，处处为了和气而做，以至于没有个性，贾宝玉不喜欢。

第二，她是才女，却掩饰自己的能力。她甘愿做一个贤妻良母相夫教子。所以说，薛宝钗是所有男人理想的妻子，而非女朋友。很多人认为宝钗虚伪，说她喜欢讨好人和奉承人。贾母要给她做生日，问她爱听什么戏，爱吃什么东西，她深知老年人喜欢热闹戏文，爱吃甜烂食物，就按贾母平时的爱好回答。我们不能够一味指责薛宝钗虚伪，说她是个马屁精，博得老人们的开心，其实反过来说，这也是敬老爱老传统美德的表现。宝钗有帮助别人的热心，在书中也有很多的表现。

还有更重要的一方面，我觉得她这人很自信，在那个年代，能做到这样的人并不多，她也可以成为新时代的小代表，是当代女性思想中的新思潮。不过，她的自信并未得到那个时代人的认同，而被视为有损当时女性该把守的分寸。正是这种迂腐的思想，把人禁锢在封建礼制之中，才会有那么多当代女性得不到人性的释放。

我的总结就这么多，有参考网络评论。

斯缘： 林黛玉。一说林黛玉纤弱娇柔，二说林黛玉自恃清高，但令我印象最深的还是她的孤独。葬花吟里的"花谢花飞飞满天，红消香断有谁怜？"这便是林妹妹在葬花时所吟。她深爱着宝玉，或怨世俗，或怨社会和礼教，使一个佳人独自陪着落花，最后也和落花一样早早归于泥土之中。这也有她自己一方面的原因，是她的多愁善感，当我看到林妹妹葬花时，我心中不禁涌动一股想要与她问遍世事的感觉，是什么让你感到孤独？不仅仅是这落花和消瘦的佳人吧？

才华横溢却终有落定。林妹妹像不食人间烟火的女子，她有才华，有内涵，更有其他人没有的多愁善感，令我印象最深的莫过于林黛玉和贾宝玉对诗的时候，但是，这个"我曾见过"的妹妹由于自身多愁善感的体质和自恃清高的孤独气质让她看到不一样的世界，有些过度远离了现实，这或许是她孤独的坏处吧。一个才华如此横溢的女子却又早早逝去，让人不禁为这个孤独的人儿感到孤独。

少年不识愁滋味，但《红楼梦》没有去强说愁，而是在结合当时的社会，并在引发当代人思考当代社会的基础上去引出愁。黛玉的孤独在更多人看来是多愁善感导致，但是我认为她的孤独更多源于她的思想和才华。

大林：毅政、斯缘，她们对生活的启示是什么呢？比如林黛玉的孤独给我们的启示是什么？还需进一步论及。两位可以补充。

毅政：宝钗于我对生活的启示有：第一，做人不能太死板，要有自己作为一个人应具备的个性，因为没有个性就没有灵魂，人生也将毫无意义；第二，人要有尊重别人的生活态度，对生活中的家人、同学等要心存尊敬，每个人都有值得尊重的价值，只有尊重他人，他人才会尊重自己；第三，作为当代的青年，自信是一种很重要的表现。一个人没有自信，就等于没有灵性，没有人性的价值可谈。自信是远航的长帆，以自信书写自己的人生，让梦想的船只在自信的风浪助力下扬帆远航。

大林：毅政补充得很好，点点对应！

斯缘：走出孤独啊，多交好朋友，多看看外面的世界，该吃该睡，不把自己定位放大。

房悦：对。有时候身边人的一句话对自己真的会有很大的影响。

大林：那当然，甚至说者无心听者有意呢，更何况不是有一句"听君一席话，胜读十年书"吗？

海颖：个人觉得黛玉之所以孤独，更多的是她自身和当时的社会环境所致，就她自身而言，对于他人的示好过于冷淡，因为一开始的时候，大家对她都是客气友好的，可是她因为爱慕宝玉，与宝钗交恶，冷言冷语，时不时讽刺一下，怼得人体无完肤，怕是谁都受不了，大多数人自然而然更偏爱宝钗这种大方得体、规规矩矩的大家闺秀，这是其一。

房悦：可是。我就是喜欢黛玉这样敢说真话的人，我觉得宝钗应该是有一点小心机的吧。宝钗的情商确实是比黛玉的高好多。

大林：敢说真话还得讲点说话的方式方法，还得看看场合和对象的，否则你就会树敌太多。

海颖：这就是我说的其二了，就当时的社会环境来说，还是封建保守的，内部而言，贾府的人都更钟情于温顺得体、身体素质好的宝钗，她无疑更能胜任儿媳妇和妻子的角色，毕竟贾府是大户人家，要能上得厅堂。

大林：是的，在现代社会中，决定一个人是否能得到发展或成功的机会，不是高智商，而是高情商。所以，学会如何做人、如何为人永远是第一位的。

海颖：外部因素是所有人都给黛玉传输着"你不是宝玉的良配""你这种性格不讨人喜欢"这样的信息，我们知道，黛玉较为清高孤傲，她会认为"你瞧不上我，我更看不起你""我就是我，何须讨好任何人"等等，个人认为这也会导致她的孤独。她以花自比，确实有些"孤芳自赏"的。

大林：这就是黛玉的个性！这个个性本没有什么不好，但是太过了，就会如海颖所说：孤芳自赏！

海颖：正如老师您说过的一样：凡事要有个"度"。

房悦：做人要刚刚好，好像那些失意的官员都是这个原因。

海颖：下面我谈谈我的理解吧。

曹雪芹先生在《红楼梦》的第五回薄命司又副册中给花袭人的判词是：枉自温柔和顺，空云似桂如兰。堪羡优伶有福，谁知公子无缘。这个优伶指的是袭人后来嫁的蒋玉菡。袭人作为《红楼梦》中出现的诸多"秘书"之一，给我的印象是最深刻的，以下是三点启示。

第一，不要老抢着做出头鸟，人在屋檐下，就要心甘情愿地低头，而且要时刻记得——木秀于林，风必摧之。袭人的判词中就提到她的性格是温柔和顺，相比较晴雯的敢爱、敢恨、敢说、敢骂，袭人要沉稳、低调很多，例如有一次平儿的虾须镯被宝玉房里一个叫坠儿的小丫头偷了。晴雯知道了这件事，气得蛾眉倒蹙，凤眼圆睁，立马叫坠儿审问，虽然宝玉当时劝下了，但第二天她还是打了坠儿一顿，将她赶出贾府。她自恃美貌，得意忘形，忘记了自己的身份是一个丫鬟，她率真任性，说话容易得罪人……这些最后都导致了她的悲剧——被王夫人安了个狐狸精的罪名在病中赶出了大观园，结局悲惨。

第二，要找准自己的定位，牢记自己的使命和原则。不要别人的随便一句奉承，就飘飘然忘乎所以。袭人她就是会时刻都保持着一种非常清醒的状态，例如讲述袭人在沁芳桥畔遇见管葡萄的老祝妈，老祝妈说："今年果子虽糟蹋了些，味儿倒好，不信摘一个姑娘尝尝。"袭人正色道："这哪里使得。不但没熟吃不得，就是熟了，上头还没有供鲜，咱们倒先吃了。你是府里使老了的，难道连这个规矩都不懂了。"可见就算别人都"醉"了，她也是醒着的那一个。

第三，没有天生的沉稳，也没有天生的有心机，只是要善于学习和成长。袭人一开始的时候，只是一个单纯娇俏的小姑娘，只是到后来，袭人位置站得高了，眼光看得远了，再加上她本身个性就是要强的，于是举动就开始沉稳起来了。袭人虽然容貌比不上晴雯，口才比不上麝月，但晴雯和麝月都没有袭人的那种"大智若愚"，袭人正是凭借她独有的这种痴气，该大的时候能做大，该小的时候能做小，该正经的时候能正经，该玩的时候又能痛痛快快玩，可谓是"收放自如"，能屈能伸。

大林：善用对比！第二条很有道理，因为当下人心比较浮躁，很多人往往会被一时的功成名就冲昏头脑，忘记了初心，迷失了自我。

海颖：嗯，我感觉自己也还是比较浮躁的，不够沉稳，还是要继续"修行"。

大林：两个小时就这样过去了，在这里，我们不仅讨论小说中的人物本身，还讨论这个人物带给我们的种种思考和对生活的启示，从书中人物观照自身是阅读的基本要义和目标之一。希望同学们在今后的日子里，能够保持阅读和思考的习惯。今天的讨论就到此结束了！祝各位亲晚安！

第四节 "牛刀小试"活动的基本策略

进入"牛刀小试"阶段，意味着学生通过教师的"文本导读"和"自主读写"，掌握了一定的文本分析技巧，形成了一定的赏析能力，这时就可以让学生通过小组分工合作的方式，利用各种途径包括自媒体等获取相关资源，为学生自主赏析文本的阅读活动提供支撑和服务，以达到相对准确地赏析文本中的"美"、提出自己的观点或看法的目标。"牛刀小试"主要报告本读书小组集体研读文本的成果，一般以报告（会议纪要、论文或评论等）的形式出现。

一、基本原则

（一）原创

"原创"是我们特别强调的理念。要让学生心中牢固树立"原创光荣、抄袭可耻"的理念，具体做法是：首先可以要求学生签订原创承诺书，从思想上起到约束学生的作用。其次，要允许学生出现诸如抄袭他人成果的错误，但要引导学生绝不重复犯相同的错误，因此，在实践中必须反复强调这一理念。这个理念无关乎一个人的智力水平，却关乎一个人对做事的认识、态度和习惯。最后，在总结阶段，可以适当扩展阅读视野，联系现实世界中、许多重要领域内的创新成果是如何创造出来的例子，帮助学生理解什么是"原创"、原创的力量有多大、多重要，进而巩固学生的"原创"理念，树立以原创为荣的观念。

（二）规范

专题读写活动教学的规定动作是写作一篇赏析性文章（论文、评论）、间隔创作研究报告等相关文体作品。限于阅历和知识水平，前两种作品的形式基本是学生未曾接触和认识的形式，更不用说创作。因此，这两种形式的作品必须一开始就强调规范。

一是表达形式上的规范，必须符合不同文体的格式要求和行文结构，比如文学评论是以"评"为主的文体，结构上讲究严密，力求符合逻辑思维，能够灵活应用由果溯因、正反对比、由表及里、由此及彼等展开论证，而研究报告则又有其基本的行文结构，比如先要介绍研究背景、研究方法、研究意义等，然后是研究结果和分析，再是讨论和结论，最后是参考文献和致谢，而有些部分又有特别的规范，如参考文献的标注，就必须符合其标注规范。

二是符合内容要求，比如文学评论，其特点是突出"评"，即"议论""说理"，因此就必须向学生灌输这样的思维理念：以批判的眼光进行辩证分析，重在能够一分为二地看待问题，能够以发展的眼光看待问题，能够自圆其说；而研究报告则必须学会搜集、应用确实可信的材料证明和支撑自己的看法，得出讨论的结果。

无论是原创性还是规范性，都需要3~5次的反复规范训练，才能让学生逐渐形成较为成熟的记忆，并灵活自如地应用到自己的创作中去。

（三）合作

虽然分工是必不可少的，但这个环节更强调"合作""分享"。这主要是基于每一个人的学识、视野、能力等的差异性，使得每个人都有各自的长处也有各自的短处，这就决定了要完成一篇有创意、有特色的赏析性文章（含研究报告）需要聚集每个人的长处，使每个人的长处能够放大到极致，并在小组（或班级）范围内实现共享。而要达到这一目标，就要求合作以提供相互支撑。这样的意识可能学生一时半会学不来，需要教师慢慢引导和培养。

不仅读书小组内需要合作，就是和其他小组的成员也可以实现互通有无，以达到实现资源共享。这也是本环节要努力培养的学习和生活习惯之一。

（四）展示

"牛刀小试"本质上指的是给学生提供机会或平台，让学生能够自由自主地表达自己的观点或看法，从中感悟语之趣、文之味。它一方面要求学生带着问题去阅读、带着问题去写作；另一方面又要能够将自己阅读和写作的成果通过创作的方式展示出来，并从小组（班级）展示交流中获得成就感，从成就感中不断获得阅读和创作的激情和动力。这也是这个环节的意义所在。但这个环节一般重在组内和课堂班级展示，时间上本环节也可以选择在课外进行，这样不仅节省课内时间，而且更有利于学生主动自由支配时间开展研究的各项工作，当然，也可以和"展示分享"环节结合起来做。从这一点出发，"展示"是"牛刀小试"必要的手段和特性，也是边读边秀、读写后秀的具体体现。

值得提醒的是，"展示"的主讲者，不能固定让某个学生担任，而必须由读书小组的成员轮流担任，这样做，一是让每个学生都有机会露面锻炼自己的表达交流能力；二是体现合作性和公平性。

二、基本要求

（一）教师必要的引导

（1）引导、帮助学生确定研究主题或话题范围，下达任务。要取得较高质量的研究成果，就要确定每一个专题读写的研究主题或话题范围，提供给学生参考，让学生能够有一条比较明确的研究思路。一般在"导读"环节即须完成本项任务，这种做法称为"任务驱动法"。但任务驱动也可以采用让学生在限定的范围内抽签或自由认领任务的办法（当然，即使抽签了小组之间只要双方同意也可以互换研究任务），让学生能有将特长发挥到极致的机会和平台。

（2）进行必要的指导。活动开始前，必须结合自编教材后的附录中的相关内容，向学生讲明白如何做研究、如何组织研究报告或写作评论——注意不要高估或低估学生的领悟力。既要认识到部分学生还没有自学的习惯和能力，因此，需要在课堂上花点时间让学生浏览一遍相关知识，又要看到也有部分学生自己会主动阅读相关内容，这部分学生是全班学生的引领者，必须很好地发挥他们的作用。比如在组建读书小组的时候，有意识地将他们搭配在各个小组中。尤其是在活动刚开始的阶段，部分读书小组本可能是"乌合之众"，学生中有人可能当甩手掌柜，这个小组的任务因此就可能完成得不太好。对此，教师需要关注、关心这样的小组，对他们的作品需要面对面亲自给他们一点具体指导，甚至提供必要的具体帮助，尽量抓住他们在活动中的亮点鼓励他们达成设定的目标。即使到了中后期，对专题文本的研读、创作仍需指导，如研究方向等。

(二)小组成员须分工又合作

一方面强调必须分工负责,要把任务分派到具体个人,让每个成员明确自己具体要做什么,并主动承担其研究的任务。比如,诗歌赏析活动就可以按诗歌赏析的四个方面外加朗读和主持共六个任务,每个人承担一个方面的任务,这就是分工。另一方面又必须强调合作,要将分散的研究成果聚合为优秀的成果,使成果条理清晰、解读深透到位、体现本组的观点和思考,就必须合作,通过不断的研讨分析,形成统一的观点或看法。而研究成果的汇报活动就是合作的结晶了,因为汇报的成果是建立在分工的基础之上的,从此基本可以看出一个读书小组合作的效率。

这个环节强调:树立学术问题不存在绝对的对与错,只要言之成理、自圆其说即可;围绕读书小组的一个问题(话题)展开研讨,每位学生都必须完成分配的任务并积极参与小组研讨活动;读书小组必须形成书面报告,也可以是会议纪要,但都必须符合相关文体的格式规范。

三、基本方法和流程

本阶段教学目标是:以感知、感悟和分享作品之美为切入点,引导学生应用在文本导读阶段学习的赏析阅读基本方法,尝试赏析所选择的作品,并为自己创作作品做好必要的准备。其基本方法和流程如下。

(一)基本方法

(1)程序固定。程序是:先独立思考和分析,形成个人独立成果;再读书小组内讨论、合作,形成小组研究报告(论文或评论或会议纪要)。必须让学生知道,摆在每一个人面前的知识都是公共知识,谁都可能、可以听到、看到、闻到、触到。但并不是每一个人都有属于自己的收获,这是因为有的人善于思考,有的人懒于思考,还有的人不肯思考,我们的主张是做"一根会思考的芦苇",强调的是"一根",即要想让公共知识转化为个人知识并使个人知识产生巨大力量,就必须学会独立思考和分析,并努力形成自己的成果,这是一个人思考力和学习力提升的必经途径。但我们同时强调合作,尤其是读书小组内成员之间需要养成提问的习惯和探究问题的习惯,这是"合作"的具体表现之一,在此基础上小组合作形成一篇较有质量的研究报告(会议纪要、论文或评论)作为最终成果提交并展示。

（2）两个为"先"。考虑到学生的年龄和阅历，本环节活动坚持两个为先：先从一首（篇）作品的赏析入手，再到一类作品的赏析，进而对一本书中所有诗歌的赏析（这是赏析能力的最高级水平，不易达到）；先从一首（篇）作品中的一个方面赏析入手，再到多个方面展开阅读赏析。这是一个循序渐进的过程，目的是让学生明白：现在你可能只能写作千字左右的作品，未来的某一天，你就可能创作出一部几万字、几十万字甚至几百万字的作品。

至于相关文体的作品创作，可以视情况决定是否要求学生完成并提交参与"牛刀小试"活动。

（二）基本流程

（1）各读书小组确定研究对象和范围，明确分工和任务。

（2）分工查找相关资料，独立完成个人部分的研究成果。可以上网查找资料，也可以自己购买相关书籍（见选读书单），以利于深入理解和分析文本，形成自己的理解，写作自己的研究成果。

（3）开展读书小组研讨活动，形成本小组的书面研究成果——研究报告（会议纪要）、论文或评论。小组研讨鼓励学生利用QQ群或微信群开展网上讨论。小组讨论前也可以邀请父母和自己一起进行阅读赏析。此外，小组应协商确定一位同学主笔，主笔者根据小组研讨中产生的观点或看法，结合提供的论据材料，写成书面研究成果（会议纪要），成果要凸显本小组的观点或看法，要有一定的创新性；要求尽量适合口头表达，以利于课堂上顺畅交流，达到最佳的分享效果。

（4）展示汇报小组成果，提出自己的疑问。小组成果展示，在一般情况下，应该将汇报内容制作成视听资源如PPT、动画等，以增强直观性和感染力，但建议不要过多过长，因为"牛刀小试"只有8分钟，很难展示过多内容。在一般情况下，评选活动以读书小组为单位，对其他组进行评分——当然，教师要提前公布评分细则和规则，做好相应的各项准备工作，每组一票，总分相加为总得分，总得分第一者即为"优胜小组"。对"优胜小组"成员进行表彰奖励并利用网站和微信公众号发布优秀作品。

教学例谈

读书小组（权御组）面对面研讨：《家》的语言特色

《家》是巴金先生的作品——激流三部曲的第一部，小说中有不少是通过人物的语言来表现人物的性格并推动情节的发展的，下面汇报本小组探究、分析《家》的语言特色的情况。

1. 简洁而含义深刻

周丽灵："梅姐，假如乱兵真的进来了，我们怎么办？"琴这样问梅道。"我只有这一条命。"梅冷冷地说，其实她的声音很凄惨。"我怎么办呢？"瑞珏在旁边低声问她自己。"绝不能。"梅对琴的回答看似答非所问，但她却很坚定地表明了她的态度：宁为玉碎，不为瓦全。因为前文提到，因为长辈的私怨，梅没能与她爱的觉新结婚，而是嫁到了宜宾赵家，可是不久她又守了寡，回到了娘家。对于她来说，她已经一无所有了，唯有活着的尊严。但瑞珏不一样，她有一个算是比较幸福的家庭，还有一个可爱的孩子，她不想就这么死去，但让她失去贞洁、失去尊严地活着也不可能，她的回答也反映了她内心的矛盾。琴接受过新思潮，并且她还有喜欢的人、需要她照顾的母亲和一群志同道合的朋友，她不甘心就这么死去，"绝不能"也体现了她与乱兵抗争的决心。这简短的对话就将三个思想观念不同、境遇不同的女性的本质性格体现了出来。

陈健林：面对陈姨太天井拜菩萨的行为，觉慧说了一句"你也只配干这种事！"比起"你也只会干这种事！"来说，一个"配"有一种程度上的加深，更能表达觉慧对陈姨太这种流于表面形式的"虔诚"的不屑与厌恶。当觉民问："你将来不也是绅士吗？"觉慧的回答是："是的！是的！"这应该是反语，说明觉慧并不是真的想当一个绅士，他的话也隐含了他的气愤与对封建礼教的厌恶。

2. 方言浓厚有特色

廖庆昌：我们都知道，《家》这部小说是以四川省城为背景创作的，因此人物的对话中也会有四川方言的出现，如"你不要扯谎，我都晓得了""该你吃酒",这些方言更让人觉得亲切与自然。再如,梅对瑞珏说:"大表嫂,你真幸福,有这样一个宁馨儿。""宁馨儿"是对小孩子的称呼,这其中也包含了梅的一种很微妙的感情——既有对瑞珏的羡慕,也可能有一丝落寞。

3. 称谓折射封建思想

陈子润:觉民称黄妈为"底下人",黄妈可以说是看着觉新三兄弟长大的,觉民也很感激黄妈对他们的照顾,但他还是不自觉地将黄妈归入"底下人"的行列,说明他还是有着一定的阶级观念的。再如当克定让高忠去拉龙灯,高忠没有办成时,克定破口大骂"你这个混账东西!",但高忠只是恭敬地听着,连一句反抗的话都没有,这就说明当时上位者与下位者之间有着阶级差距,上位者可以对下位者大呼小叫,甚至辱骂;但下位者因为身份低微,只能默默忍受。这也反映了封建制度对人性的践踏。

赖承润:鸣凤投湖自杀前说了一句"三少爷,觉慧",这是鸣凤第一次也是最后一次直接叫觉慧的名字,但前面还说了一句"三少爷"说明她也被这种等级观念所限制。

4. 意蕴丰富

黄文珑:"三少爷,我想跟你说两句话。……"鸣凤的话,暗含了她当时急躁不安的心情。她遇上难事想找人帮忙却又怕他人无法帮到。她没有说"我有难事想请你帮忙"而是"我想跟你说两句话",这两句看似别无二致,但效果却大不相同,这也突出了鸣凤体贴的性格,也为后文鸣凤的死埋下了伏笔。

周丽灵:"要散早点散也好,像这样惊惊惶惶,唯恐散去,结果依然免不掉一散,这才难受!"觉慧气愤地说。"你要知道'树倒猢狲散',现在树还没有倒嘞!"觉新接嘴说。觉慧的话有两层意思:表面上是说聚散乃人生常事,不必多愁善感。但实际上是表明了他与旧家庭决裂,冲破封建牢笼的决心。觉新以树作比,暗示现在的高家如大树一般,盘根错节,势力根深蒂固,难以撼动。觉新与觉慧的话,表面上是说聚散的问题,可是也体现了兄弟俩对高家势力的不同态度。

5. 运用修辞突出人物感情

"到上海,到北京,到任何地方。"对于觉慧的话我们小组有两种不同的看法。一种认为"到"字用了反复的手法,表明了觉慧急切地想冲破封建牢笼,开始革命新生活的渴望。另一种观点则是"到任何地方"就是不要回到我们的家,因为觉慧之前经历了很多荒唐的事情,他再也不要待在这个毫无温暖可言的"狭之笼"了。而当时北京、上海两个城市的新文化运动发展得如火如荼,觉慧想到这两个城市去,可以看出他热爱新思潮,渴望新文化下的生活。

黄文珑: "自然她满心希望他来拯救她,让她永远和他厮守在一起;但是在他们两个人的中间横着那一堵不能推倒的墙,使他们不能够接近。"这句话运用比喻手法,将当时大多数人们的封建观念现于其中,也为觉慧与鸣凤两人之间的悲剧做铺垫。

以上就是我们小组的观点。我们查阅资料后发现巴金最大的特点就是"真"。因为这部小说是巴金想写给他大哥看的,小说中的觉新就是以他大哥为原型,但是当他写到第六章的时候,他大哥就因为抑郁症自杀了。所以巴金先生对《家》也倾注了很多的情感,他以笔来控诉陈腐的封建道德对人性的残害。另外还有个特色就是具有鲜明的时代特点。如封建称谓"少爷""婢女""轿夫",外来词汇"洋学""洋楼""洋头绳",之所以叫"洋楼""洋头绳",是因为他们所要表达的意思与我们传统意义上的意思有所差别。如"洋楼",虽然中国自古便有楼宇,但国外的建筑物样式外形与传统有极大不同。因此当时人们将未曾见过的事物加上"洋"前缀,以此区分两者的差别。

巴金先生的语言特色还有很多值得我们去体会、去探究的,我们在这里也只能做一些肤浅的探究,如果有什么不对的地方,欢迎大家指教与交流。

(执笔:2017级学生 周丽灵)

第五节 "展示分享"活动的基本策略

"展示分享"是专题读写活动教学最为重要的环节之一,也是"秀"的具体表现方式。在实际操作中,需要灵活应用多种展示方式方法,以使学生获得最大的成就感,激发学生阅读和创作的兴趣。基本原则和要求阐述如下。

一、基本原则

(一)及时

这是这个环节最重要的原则。所谓"及时性"就是在文本导读、自主读写和牛刀小试的基础上,直接进入这个环节。必须十分明确:在鼓励学生的学习方面,有温度的东西永远比没温度的东西好!趁热打铁的行动可以让学生及时感受到成功带来的成就感和获得感,而这个成就感和获得感有利于学生及时地积极地投入到新的阅读写作中去。这样就要求师生都要及时做好各种准备工作,比如作品的创作、作品的评改和推荐、展示方式方法的选择等,最便捷的方式就是利用各种自媒体开展多种形式的展示分享活动。

(二)实效

展示分享一方面需要展示本读书小组的成果,另一方面在展示中能够和同伴分享自己的劳动成果。这样就决定了所展示的成果必须原创并能够带给参与者以视觉、听觉的盛宴,从而引发共鸣、生成思考的火种,如果能达到让参与者都有心灵的共鸣并激发参与者深入思考或探究的激情,那么,这个展示就不仅是有实效而且是高效的展示了。当然在实际操作中,可以设置一定的梯度要求，兼顾有些学习能力和思维品质比较差的学生，比如刚开始这项活动时，要求可以放低到能够上台思路清晰、完完整整面对全班同学展示就是成功的标准，然后再提出更高的要求和目标。总而言之，就是要有不同的达标要求，要允许学生知识和能力水平有差异，使每一个学生都有所获，只是"获"的大小高低不同而已。

（三）鼓励

对于任何一个人来说，要在大庭广众之下展示自己的成果，多多少少会有一定的担忧和害怕——害怕自己的言行表现被人笑，害怕自己的成果不如人，担忧自己的成果无人喝彩，担忧成果不能给参与者以启发、以共鸣……对此，我们可以引导学生树立这样的理念：有同学为我喝彩，我就是成功的！所以，教师要引导学生为同伴鼓掌——鼓掌也要讲究一点，提倡发自内心的鼓掌，教师还可以通过口头表扬、颁发奖状、给予小礼品以鼓励；本课题还有一个非常便利而有效的鼓励途径：将学生的优秀作品发布在自办的网站"爱吐纳"和同名微信公众号上。为此，鼓励要建立一个规则：亮点和特色原则。这里的"特色"，指的是观点或阐述具有原创性、体现了个人的思考和感悟，打上了个人印记。"亮点"则在上一节中具体阐述过，不再赘述。

（四）开放

为拓展学生的阅读视野和思维视野，采用的展示方式是多层次、多平台的，展示的主题（话题）也是多样化的。如果是讨论展示，则要求本着角色、地位无差别的平等，学术自由、言者无罪的原则，根据专题读写对象，选择1~2个值得深入探讨的话题（或主题）展开探究，对个人观点提倡自圆其说、言之有据。它一般由教师或科代表充当策划者和发起者的角色，学生可以凭自己的兴趣爱好选择性地参与其中感兴趣的展示活动。当下，特别提倡利用旨在不同深度阅读探讨的QQ群、微信群等方式，因为它简便、实用、高效，事实上，从我们的实践看，这种方式是最受学生欢迎的。

二、基本要求

在实施过程中，要注意如下五个基本要求。

（一）明确目的，设计流程和话题

（1）必须明确活动的目的。不仅教师自己要明了开展"展示分享"的目的和基本原则，而且要让学生心中树立一个行动准则：你有一个思想，我有一个思想，你我他一起分享各自的思想，就会碰撞出有意义的思想。让学生明白，一次思想的碰撞就是一次思想的裂变，它会使人的思想逐渐变得开阔、灵活，进而促进自己的思维发展。而这就是我们读书学习的全部意义。在不同的专题读写展示活动中，还会有一些具体的不同目的，活动开始前也必须和学生说明，让学生做到只要行动就知道目标是什么、在哪里，需要做什么、怎么做，做这些事情的意义在哪里，等等，这样也可以提升活动的有效性。

（2）必须精心设计活动的流程和话题。不同的专题读写展示活动，会有不同的话题，需要教师精心设计，设计时还需考虑的是课内进行或是课外进行或是课内外结合进行，每一个环节需要学生做什么、怎么做，等等，总之，设计应该遵循简单、方便、可操作的原则。而这些都需提前在合适的时间告知学生，让学生能够有时间做充分的准备。一般准备得越充分，活动的成效就越高。

同时，如果是讨论分享活动，还要注意确定一个能引起学生参与欲望的话题，让学生感到有所收获是最基本的原则。

（二）读书小组必须既分工又合作

每一次专题读写活动的展示任务，都是需要读书小组分工合作才能顺利而有质量地完成的。毕竟，一个人的经历和视野是有限的，加上时间紧（通常只有一个月甚至还不足一个月），这些因素都决定了要高效完成任务就必须既分工又合作——需要发挥个人的才智和特长，尤其是特长；而合作则是需要在分工负责的基础上，收集、筛选、整合每位成员的成果，使本读书小组的成果能够清晰而缜密地表达出某一个主题或主旨。这就要求读书小组中的"总理"具有较强的组织能力，懂得如何合理分配人力资源，发挥出每一个人的优势——当然这需要时间让学生在实战中逐步摸索出规律并应用在实战中。

（三）进行较充分的研究

要达到"展示"所要求的目标，让自己的成果收获"民心"并引发思考与共鸣，就必须进行比较充分的研究，而研究的基础就是要对作品深入阅读——阅读至少三遍（古代诗文则至少要读五遍），包括检视阅读——系统化略读或粗读、粗浅化略读和分析阅读。当然需要明确，这样的阅读要求学生也不可能一开始就能达成，它需要一个过程。这三遍阅读，特别强调分析阅读，分析阅读的重点是"鉴赏形象，品味语言"，这是产生优秀成果的基础，忽略不得。

（四）突出文体特色

就展示者的展示内容而言，必须明确告知学生各种文体的基本特色。比如如果展示的成果是论文（评论）、研究报告等，就要注意讲究辩证分析，突出批判和思辨思维，能够应用一分为二、全面和发展的观点看待、分析文本；如果展示的是文学类作品，就诗歌、散文而言，就要让语言的魅力充分表露出来，就小说、戏剧而言，就要让人物形象深入人心；如果展示的是实用类作品，如海报、作品推介等，就要强调表达能够有吸引人们眼球的效应。凡此种种，需要用心推敲、精心设计。

（五）讲究表达形式

可以肯定的是，内容如果没有恰当的表达形式，即使内容很丰富且有特色，展示的效果可能也会大打折扣。因此，讲究展示的形式是必要的，以下两点要特别关注。

（1）言语艺术。展示者如何展示自己和同伴们的劳动成果才能捕获"民心"？就形式而言，言语艺术是第一要考虑的问题。要在短短的 8 分钟内展示成果，语言简明、生动是关键，一般提倡直奔主题和要点，但这样又很容易给人以刻板的印象，此时就需要展示者的表达稍微能够煽动一点情感，能够抓住听众的兴趣点和关注点，让他们感觉听你、看你展示能够有所启发，能够心甘情愿地静心听你说、看你展示。

（2）图文和表达同步。为了更有利于吸引听众和观众，在一般情况下，展示时需要做一点直观性的东西，比如必要的 PPT、动画，甚至是情景再现。但必须清晰地认识到，这些东西是为展示服务的，是辅助手段。展示者在展示中，应该注意在推介你的成果时，同步推送出相应的图片资料，这样的推介往往能够更成功。因此，展示者要注意提前进行必要的演练，直到能熟练同步操作，这样才能确保展示的成功。

三、基本方式方法

展示分享活动一般是无主持活动，可以在活动正式开始前采取抽签的办法事先确定展示的前后顺序。如果是无组织问题探讨,则教师(或科代表)一般需充当发起者和引领者的角色,以调控课堂秩序;如果是辩论会,则需要选出一位学生主持和必要的工作人员(如果需要评比,则还需遴选出评委若干),负责协调正反方、维持班级秩序。其常用的方式方法有下列八种。

(一) PPT 讲解分享

这是最为常见,也是最简单而有效的适合课内展示的形式。成果一般可以采用此种展示方法。但要告诉学生制作的 PPT 不要做得太花哨,最好能够简单明了地突出主要内容和主要观点,能够清晰地突出成果的内容,让听众和观众更直观地了解要展示的内容,进而接受展示者的观点即可。前面我们说过,PPT 的放映必须与讲解同步,方是有效或高效的展示。

(二) 无组织问题探讨

这种形式比较适合对文本中产生的具体问题展开探讨,课内、课外都适宜。一般需要提问者提出有争议性或值得深入探究的问题(当然也可以是提问者自己的疑问),以利于展开探究或分析。它比较考验提问者和答问者的智慧,但有利于学生辩证思维的锻炼和发展。因为是无组织,所以,更需要学生具备提问的主动性和挑战性。如果是课内,一是要求教师要做好"挑拨"和"聚拢"的角色,能够既挑起学生提问的欲望,又调控好课堂的节奏,启迪学生的心智;二是要求学生课前必须做好提问的各项准备工作,包括深入阅读探究文本、思考可能存在的问题,读书小组内有比较充分的讨论并形成比较一致的看法或观点,同时拟制好提问的问题(最好能提供解答或解答的思路)。在课外,也可以利用微信朋友圈或 QQ 群展开探讨,这种方式更能让学生自由、主动地参与进来,从实践的效果看,这种方式对学生批判性思维的培养效果更好。

(三) 头脑风暴

头脑风暴指的是依据深度汇谈的原则,借助自媒体如微信或 QQ,组建读写活动微信群或 QQ 群,在教师的策划和引导下,师生围绕专题读写中有深入探究价值的 1~2 个话题(或专题)展开头脑风暴,头脑风暴重在引导学生发表自己的观点,并使观点能够自圆其说,观点能用对应的论据支撑。要求学生只能依据所阅读的文本和相关文本展开探究,不偏离探讨的话题或主题,不允许说粗话、脏话,不允许人身攻击,提倡分享和合作。本活动的难点在于一是学生必须真正阅读了文本甚至能够至少阅读三遍及以上,而这一点恐怕是有难度的;二是教师必须注意选择一个能引发学生思考、讨论的话题或主题;三是建立微信朋友圈或 QQ 群,越是落后的地区,可能放开让学生使用智能手机用于本活动会受到更多限制。

(四)原创作品展示会

读经典名家的作品是吸收,能够为我的人生和生活、学习提供借鉴,但阅读的目的还应该是能够引发发表自己的见解和创作冲动,创作属于自己的作品。但也需要给学生创作的这些作品一个展示的机会,这样才更能激励学生主动积极地去阅读、去创作。因此,必须花点时间优中选优地挑选学生的优秀原创作品并让学生用适当的方式来展示自己的读书成果。比如"现当代诗歌选读"专题,我们不妨花一节课(如果时间允许的话)让作者来朗读自己创作的诗歌并做适当的解读,包括写作的动机、体会或者是经验等。实践表明,这种方式所带来的示范、带动作用是非常大的:它不仅仅提升创作者的阅读和写作的主动性、积极性,而且使得其他同学"有样学样",也想在班级里"秀"一"秀"。

(五)原创作品阅读推介

考虑到课内时间比较紧,一般这个活动放到课外(也可以在课内)进行,这是一种简单可行而有较大实效的方式方法。大致做法是:将学生优秀原创作品编号后利用网络发布在网站上(也可以印发给学生),让全体学生来阅读并投票,票数最多者为"优胜者",为了训练学生的实用类文体写作能力,还可以同步开展写作推荐词,并请写作推荐词的学生朗读自己写的推荐词等活动,这样可以取得一箭多雕的效果。这样,无形中学生又多了一个展示的机会和舞台。

(六)制作读书海报

这类活动比较适合在课外组织学生推介阅读图书活动。前提条件是学生本人必须至少阅读了这部作品并有比较深的体会或感受,否则,此展示活动是无法进行的。因此,必须要求学生深入研读所要推荐的图书(一般不少于三遍)并能够创作出质量较高的评论(读后感或研究报告等)。同时一般要求统一纸张格式、海报内容,如必须有评论(读后感)一篇、广告词一则、作者和图书内容简介一则等,而且必须原创,其余内容可以自定。

（七）辩论会

有些作品可以生成比较对立的理解和观点，这些对立的理解和观点就可以变成辩论话题，围绕辩题就可以组织学生开展一场辩论会了。在课堂教学中，辩论会采取的方法最好能够让全班学生都参与其中，方法是将全班学生按自己的观点认同与否分为正方和反方（每个人既是观众，也是参与者），然后采用限时、自由辩论的方式展开辩论——一般在课内进行（可以将正反方学生适当集中在一起坐），部分学生或教师可以做组织者和调和者的角色，管理、把控课堂，若要进行评比，则需要制定出评比细则，组织评委会，选出相关的工作人员（一般可由学生推荐担任）。

（八）网站网页或微信公众号成果发布

这是一个贯穿本课题教学全过程的常规动作。为了便于发布、展示学生的读写成果，也为了方便学生下载相关资料，我们专门创办了"爱吐纳"网站和同名微信公众号，中期之后，还利用"广东省林明名师工作室"网络平台发布师生作品，这一举措得到了学生的欢迎，从问卷调查的数据看，87%的学生是在乎自己的成果能够发布在网站或公众微信号上的，这表明在信息时代和社会里，学生愿意接纳无纸化的表达自我和阅读的模式。

当然，展示分享活动还可以开发更多的活动方式，这要视各种学习条件和环境而定。

教 学 例 谈

头脑风暴：《论语》中的哪一句话让你记忆尤深？

大林：各位亲，大家好！欢迎大家的到来。本次讨论的话题是：《论语》中的哪一句话让你记忆尤深？请找出三个理由加以阐述。

大林：老规矩，还是我先发言吧。好多年来，读了好多遍，给我记忆最深的是《雍也篇》第三十章的"夫仁者，己欲立而立人，己欲达而达人"。其大意是作为仁人，自己想要立身，就要帮助别人立身；自己想要通达，也要帮助别人通达。（沿用徐志刚《论语译注》的说法）

其理由有三：第一，在为自己的同时心怀他人，即既为自己也为他人，这种理念是我一直最为推崇的，回溯自己的人生路，大概在我30岁的时候，似乎就有了将这样的想法付诸实践的行动，因为那时我已经是一所学校的中层正职领导，可以说得上话了，那时，我曾经力排众议，启用两位年轻教师担任高三教学，这对崇尚权威的人来说的确是个不小的挑战。第二，这也是"己所不欲勿施于人"的具体体现。孔子一直认为，仁者爱人，要"爱人"，首先就要爱自己，爱自己就不要将自己的意志强加于他人，更何况，你自己都不想要的东西，凭什么送给人家啊？这种损人又不利己的做派是一个仁者不能做的！第三，今天的社会特别需要这个理念。在当代社会中，似乎由于每个人的个性比较独立，也派生了一些很自私的人，这些人什么好处都想自己捞，什么功劳都是自己最大，不顾及甚至完全不顾及他人。我觉得，在当下社会，提倡"为公为私""为己为人"，将有助于形成风清气正、和谐共生的社会氛围。

文珊： 最深刻的是"不迁怒，不贰过"。其意是：生气时不会迁怒于人，不会犯两次同样的错误。其实很多人都会说自己生气时是对事不对人，但如果真的生起气来，你自己并不会发觉你无意中伤了周围人的心。我是一个特别不爱生气的人，同样我也不喜欢别人生气时把怒气往他人身上撒，这是不礼貌的，也是一种无理取闹的行为。首先，我喜欢这句话，也就是想告诫自己，同时"教育"周围的朋友"不迁怒"。其次，一个人会在人生道路上犯很多错，这其实是一个自我弥补的最佳时机。但犯错了，一定要"吃一堑，长一智"，不犯第二次，虽然这可能有点困难，但一定要不断提醒自己"不贰过"。最后，这一句中的内容其实是我现在最需要的状态，反反复复掉入同一个陷阱，心里会很烦躁，想骂人，但总是会暗示自己不要迁怒于人，宁愿自己出去大吼一声。

大林： 不断联系自身，很有说服力。

丘乾： 我觉得印象最深的是"君子坦荡荡，小人长戚戚"。它的意思是君子胸怀坦荡，无忧无虑，小人心胸狭窄，常常忧愁哀戚。这句话为什么会给我那么深的印象呢？其一，我觉得它引起了我在情感上的共鸣，做一件事就应该坦坦荡荡，而不要像小人那样什么都想着自己，一个人要行得正，才不会怕人在背后说你坏话，身正不怕影子斜，而只有这样，你才能真正做到无忧无虑，而不是时时提心吊胆，担惊受怕；其二，我觉得这句话写得特别有气势，君子坦荡荡，小人长戚戚，读着特别顺口，还形成了对偶，让人百读不厌；其三，这句话也是我自己做事的一个目标，指导着我什么应该做、什么不该做，帮我避免了一些错误的决定，在面对诱惑的时候能更好地坚持自己的原则。

大林：很好，三点理由步步勾连，层层深入！

房悦：我记忆深刻的是"先行其言，而后从之"。理由是：其一，当今社会，因为有了手机，越来越多的低头族就什么事都不做，然后就在那里发朋友圈，说自己要干嘛干嘛，到最后只是捧着手机，一事无成。这就是行动上的矮子，思想上的巨人，这个现象已经很普遍。其二，因为我个人有超级严重的拖延症，所以我就把这句话用来鞭策自己。其三，发现它还有一个惊人的秘密：那些成功的人都不怕流言蜚语，做成自己想做的事。还有一点就是我对孔子的个人崇拜，因为我们初中那个学校对孔子是有一个很盛大的祭孔仪式的，在孔子生辰的那一天，整个上午都在搞纪念孔子的相关活动，所有的学习都放下，那时我就觉得祭拜孔子就像祭拜我们自己的祖先一样，这种仪式感至今还深深影响着我。

大林：房悦，你初中是哪个学校？那所学校的校长值得点赞！你还要继续发扬热爱中华传统文化的传统哦！

房悦：东山学校。

承润：我们嘉应中学也有孔子的雕像，中考百日誓师的时候就是在孔子的见证下进行的。

大林：承润，赞一个！

承润：记忆尤深的是"温故而知新，可以为师矣"。其意是：温故旧的知识可以知道新的知识，那就可以成为老师了。理由如下：①这一句是学习的方法。人有一段记忆周期，记忆在时间的冲洗下会逐渐消散。这句话告诉我们，在学了新的知识后，要巩固温习，这样才不会将知识还给老师。②但是只做到温习巩固还不够，应在温习旧的知识中学到新的知识，这很难。如何在旧知识里习得新的知识，我觉得应透过现象看本质，书本上的知识只是浅显的。就像邓老师说："物理书只是给不懂物理的人看的。"所以应回忆老师的讲解，并且多翻阅练习中的题型，那么这些在课堂上学不到的知识就可以收入囊中了，这就是邓老师要求我们做笔记本的原因吧。③在做到这点后，孔子认为，你就可以当老师了。此话不假。名人们的新知识、新学问往往都是在过去所学知识的基础上发展而来的。若能不断积累知识，那你的知识底蕴肯定深厚，自然也就可以传授知识了。

大林：承润的发言，提到了邓老师的"名言"，这就叫学以致用。

毅政：我记忆深刻的是"逝者如斯乎，不舍昼夜"。理由是：其一，时间对于每个人来说都是非常珍贵的，人生只有一次，时间也就那么点，容不得我们每个人去随意挥霍，其含意是警惕时间流逝，要用有限的人生做有意义的事情；其二，青春是每个人最珍贵的时期，每个人的青春都是多彩多样的，是人一生中最好的回忆，对于青年人来说，这句话更有共鸣，因为我们正值这个时期，正在青春中努力奋斗和拼搏，让自己不断向前发展；其三，我更欣赏的是孔子在那个时候便有了这种感慨，在礼崩乐坏的社会，他却成为一股清流，并积极地告诫学生弟子要珍惜时间，不能虚度青春，要好好利用自己的时光。值得点赞！

毅政：孔子这句话也是有背景的，他用河水的流逝，表达了周礼一去不复返的感悲之情。西周不再，理想的社会也不再重来，从这方面可以体现出孔子当时对恢复周礼的迷茫与绝望。

大林：补得很好！

荣荣：我记忆尤深的一句是"吾十有五而志于学，三十而立，四十而不惑，五十而知天命，六十而耳顺，七十而从心所欲不逾矩"。为什么是这句呢？当然有原因啦，其一，之前大林也给我们讲过《论语》，然后我提出了一个问题其实闹了大乌龙，我之前把这句话理解为是我们普通人的成长，其实这句话是孔子他本人的一个成长历程。我就更体会到这句话的分量了。其二"吾十有五而志于学"，英雄出少年，少年志于学。我们正处于盛开的季节，就必须在正确的年纪做正确的事情，况且"花无重开日，人无再少年"，我们更应该珍惜自己风华正茂的青春。其三，从这句话中，可以看到孔子从年少立志学习到而立之年正式背负起责任，有了人生的一份担当，再后来能遇事不惑，带上岁月给予的历练，再到了孔子五十岁时就明白一些事情并不能强求，有些事自己还是无法改变的，到了耳顺之年，能听见与自己不相同的声音，学会听取别人的意见，到了他七十岁，他才能做到听从自己的内心但却不超出法律和道德。对我来说都可以从圣人的每一个阶段的变化经历里观照自我，有一种"见贤思齐"和楷模的作用。

大林：思路清晰，只是还是觉得论述上不够深透——记得要联系自我来说理哦，尤其是第三点。

瑞琴：《论语》中让我印象最深的一句是"子曰：'今之孝者，是谓能养。至于犬马，皆能有养。不敬，何以别乎？'"理由有三：其一，这句话体现了孔子关于"孝"的思想的具体方面，即孝顺父母不只是赡养父母，而应该发自内心尊敬父母；其二，这也反映出，在孔子所处的社会，不尊敬父母、不孝顺父母的现象可能比较普遍，而孔子能够更早地意识到这个问题的存在，并提了出来；其三，这句话有很强的现实意义，在我们的生活中，对于越是亲近的人（比如，我们最亲近的父母），在他们的面前我们越为"放纵"，越是"色难"，甚至连最基本的赡养父母都做不到呢！我想正是因为《论语》至今仍很强的现实意义，对于我们的学习、生活，乃至行为习惯，都有很强的指导作用，这也是我们学习《论语》的意义所在。

大林：说得真缜密！

大林：时间又到了十点，两个小时，让我们见识了高手们对《论语》的理解和感悟，也加深了对《论语》的理解。其实，我觉得这是一本读不完的书，而且可能会越读越厚、越读越深，因为每个人、每个阶段的感悟是不一样的，若干年后你再翻开这本书时，我想，你一定会有更深层次的感悟的。那就让我们共同期待吧！本次讨论到此先画上一个休止符吧，谢谢各位亲的积极参与！

第三章
融合教学的实践与探索

第一节　自媒体在专题读写活动教学中的应用

什么是"自媒体"？按"360百科"的解释是：自媒体又称"公民媒体"或"个人媒体"，是指私人化、平民化、普泛化、自主化的传播者，以现代化、电子化的手段（包括繁多的APP软件或小插件），向不特定的大多数或者特定的单个人传递规范性及非规范性信息的新媒体的总称。其平台包括博客、微博、微信、百度官方贴吧、论坛/BBS等网络社区（还应该包括QQ）。

互联网发展、智能设备应用普及化以及学生们从小所接触的多样化读写工具，注定了教学活动越来越离不开自媒体。而在教学活动中，无论阅读还是写作，更是需要应用多层次的自媒体平台，才能实现读写教学效率的最大化。在专题读写活动教学中，自媒体是必备要件，两者融合也是无法回避的基本问题。

一、每一个流程都可以应用自媒体

专题读写活动教学设置了五个流程：下达任务，读写导引；自主读写，形成成果；分工合作，牛刀小试；知能测试，形成能力；展示分享，达成任务。学生要求在规定的时间内完成项目任务套餐，每个流程结束后，即开始新的专题活动。

在五个流程的活动中，无论读写导引还是自主读写，无论牛刀小试还是展示分享，也无论知能测试还是达成任务，都可以借助自媒体开展跨媒介读写活动。

二、自媒体应用于教学的特点与价值

（一）特点

（1）短而快。"短"指的是查找、筛选资料的时间短了，获取信息的时间更短了，提升了时间效益；"快"即因为互联网的特性决定了查找、筛选、获取信息资料快捷、迅速，学生提交作品的速度也快了，对问题的反应能力也加快了，无形中也培养了学生对外界事物和现象的敏锐的感知能力。据一份权威资料显示，今天人们一年的阅读量相当于17世纪英国农场主17年的阅读量，这差异的原因，就有网络的力量。当然，与传统手段比较而言，自媒体的东西更杂乱，而且由于"快"，其必然存在缺陷或不足。这需要教师引导学生"放出眼光"，懂得筛选和选择，为自己的学习与生活所用。

（2）针对性强而集中。每个专题都有各自的主题，因此需要引导学生围绕专题的主题展开学习，否则再快也会没有应用的价值；在查阅资料上不能什么都只靠"百度"搜索，还需要引导学生学会查阅权威网页，引导学生学会如何引用他人成果而不至于侵权；在交流分享上，学会针对问题展开讨论，容忍他人观点的不足或缺陷。

（3）趣味性强而有吸引力。由于自媒体可以自我设计页面、版式等，图文可以并茂，甚至还可以添加动画、配音等，而且容易制作，使得学生愿意接触、接受、接纳并主动积极地应用自媒体。当下微信等自媒体中的小插件越来越丰富，容易赢得好奇心强的青少年的青睐。这种形式上的优势，对读写感到有点困难的学生而言，有较大的吸引力，甚至让学生因为有趣、有味的自媒体而逐渐爱上阅读和创作。

（4）在教学中的应用一般在课外，课堂上只能有限应用。这是社会、家长和学校的共同作用形成的。虽然移动互联、大数据、人工智能等已经进入大众视野并被广泛应用在各行各业，但现代技术手段和方法应用于教育是有其滞后性的，自媒体的应用尤其如此。这一现象可以理解，毕竟教育教学面对的是正在成长中的人——他们的自制力比较差，很难把控自我，因此，自媒体要应用到教学中，需要教师有承担风险的勇气和信心。

（二）价值

（1）这种跨媒介读写途径或方法更能吸引学生，是培养学生语文兴趣的新途径、新方法。自媒体是网络时代发展起来，适应时代发展、顺应人类生活需求的网络交流工具。高中生对它们存有强烈的好奇心，如网上阅读就是传统纸质阅读的有效补充，而直接利用自媒体创作作品、记录活动等更是成为人们的写作习惯——无纸化的观念开始被大众接受。

（2）帮助师生更快捷、更全面地认知、搜索、筛选、获取、应用知识，形成思维与思想的碰撞。自媒体能够快捷获取知识是尽人皆知的事实，而思想、思维的碰撞则是潜移默化的，因为你发表自己的看法，别人可能会有不一样的看法，利用自媒体就可以快捷而及时地得以反映。比如我们在微信朋友圈里开展的"我最喜欢的一位诗（词）人"活动，同是喜欢苏轼，理由却各不相同，各不相同的理由又能够让每一个人立即思考自己的观点是否有漏洞或缺陷，如有，就可以立即弥补或修复。又如，下面围绕喜欢毛泽东的对话：

学生甲：第一，因为我喜欢他放荡不羁的书法；第二，即使处在闹市读书，还能如此平静；第三，个人崇拜。

学生乙：你这个青少年，思想有点危险。

老师：崇拜他什么？也应该有具体内容啊！

学生甲：崇拜他豪放的诗词，强壮的体格，博大的胸襟，充满智慧的大脑。

老师：看来你是真的认真看了他的诗词甚至传记什么的吧。

学生甲：看他的故事，小时候看过关于他的传记。

老师：个人崇拜其实也没有什么不好。比如，我小的时候就很崇拜我的父亲，觉得他的能量真大，什么事情都难不倒他。当然，今天我仍然觉得我的父亲很伟大——虽然他早已退休，也老了，只是这并不影响他在我心目中的位置。

这里有两个细节很重要：一个是教师让学生具体阐述"个人崇拜"的内涵，让学生知道观点需要有充实而具体的材料支持；一个是解释"个人崇拜"的含义，这个细节是引导学生自我矫正认知上的偏差，话虽短，却很有实际指导意义。

（3）生成更高质量的原创成果。在写作上，我们主张写作是创作，要求必须原创和独特。在自媒体上，学生往往可以获取和掌握多方面的资料，这往往可以让学生引发更多的联想和想象，使他们脑洞大开，产生很多属于他们自己的思想和观点。比如在"《家》中哪个人物让你最震撼"的讨论中，教师认为是觉新，因为他有太多的不易和坚忍，一个学生就说："我觉得觉新也有点私欲，他有时候也会为了自己的利益而不在乎他人，从这方面出发，也表现他的矛盾所在——虽然说他整个人本来就挺矛盾的。"另一个学生同意这个说法，还补充了证据说："觉民、觉慧找觉新帮忙,觉新总是说'你们根本一点都不体谅我',这里有一种倚老卖老的感觉。"

(4)成果发布及时快捷,极大提升学生读写的激情。"展示分享"活动其中的一项主要任务就是发布成果。因为自媒体有短而快的特点——只要动动手指,像QQ、微信朋友圈、微信公众号甚至网站网页(自办),要发布读写成果是很快的事,它可以第一时间让他人看到或阅读你的作品,一个点赞、一个发布,带给学生的是满满的成就感。根据我们的调查问卷"是否希望自己的作品在年级、班级展示或网站、刊物(微信等)发表"的回答情况看,有40.7%的学生表示"非常希望""很希望",只有两个学生表示"基本不希望"或"完全不希望"。这表明快捷发布读写成果对绝大多数学生有着极强的吸引力。

总而言之,自媒体是教学中必须应用的新手段、新平台,语文教学应当注意利用这些新手段、新平台为提升学生的语文核心素养服务,切不可只仅仅为了更好看、更热闹而忽略了语文教学的本质和目标。

三、自媒体与专题读写活动教学融合的方法

和传统的教学途径方法一样,自媒体是专题读写活动教学的手段、方法与途径之一,因此,自媒体与专题读写活动教学之间是可以相融、相生、共存的。问题是在专题读写活动教学(包括课堂教学和课外语文活动)中如何找到两者之间的契合点。根据实践活动,我们总结了三种常用方法:

(1)课堂教学可以有限应用。因为大多数学校不允许学生将智能手机或平板电脑带入课堂,这样就限制了自媒体的应用概率。因此,需要提前和班主任、学校、家长沟通,允许学生带平板电脑或智能手机进课堂,这样,方便在不移动座位的情况下展开讨论或探究活动、课堂实时展示活动、无纸化测试,以及及时查找相关资料活动等,从而提高教学效率。

(2)课堂教学以外可以相对宽松应用。"相对宽松"指的是可以和学生乃至家长约定一个单位时间(通常是周末某一个时间段),带平板电脑或智能手机,组织学生应用自媒体开展"牛刀小试""应用资源""展示分享"等活动。

(3)利用自媒体的各种方法和手段、网站网页及时发布师生的各种优秀的读写成果。作为事后展示手段,这是让学生产生成就感和获得感的最佳途径。大多数学生还是希望或愿意把自己的作品通过某种方式展示出来的,自媒体的应用,学生和家长都可以第一时间接收到这样的信息,这种

及时激励的方式能激发学生更大的阅读和创作兴趣。

以上三种形式和方法不仅可行，也取得了较为明显的效果。不过，必须明确，自媒体永远只是辅助工具，读写才是主角，必须预防过度依赖自媒体的习惯，尽量避免出现阅读和创作碎片化、拼凑化，使学生变得不会书写，甚至提笔忘字，更使学生连笔记都不愿意写的局面（因为自媒体只要复制粘贴即可），如此，不仅是喧宾夺主，更使专题读写活动教学失去了本真。

四、自媒体与专题读写活动教学融合的困境与希望

虽然自媒体应用在专题读写活动中教学好处颇多，也预示着两者融合是必然的趋势——全国都在提倡"双融双创"（广东教育界更是迅猛推进信息技术与教育教学的融合）。但正如当年电脑进入大众视野的时候一样，对于平板电脑、智能手机等，还有很多地方的很多家长、学校、教师视之为洪水猛兽而惊恐万分，大有"狼又来了"的味道。典型的观点是：学生玩手机（包括平板电脑等）严重影响学习。过度玩手机的确影响学习，但这并非智能及终端设备的错，科学技术本身没有错误，错的是人类自身对智能科技及应用的不足认识以及在新技术到来后对之无法束缚的恐慌。学校对新技术束手无策、野蛮拒绝到一味围堵，不愿、不想采用疏导的办法，更不愿改变惯常的教学策略来吸引学生。这种不分青红皂白一刀切的禁止的做法，使得智能终端设备很难在校园内（教室里）"生根发芽"，更别说应用在教学中了，而且越落后的地区，这种现象就越严重。当然，很多管理者并非如此：我的朋友王校长就对全校学生做了一个规定，在进教室的时候，各班指定学生负责收集同学们的手机，集中在一个地方（柜子等）统一保管，放学时发还给学生；陈老师则和学生有一个约定，从周日晚自习开始到周六下午都不许带手机进入教室，但周六晚上到周日晚自习开始前可以；李老师则和学生约定逢双日的下午放学后到晚自习上课前可以携带手机进教室……这些堵疏结合的办法使得学生感到有入口，也有出口，因此受到学生的欢迎，也培养了学生的自律意识和能力，取得的效果都比较好。

如今，大多数学校（包括很多农村中小学）的教室都已经安装了智能一体机，国家层面也在大力倡导信息技术与教育教学进行深度融合，况且，芬兰高中都已经实现无纸化教学了，因此笔者有理由相信，与互联网、智能技术的发展一样，教学中能够自如应用自媒体的春天终将会到来！

第二节　让"美"根植于学生内心

师：你为什么要学习语文？
生1：高考要考的。
生2：能给人滋养。
生3：对生活质量提高有重大辅助作用。
生4：能使人生更有价值。
……

这是师生的一段对话。学生的回答尽管还有功利的一面，但有的学生也已经有了审美意识。关于语文教学，我觉得，必须推崇并在实践中致力于学生审美情趣和审美能力的培养，这也是语文教学的切入点或抓手。道理很简单：语文的核心就是"美"，美从哪里来？基本的元素是语言和文字，可以自豪地说，汉字是世界上最美的语言文字，也是从未断代过历史的最悠久的语言文字。从对"美"的探寻角度出发学语文，则一切优秀的汉语言和文字会让我们经历一次次真真切切的精神盛宴，使我们的心性得以健康释放和舒展，让我们更明智而理性地认识整个世界和人生，从而实现自己的人生价值。那么，在自媒体背景下的专题读写活动教学中如何培养学生的审美意识和能力，让"美"根植于学生内心呢？下面做简要阐述。

一、让学生心存"美"的意识

如果教师不加以引导，大部分学生会认为"美"就是"好看""漂亮"，但是"美"并不仅仅如此，上述学生回答的"能给人滋养""对生活质量提高有重大辅助作用""能使人生更有价值"，不就是语文给人的哲理和精神愉悦之美吗？只是学生未必认识到这就是"美"。因此，让学生透过语言文字感知美、认识美，心里有"美"的意识是头等重要的事情。

要让学生感觉到"美"，在教学上说，最为有效的途径是有意识地通过各种不同文体作品（包括不同文化领域作品）的阅读理解和赏析活动，让学生理解和欣赏汉语言文字之美。我以为，首选文体作品是古体诗、散文。因为，从古体诗中我们不仅可以参悟韵律之美，而且可以参悟虚实、阴阳等的和谐统一之美。而散文本就被大家称为"美文"，"美"在哪里？美在像诗一样的文字表达，美在真切表达情感或思想。具体如《诗经》，单就语言美这一点就可以通过诵读的方式领悟诗歌的朴实美、精练美、音韵美，更不用说读《诗经》能让学生慢慢浸润诗情、感知诗味、感悟诗意。如鲁迅的《野草》，虽然作者说《野草》是独语，"不希望人去读"。但是，要走近鲁迅，认识鲁迅，就必须用"读"的方式领悟鲁迅《野草》中所表达的情趣和理趣。钱理群教授说，进入《野草》有两个途径，但无论何种途径，我认为最佳方式是朗读，也有人说，阅读鲁迅的作品往往不仅仅是朗读，甚至要喊读，才能体现鲁迅的情怀，我认为这话有道理，因为作者就是在"呐喊"，在唤醒沉睡的国人。

朱光潜先生曾引用阿尔卑斯山路旁的一句话"欣赏啊，慢慢走"来期冀人们对世间万事万物的美能够好好欣赏。那么，在语文教学中，如何引导学生去鉴赏美，进而养成高尚的审美习惯呢？就高中语文教学而言，在学生踏入高中的门槛之时，很有必要花点时间和学生探寻三个问题："什么是美？""什么是美感？""什么是语言艺术？"第一个问题，重在帮助学生区分美与丑，让学生心中有"美"。第二个问题则让学生明确美是一种使人身心愉悦、觉得和谐之感的意识，理解美是如何产生的；第三个问题，巢宗祺先生曾说语文教学必须紧扣"品味语言，鉴赏形象"。我非常认同。紧扣语言文字的应用和形象的塑造，让学生感知语言艺术之美的体现形式和内涵，进而使学生能够以"美"的标准来理解、赏析甚至评价语言艺术——这也是语文教学需要达到的最为重要的目标。也许，学生对这三个问题并不会有深刻的感受，但强调的次数多了，学生就能慢慢以"美"的标准来欣赏语言艺术。当学生再与朱光潜先生的《谈美书简》相遇时，学生就能比较深刻地理解朱先生提到的美学观点并应用在自己对语言艺术的分析中去。你会发现学生很愿意在教师的指导下，尝试分析经典作品产生的偶然机缘与必然关系，尝试分析美到底是主观还是客观的抑或是主客观的统一，尝试应用整体观分析《家》《茶花女》等文学作品中的人物形象美，尝试分析古典诗词中的移情作用和内模仿问题，尝试分析《寂静的春天》中的语言艺术之美，等等。

二、合理设计教学，引领学生探寻语言艺术之美

有了审美意识和习惯后，教学如何展开才更能让学生领悟美的真谛？八个字：品味语言，鉴赏形象，即抓住语言和形象引领学生探寻美、发现美、欣赏美、评价美。高中语文教学最宜从欣赏古体诗之语言文字美入手，品味语言文字之魅力，进而激发起学生探寻美的激情和兴趣。这样说是基于民族的习惯而言的，孔子说"不学诗，无以言"，曲黎敏说"唤醒诗性，从《诗经》开始"，两者表达的是同一个意思。中国人的诗性是骨子里的，看遍全世界，唯有中华民族是以诗为经的，而且还以《诗经》为群经之首。现在很流行的一句话是：既要脚踏实地，又要有诗和远方。我把这里的"诗"理解为《诗经》，并且认为，只要把《诗经》理解透了，就将既会"言"，更能"写"，而这不就是语言艺术之美的具体体现吗？我曾和学生说，《诗经》的精髓是"真"，孔老夫子也评价道："思无邪。"什么是"无邪"？正确的理解是不偏不斜，即"正""真"！正是"真"才造就了《诗经》那种崇尚自由率真、积极向上的风雅。

其次，基于当代人们的审美取向，阅读理解经典散文是学生解决上述三个问题，形成审美情趣、能力的推进力。在普罗大众的眼里，散文是美文，散文美就美在语言表达上很见文采，比如，大量使用修辞，多使用形容词、动词等描述性语言，句式灵活，既整齐又富于变化，有意蕴，如朱自清的《春》《绿》《荷塘月色》；散文美就美在富有情趣，因为散文和诗歌一样，都是为了表达自己的真实情感的，如茅盾的《白杨礼赞》、郁达夫的《故都的秋》、余光中的《听听那冷雨》；散文美就美在富有理趣，因为它从人们司空见惯的现象或人与事中发见蕴含的深刻道理，如鲁迅的《中国人失掉自信力了吗？》《风筝》，周国平的《面对苦难》；散文美就美在表现手法多变，有时是通过白描抒发情感，如朱自清的《背影》，有时是通过平静的叙述展现情怀的，如鲍吉尔·原野的《那个叫世界的地方到底在哪》。一句话，散文美就美在能够应用美的语言形式表达自己真实的情感或（和）思考，字里行间充满情趣或（和）理趣，并由此引发读者的强烈共鸣。而在中国现代文学史中，最善于借景抒情或叙事写人抒情的人是朱自清，最敢在复杂的人类世界里说真话的人是鲁迅。他们都是中华民族的脊梁！阅读散文宜从这两位大家开始。因此，我们开设了一门校本课程并集体编写了一本校本教材——《朱自清与鲁迅散文选读》。实践证明，即使是鲁迅的杂文，学生也能借助自媒体来理解鲁迅那种忧国忧民、希望

能够唤醒更多国人的迫切愿望。一位学生把鲁迅归结为：孤独而伟大的悟彻生死深沉的哲人、心怀天下的引领者、锋芒毕露"韧"性的战士，见解可谓独特。

有了这样开端，就可以游刃有余地引领学生探寻更多不同文体文本的语言艺术之美了。如叙述类文本的虚实相间美、壮美与秀美、戏剧美与悲剧美、诙谐美与严肃美、节奏美与画面美，论述类文本的严谨美与理性美，实用类文本的真实美与形象美。它们能让学生感悟到对自己的生活和人生有极大的推动作用。

三、鼓励创作个性作品，感知汉字的美丽和魅力

点横竖撇捺，象形又会意。只字显乾坤，片语尽人事。言简意蕴美，形胜性情怡。一丝再一路，都说有孔子。

这是我所写，把它展示给学生，其目的是唤醒学生的传统文化情怀，让学生树立以规范、工整书写汉字为美的意识，引领学生去创造美的作品。所以，在写作上，我主张不要将学生写作定义为"作文"，而应当定义为"创作"，所以，"作文"，应当被定义为"作品"：无论写得好坏，都将它视为自己的孩子并且呵护它，给予它不断修改的机会——美的作品基本都是修改出来的。在创作上，永远都必须强调表达自己真实的想法、抒发自己真实的感情——当然必须讲点技巧，当人们饶有兴味地品读你的作品时，就表示了你真的感知并且领悟到了汉字的魅力。这些观念需要教师对学生反复多次的强调和鼓励，让学生从内心里真正认同这样的审美观。比如，一位学生在阅读《巴黎圣母院》后写了一篇评论《佛罗伦爱情观形成原因探析》，认为是当时的社会环境、本身的性格和观念导致他形成"得不到就毁掉"的爱情观、悲观宿命论，并且还联系《尘埃落定》《项链》等经典小说展开论述，不仅征服了同龄人，而且被《语文月刊》的编辑看中，即将在该刊发表。顺便说一句：培养学生的审美情趣和能力，其实也是在培养和提高教师自己的审美情趣和能力，教学永远是相生共融的。

第三节 项目式学习理论在融合教学中的应用

项目式学习是近年流行北美、北欧的教学与学习方法。它是一种以学生为中心设计执行项目，通过讨论、展示等多种形式解决实际问题的教学和学习方法。其目标是通过与现实相结合的实践方式，学生能够更有效地掌握学科知识，并在此过程中培养学生的社会情感和技能。

项目式学习以学生为中心，学习方式提倡多形式、多平台，这正好契合专题读写活动的要求和目标——在规定的时间里，由教师依据作品的文体，分类预设若干个专题项目并下达读写任务，师生依读写任务来开展读写活动。在读写活动中教师引导学生以探寻语言文字之美，感悟形象之内涵，让学生自由、自在地感悟语之趣、文之味。这一特点与《课程标准》里谈到的学习任务群"以任务为导向，以学习项目为载体"，"引导学生在运用语言的过程中提升语文素养"高度一致。

那么，如何在融合教学中应用项目式学习理论呢？

一、精心搭建框架、设计流程

根据项目式学习理论的基本要素和高中学段学习特点，可以搭建融合教学的基本框架，设计出科学合理的流程。具体详见本书第二章第一节。

二、调动学生主动投入

要完成项目式读写活动任务套餐，就必须调动学生自主、合作和探究的主动性和积极性。但是当前，相当一部分高中学生在阅读上存在浅阅读、碎片化阅读的问题，稍微厚一点的书就觉得难以阅读完，即使阅读，也会问一句：对高考有用吗？在创作活动上，如写作，初中乃至小学开始就说"作文","文"是为考试而"作"的，初中的要求是五六百字即可，至于创作，那就谈不上了，而项目式专题读写活动教学的终极目的就是为了解决这个问题的。所以，前一节我们谈到，在设置专题读写活动时，考虑首先就从阅读《诗经》开始，再到阅读散文。对十五六岁的学生而言这两种文体都是比较有趣的，然后，再过渡到短篇小说，选择了鲁迅的《呐喊》，虽然学生在刚开始理解时有点难度，但经过导读，学生也能很快理解，以后，就可以安排长篇传记《苏东坡传》了，学生不知不觉就可以顺利阅读长篇作品了。

（一）调适阅读与创作心理

十五六岁的学生是最容易接纳（但也最容易拒绝）的群体，因此，必须深信并努力实践——道理的不断反复灌输法会完全改变他们原有的观点和看法。也要明确认知到学生要改变自己固有的观点需要时间，需要由拒绝、疑惑到认识、理解，再到接纳、尝试，再到主动、自觉去做这样一个过程，而且时间和过程因人而异。在这方面需要教师有足够的耐心和努力，静待花开就好。比如，刚提出专题读写活动的任务套餐时，学生会觉得"难于上青天"，在规定的时间里，整本书要至少阅读三遍，研究报告或论文要写1 500字及以上，读书笔记要分类并且要逐渐学会自己提出问题。但是，你告诉学生并展示北京清华附小五年级学生写出的研究苏轼系列论文和研究报告，本校学长高一时也创作出众多优秀论文并发表在刊物上时，不少学生会发出疑问：难道我们会比小学生差？这样一来，不仅初步感知了作品之美，那种不甘人后的进取意识也被激活了。

（二）转化阅读与创作态度

（1）对读写过程的态度转化。除了耐心说服外，还需要给学生一定的压力。比如，在规定的时间里完成规定的读写任务套餐，坚持做到三至五个项目的时候，大多数学生已经不知不觉地养成了良好的读写习惯。当然，也必须看到五个手指有长短，学生也一样，必然有"顽固"的、反复的人，这时就要点对点精准指导，帮助这些学生跟上大部队的步伐。

（2）对读写成果的态度转化。"亮点原则"特别重要，教师要善于发现或挖掘学生的读写成果中的亮点，哪怕创作的作品整体再差也一定有可圈可点之细节，以使每一个学生感受到自己没有白忙活，这样的成就感会反过来促进学生以更多、更大、更饱满的激情和兴趣投入到新的读写活动中。这种自我激励意识的培养对学生形成主动阅读和创作习惯至关重要。

（三）矫正阅读与创作品质

（1）阅读品质的矫正。前面我们谈及了学生在这方面的问题，在阅读上学生存在较强的急功近利态势，并不是真的因喜欢阅读而阅读。一个真正喜欢阅读的人，是会不由自主、心怀愉悦地拿起书来，心无旁骛、专注沉静地阅读的，是能够让书中的每一个字和自己的心跳融汇在一起的。所以，要让学生喜欢阅读书，让读书成为他们生活的习惯，首先，要解决学生的畏难情绪，让他们从肯阅读、能够完整阅读一本书做起，慢慢培养他们的阅读习惯。这就要求教师要指导学生如何阅读一本书。实践表明，读书小组共读一本书是最有效的方式。其次，就是要让学生尝到阅读的甜头。当学生在阅读的过程中感到有成就时，比如读书笔记这个方面做得好，就及时将他们的作品进行展示点赞，这样的举动很微小，但或许从此就激发起了一个甚至一批学生阅读的积极性。

（2）创作品质的矫正。前文说过，以前学生的概念大多是"作文"，而且大多是为应试而作文。而项目式专题读写活动则提倡"创作"，就在于更明晰地表达是"原创"，而且是"作品"。因此，必须给学生灌输一个概念——要像对待自己的孩子一样对待自己的作品，让学生学会珍惜自己的创作成果，发现成果中的亮点，学会为自己点赞，此为其一。其二，就是树立"好作品是改出来的"的理念，这当然需要在实践中拿实例来证明——事实永远胜于雄辩，否则学生不会信服。其三，让学生明确创作的意义和价值。明确告诉学生为什么要创作，让学生明明白白地创作，有明确目标地创作。

三、发挥教师导引作用

学生愿不愿意积极主动投入到项目式专题读写活动中来，能否效率最大化地实施项目学习、完成读写任务套餐，关键在于教师的导引，教师的导引主要体现在以下五个方面。

（一）读写目标导引

无论任何项目的专题读写活动，目标始终不变：品味语言文字之美，感悟形象之内涵。具体而言，即是引导学生以探寻语言文字之美、感悟形象之内涵为核心，在学习语言文字的运用、语文思维的训练、审美鉴赏与创造的情趣和能力的培养、文化的传承和理解上都可以引导学生获得美的熏陶，感受到语言文字和形象创造的"趣"和"味"，进而潜移默化地培养学生自觉的审美意识、高尚的审美情趣和审美感知能力，并逐步形成应用语言文字创造形象、表现思想的能力。

（二）读写任务导引

一个专题读写活动完成下来其实就是一个任务套餐（即包含了多个读写任务）的完成，而且项目式读写活动的特点之一就是以下达完成读写任务来驱动各项活动的展开。因此，在每一次专题读写活动开始前，教师就要准备好一个明确的任务清单，这个清单包括：①必读和选读的书单；②读书小组及读书笔记必须完成的任务；③创作的思路提示和创作的任务，因为考虑到高中生必须努力培养批判性思维和逻辑思维，一般而言，评论或研究论文是必须完成的。

（三）读写品质导引

在项目式专题读写活动教学中，求真、求美、求精是必须刻意培养的三大学习品质。

因为没有"真"，就不能保证学生能够明辨是非，一个连是非都不辨的人，怎么可能有善和美的品质追求呢？所以，"求真"的品质最重要，我们除了不断灌输"洗脑"外，首先还应要求学生签订"承诺书"，承诺自己的作品一定是真实而且是原创的，如果有引用他人成果的，也必须按规范注明。同时要求学生提醒同伴之间在评改作品的过程中互相监督和发现，让学生头上始终悬着一把达摩克利斯剑，不敢造次。

在"求美"上，这是专题读写活动的根本核心。在教学中，无论何种文体的导读，都必须引导学生抓住文本中的语言和形象的细节展开分析探究，探寻语言文字与形象之美，这在读书笔记和论文创作上都有比较明显的体现。比如这一则读书笔记："'觉慧像捧着宝物似的将《新青年》打开来'，为什么是'捧着宝物似的'？答：'说明了《新青年》是他的精神食粮，表现了觉慧对新生活的热爱与期待，也暗示了新思潮的到来及其将对封建思想带来巨大的冲击。'"这一问一答都显得简洁而准确，也说明读者对此问题和上下文有了比较全面的理解。

在"求精"上，我们主张阅读和创作都要追求精益求精的工匠精神。读写都必须过"三"：①一本书必须至少三次阅读：系统化略读或粗读、粗浅化略读、分析性阅读；一个专题提倡阅读三本书。②一篇作品必须三次评改：自评自改、同伴互评互改、教师点评后自改。

这三大学习品质的培养过程中，会遇上学习思维品质不一样的学生，有的既敏捷又踏实，有的敏捷而不踏实，有的踏实而不敏捷，也有的不踏实且不敏捷。理想学生当然是第一种，但这种学生少之又少，更多的是其他三种类型的学生；第二种学生在专题读写活动中往往表现为任务完成速度快，但错漏不断；第三种学生不追求速度而追求质量，喜欢精打细磨；第四种学生则是需要教师特别有耐心地点对点个别指导的。

（四）读写方法导引

方式方法的导引是否得法，关系到专题读写项目任务套餐完成的质量。

（1）学习方式。项目式专题读写活动教学必须凸显合作、讨论、展示、分享——这是我们必须着力培养的学习素养。在实施过程中，主要体现在读书小组的学习上，读书小组成员必须有明确的角色分工，因为在完成具体项目任务套餐如研究报告的过程中，需要各司其职，发挥各自的特长。这里以"天庭六仙"（六位同学）的作品《论语之旅之第十三十四篇》为例，我们可以看到，这六位同学将这两篇作品内容概括分解为六个方面——政与行、治与行、德与仁、义与礼、君之道、礼与行，每个方面均强调与现实的联系和作用。我们知道这样的研究成果并不可能由一个人完成，包括幻灯片的制作、智能手机的课堂应用操作培训在内，都需要有人分担不同的角色，并必须通力合作才能完成。

（2）读写方法。在项目式专题读写活动教学中，学生会不断提出不同的问题来，以下问题是常见的：①如何阅读一本书；②如何做好读书笔记；③如何收集材料；④如何写作论文（评论或研究报告等）；⑤如何评价作品；⑥如何速读、分析阅读一本书（一篇文章）。这些问题往往需要教师干预并做相应辅导，学生往往需要反复训练才能较好地解决。

（五）读写行为导引

（1）学生同伴导引。学生的读写行为能力水平注定参差不齐，教师要敏锐及时地抓住学生中的优秀样板，展示其优秀读写行为和成果，使其读写行为和成果符合规范，更显科学。如何做读书笔记的问题，的确是需要示范的，而且需要反复示范，才能使绝大多数学生较有质量地做好读书笔记。

（2）教师示范导引。项目式专题读写活动教学对教师的读写要求层次更高、面更广、程度更深，否则无法适应学生和教学的需求。因此，它要求教师必须比学生读得更多更快，能够创作出质量较高的相关作品，同时还要有自编教材的能力、指导论文创作的能力、设计项目的能力等。当教师能够在学生面前展示自己的作品时，学生才会"亲其师，信其道"。一位教师说，"这一年所阅读的图书，可能等于我高中、大学七年的课外阅读量"。当然，她也因此获得了学生的认可。

（六）读写途径导引

这里主要包括读写和展示交流途径，除了传统的纸质途径外，就是智能设备的应用了。要更快捷、更高效、更有质量地完成项目任务套餐，就离不开智能终端设备如智能手机、电脑等"互联网+"的应用。在完成读写任务套餐中，应当积极鼓励学生登录信誉度高、公信力强的网站查找、筛选需要的资料或下载电子书阅读，甚至鼓励学生进行网上阅读，也提倡学生使用电子稿提交创作的作品。在展示环节，积极借助自媒体平台开展项目活动，比如可以利用微信公众号、微信朋友圈，甚至创建网站，为学生提供多种展示交流的平台。实践证明，这些新颖、快捷、高效的途径较好地达到了激发学生读写积极性和发挥示范引领的目的。

项目式专题读写活动教学不仅激发起了学生阅读和创作的激情与积极性，而且改变了学生的语文学习观。这里用两个实验结束阶段问卷调查的数据来说明：在"包括专题阅读必读书目你阅读过哪些书籍"的回答中，学生人均阅读16.6本书，超过了韩国学生的11本，接近法国学生的20本；在对阅读创作兴趣的回答上，答"一般""偶尔""没有"的学生占比比开学初下降8.9个百分点，表明学生阅读创作的兴趣有了比较明显的提升。

但本实验结果表明，男女生发展是不平衡的。在很多方面，女生发展的比男生更好。主要表现：在阅读主动性上，女生比男生更主动；在阅读兴趣上，女生比男生更广泛；在读写目标的追求上，女生比男生更高；在阅读数量上，女生远远超过男生。但男生的读写质量比女生更好，所以，如何开发男生的阅读和写作潜力仍然是一个值得探究的问题。

第四节 融合教学中的"秀"与"悟"

喜哉梅州，美哉森城。于林之中，朝晖初露；莘莘学子，闻鸡起舞。精忠报国，当如叶帅；朗朗书声，轻轻鸟鸣；声声悦耳，和谐相生。于林之中，民作其间；精耕细作，不舍昼夜。采撷佳果，寻彼药草；采彼果草，且啖且乐。东山之谷，芹洋崛起；见利思义，崇文重教；坚忍不拔，勇闯天下；家国情怀，客家精神。

这是2017级学生郭丘乾同学创作的千字叙事诗中的一小段，展示它，不在于它斩获唯一一个市级一等奖，并在该市权威报纸全文刊载，而在于它表明融合教学点燃了学生的阅读和创作激情。融合教学中，"秀"是最突出的教学环节，组织得好，学生就更容易悟出"道"，进而在"读、写、秀"活动中不断获得成就感，而这种成就感能使学生投入到新的阅读和写作活动中，通过努力获得新的成就感，如此循环往复。本节要解读的是如何"秀"与"悟"，下面做具体阐述。

一、要"秀"出语美

"秀"是英文单词"show"的音译，原是网络用语，为"展示、炫耀"之意。"秀"和"悟"一样，都必须以审美素养的培育为核心。培养学生自觉的审美意识、高尚的审美情趣和审美感知能力，并逐步形成应用语言文字创造形象、表现思想的能力，在专题读写活动教学中应"秀"出语言和文字之美。

（一）教学路径上要信息化、多样化

融合信息技术开展专题读写活动，既顺应学生的喜好，更顺应时代和社会发展的潮流。利用"互联网+"（或叫"智能+"）技术手段和平台，以更快捷、更方便、更自由的方式展示、分享，让学生"秀"出自己的劳动成果，调动学生读写的情绪。比如由教师牵头组织学生建立以阅读和创作为范畴的、旨在"悟道"的微信朋友圈、QQ群，让学生畅所欲言，谈所悟之道、创作和阅读的体会等。这种新颖的形式很受学生的欢迎，也比

较容易让学生脑洞大开,生发出多样化的思维,很多问题由模糊、混沌变得清爽、明晰。另外,创建网站并以此为平台展示学生的优秀作品也是不错的选项。根据我们的实践看,从问卷调查数据中,我们发现,有40.7%的学生表示"非常希望"或"希望"能在网站网页上看到自己作品,也愿意以这样的方式分享自己的劳动成果。

多样化平台能让学生永远都感到"读、写、秀"的新鲜、新颖,以下几种面对面探究形式是很受学生欢迎的,如深度会谈、头脑风暴、作品展示、无主题讨论、原创作品朗读会、辩论会。比如,我们在《论语·学而》的课堂教学中,采用的就是"无主题讨论"方式,在读到"无友不如己者"时,学生针对这句话联系实际展开了热烈的争论,教师也适时做了发言,谈了自己的看法,本次讨论,让学生明白了交友的道理,明白了解读文本还须"知人论世"。

在实际教学中,为了便于了解、引导学生,让每位学生都可以有"秀"的机会和平台,需要帮助学生组建读书小组,小组内角色和分工要明确,下达的任务要有助于扩展学生的思维,可以给话题规定一个范围或主题,要求小组成员不偏离话题或主题展开探究。比如,我们组织《呐喊》专题读写活动时,有一个小组的学生就围绕阿Q到底是社会地位低还是根本就没有社会地位展开了热烈的探究,他们在探究的过程中不仅有了自己的答案,还明确了分析人物原来不仅要抓住人物塑造方法,还要了解作者创作的背景和目的,等等。

(二)教学行为上要遵循"亮点"原则

教学行为上的亮点原则指的是,只要发现读写中有出彩之处即亮点,就要让学生获得"秀"——展示的平台和机会。它是激发、保持语文学习兴趣的最大动力,也是学生生成内驱力最强的推手。时下,语文教师对学生要求往往太高,比如,作品必须基本完美无缺才被认为是"优秀作品"或"高分作品",对学生作品中的不足往往是火眼金睛,对亮点却往往视而不见。我曾经听过一个香港小学教师的故事,说的是这位教师将一篇布满了教师的批改符号和意见的作文评为优秀作文,大家不解,这位教师的解释是这篇文章抒发了作者的真实情感,教师觉得孩子的童真必须得到呵护,这样他才能成长为一个诚实而求真的人。

展示亮点要及时。我一直认为,在教学上,有温度的东西永远比没温度的东西好!趁热打铁的鼓励可以让学生及时感受到成就感,这个成就感有利于学生及时而积极地投入新的阅读创作活动中去。比如,评改和讲评学生作品的时间不要超过一周,评改后,就要及时选择合适的活动形式进行作品展示活动。前述获奖的学生，就是在研读了自编教材《〈诗经〉与汉魏晋南北朝诗歌选读》后，创作了一首四言诗。我不仅把这首诗发表在我们创办的网站"爱吐纳"网页上，而且，让他在原创诗歌朗读会上朗读了自己的作品，他的创作激情一下子就被点燃了。2018年10月市里举办中小学生作文比赛，他一气呵成写就一首千字四言长诗，终获最高奖。在颁奖现场，他姑姑说，当初作品入围时，她和她丈夫都不相信孩子能写出这样的作品来，后来想想，可能是教师点亮了孩子阅读和创作的灯，本来就有一定的基础或爱好，一旦你准确地把他放到适宜的土壤、水和空气中，他就会突然迸发、展露出来，让你大吃一惊！

二、要"悟"出文道

如果说"读""写""秀"重在学生通过这三个活动进行吸纳、积聚和展现，是外在的、显性的。那么，"悟"就是内在的、隐性的，它是学生个体语文素养的内化、裂变和提升的过程。学生由"读""写""秀"活动悟出"文"道——作文之道，即应用语言文字之道、创造形象之道；悟出"世"道——探究形象之美之道；悟出"人"道——修身养性之道。因此，在专题读写活动教学中，必须引导学生做到读中有悟、写中有悟、秀中有悟、读后能悟、写后能悟、秀后能悟。

（一）教学过程中需耐心

高中生正处于生理和心理走向成熟的年龄阶段，知识和能力视野上必然存在这样或那样的不足或缺陷，教师应该容忍学生，尽量多一点耐心、多一点等待，甚至可以让学生发呆或冥想，这也是"悟"道。更何况，"悟"是需要大量时间来思考的，比如创作评论或研究报告，是需要大量论据来支撑的，论据从何而来，用什么论据更有说服力，如何恰到好处地应用论据，这是思考的过程，也是筛选探索的过程，更是悟道的过程。一位学生说："从小学到初中，都是教师讲或让你一直背呀背呀，一般没有思考的空间和时间，所以以前我的语文世界里根本没有'悟'字。"今天，因为专题阅读和创作的任务要完成，优秀的同学就必须带动身边的人思考、解决问题，由于每个人的思维方式都不一样，彼此思想的碰撞，使得你的思维变得灵活多样，解决问题的方法和创作的表达方式也会变多。这样，就能让我们不断有成就感，而成就感反过来会让我们更加主动积极地投入到读写中去。

"悟"是学生内心的活动，因此，在教学中不可无视"学习金字塔"理论，而必须尽量让学生自己探寻、发现、获得答案。这个过程其实也是

"悟"的过程,而且学生自己动手动脑得来的东西对他们思维发展更有推动力。我的学生对此深有感触地说:"虽然创作论文或研究报告很花时间、很费脑力,到时间了完成不了又很着急,可是真的要感谢有这个环节,让我们有悟道的时间,不然我们又哪舍得花时间静下来思考所学的知识呢?"

(二)教学氛围上提倡相亲相爱

当同学之间、师生之间心灵相通,没有了距离感时,同学们自是情不自禁,畅所欲言,而情到深处时,教师也会那样动情,融入学生的探讨中,让学生感受到学习就是分享,学习就是相互启发,而分享和相互启发的过程其实也是"悟"的过程。所以,创设这种和谐相生的氛围有助于培养学生愿意分享的意识和习惯,让他们充分认识到分享带给大家的好处。一位学生说:"小组交流和个人作品展示,本身也是'悟',因为每个人的思维方式都是不同的,把所有人的思维方式都展现出来,融合在一起去思考,去感悟,你就会发现原来你不仅有亮点,还有很多不足,这也许就是分享。"

三、"秀""悟"必须以"读"和"写"为基础

语文教学中的"秀"和"悟"都是建立在阅读和创作的基础之上。阅读是基础、是根本,没有读,就做不到有感而发,就不能触景而作;创作是吐纳,是独立的自我情感的抒发和自我思考的呈现;没有实实在在的阅读、没有认认真真的创作,"秀""悟"就无从谈起。

阅读上先求快、求广,再求精,这样才能尽量扩展阅读视野。其实,阅读达到一定量的时候,往往会让人顿悟,并因此迸发出新思想、新思维、新理念。创作上则突出评论或研究报告的创作,目的很明确,就是为了训练学生的辩证思维和逻辑思维,发展学生的批判性思维。这种思维训练多了更能提升联想力,使创作的思路更宽广、观点更智慧。问卷调查统计数据显示,我们开展的专题读写活动教学中,学生每年人均阅读图书16.6本(超过韩国的11本,与法国人平起平坐),如果每本20万字,那就是人均将近400万字了,一年就超过了教育部规定的三年阅读量要求。所以,学生感觉每结束一个专题,创作题材就会得到扩充,素材也变得丰富,创作不再是难事。一个学生记述了自己悟道的故事:"我喜欢语文是因为语文课有'牛刀小试'活动,想当初,为了讲《樛棣》这首诗,我几乎把关于这首诗能找的资料都找遍了,通过整理、梳理、提炼,才渐渐形成了自己的见解,就这样,我发现语文原来这么有趣,再加上老师把优秀作文发到网上去,更增加了我创作的动力。"

第五节　引导学生学会阅读

学会阅读，帮助学生学习、掌握阅读的方法，是本专题读写活动要达到的目标之一。莫提默·J.艾德勒和查尔斯·范多伦合作写了一本书，书名叫《如何阅读一本书》，本书从如何阅读一本书的角度很好地回答了如何阅读，如何阅读整本书。以下为该书摘要和我的阅读体会。

一、对阅读的基本认识

读完本书后，我对阅读的认识如下：
（1）阅读越主动，效果越好，收获越多，探索能力越强。
（2）只有一种阅读是真正的阅读：发自内心，主动自愿的阅读。
（3）阅读的两个目标：为获取资讯而阅读，为求得理解而阅读，当然还可能为了娱乐。
（4）阅读是生活，阅读是习惯，阅读是发现。
（5）阅读必须学会做笔记：一是圈圈画画（此方法只有属于自己的书才可以）；二是做三种笔记（结构笔记、概念即观点或主旨的笔记、辨证即针对讨论情境的笔记）。
（6）主动阅读是提升阅读质量的基础。
（7）要求提出四个问题：①这本书到底在谈什么；②作者说了什么，怎么说的？③这本书说得有道理吗？是全部有道理还是局部有道理？④这本书跟你有什么关系？

对于阅读训练必须有这样的认识，阅读训练的终极目标是：让阅读成为我们的生活习惯。

二、阅读的层次与要求

本书认为阅读有四个层次，分别是：

（1）基础阅读（学习阅读的基本艺术，接受基础的阅读训练，获得初步的阅读技巧）。

（2）检视阅读（系统略读、粗浅阅读和速读）。

（3）分析阅读（全盘的、完整的、专注的阅读）。

（4）主题阅读（比较阅读，多本相关书籍阅读）。

我认为，高中阶段的主要任务是学会检视阅读和分析阅读，也可以尝试开展主题阅读活动。它们都有自己的基本要求和目标，必须经过有意识、有目的的训练才能达成，下面做简要提示。

（一）检视阅读

检视阅读包括系统略读、粗浅阅读和速读。

1. 系统略读

（1）完成下列四个步骤，决定你是否要仔细认真地阅读这本书。①看书名页，特别注意副标题或其他相关说明或宗旨，再看序（或前言）；②研究目录页（对这本书的基本架构做概括性的理解）；③看索引（如果有的话，快速评估本书涵盖的议题范围以及所提到的书籍种类与作者等）；④看出版者的介绍。继续略读，决定是否值得你继续花时间进行下一步阅读了。

（2）挑几个看来跟主题息息相关的篇章阅读，小说尤其要阅读开头部分（长篇小说第1~6章），散文、戏剧可以阅读开头结尾，实用类和论述类则应该注意前言（序）、前三章。

（3）把书打开来，东翻翻西翻翻，念个一两段，最重要的是不要忽略最后两三页。

2. 粗浅阅读

阅读规则：面对难读的书，就算只懂50%或更少，请从头到尾先读完一遍，碰到不懂的地方不要停下来查询或思索。如果你停下来，最后就可能对这本书真的一无所知了。

3. 速读

按一般看法，速读的标准是：高一每分钟600字以上；高二每分钟700字以上。

无论何种检视阅读，都必须快速阅读。但有的同学可能达不到这个标准，这是因为你还存在不良的阅读习惯。这里提供矫正常见的不良阅读的方法：①有意识地限时训练，同学间互相监督；②克服出声、指读、摆头、复视、错行等不良现象，尤其要矫正眼睛逗留的习惯；③坚持训练21天，任何习惯的形成都至少要连续21天的持续训练。

当然，必须明确达到规定的速度并能准确理解应该理解的内容，这才是速读的终极目标。但无论何种阅读，都必须是主动阅读，这样阅读的效果才会显著，理解力才能增强。

（二）分析阅读

1. 第一阶段（阅读）的四个规则

（1）根据本书的种类和主题可分为虚构的、论说的、实用的等。

（2）结构与规划：用最简短的句子说出整本书在谈些什么（大意）。用一个单句，最多几句话来叙述整本书的内容。

（3）驾驭复杂的内容：为一本书拟大纲，按照顺序与关系，列出全书的重要部分；将整本书的纲要拟出来之后，再将各个部分的纲要一一列出。

（4）阅读与写作的互惠：找出作者所问的问题，或作者想要解决的问题。

2. 第二阶段（阅读）的四个规则

（1）找出作者书中重要的单字、词，并透过它们与作者达成共识。

（2）从最重要的句子中抓出作品的主旨。

（3）找出作者的论述，重新架构这些论述的前因后果，以明白作者的主张。

（4）确定作者已经解决了哪些问题，还有哪些是没有解决的。在没有解决的问题中，确定哪些是作者认为自己无法解决的问题。

3. 第三阶段（评论）的规则

（1）在你说出"我同意""我不同意"或"我暂缓评论"之前，你一定要能肯定地说："我了解了。"关于读书次数我的阅读体会是：至少阅读三遍。华南师范大学教授滕威的阅读体会是：至少阅读五遍。所以，我只是一个特级教师，她却是年轻有为的博导。

（2）当你不同意作者的观点时，要理性地表达自己的意见，不要无理地辩驳或争论。

（3）尊重知识与他人观点，在做任何判断之前，都要找出理论基础，只有这样，才会有希望解决问题。

（4）证明作者的知识不足，就是说他缺少他想要解决的问题的相关知识，这需要支撑自己的观点，阐述作者所缺乏的知识。

（5）证明作者的知识错误，就是说他的理念不正确，这必须要能说明事实或是能采取比作者更有可能性的相反立场来支持你的观点。

（6）证明作者不合逻辑，就是说他的推论荒谬。这就要证明其推论一是缺乏连贯，二是事件变化的前后不一致即前后矛盾。

（7）证明作者的分析与理由是否完整。

值得说明的是：因人因书而异，阅读不同读物，当然会有不同的分析阅读方法，于此不一一阐述，需要全面了解可以阅读原书相关章节。分析阅读的前两个阶段是为最后阶段做准备的，这两个阶段的阅读往往不止一两遍，需要你反复三遍甚至四五遍，你才敢、才能动笔写作评论或创作自己的作品。

（三）主题阅读

可以肯定地说，这绝不是一本书的阅读了，而是围绕同一主题阅读两三本书（甚至更多本书）的问题了。

1. 第一阶段：准备阶段（检视阅读的角色）

（1）针对你要研究的主题，设计一份实验性的书目，可以参考图书馆目录、专家的建议、书中的书目索引等。

（2）浏览这份书目上所有的图书，确定哪些与你的主题相关，并就你的主题建立起清楚的概念。

2. 第二阶段：主题阅读（阅读第一阶段收集到的所有图书）

（1）浏览所有在第一阶段被认定与你的主题相关的书，找出最相关的章节。

（2）根据主题创造出一套中立的词汇（使用你的语言），带引作者与你达成共识，无论作者是否实际用到这些词汇，所有的作者，或至少绝大部分的作者都可以用这套词汇来诠释其作品主旨。

（3）建立一个中立的主旨（自己不要预设立场），列出一连串的问题，无论作者是否明白地谈过这些问题。所有的作者，或者至少大多数的作者都要能针对这些问题提供他们的回答。

（4）界定主要及次要的议题，将作者针对各个问题的不同意见整理陈列在各个议题旁边。（记住：各个作者之间，不见得一定存在着某个议题。有时候，你需要针对一些不是作者主要关心范围的事情，解读他的观点，

才能建构出这种议题)

（5）分析这些讨论，这得把问题和议题按顺序排列，以求凸显主题。比较有共通性的议题，要放在比较没有共通性的议题之前，各个议题之间的关系也要清楚地界定出来。

可以肯定的是，高中阶段也是可以尝试进行主题阅读的，比如赏析评价一篇作品或一个人，要综合各种版本、各个作者的不同意见，从而提出自己的观点和看法，再进行论证。

其实，阅读一本书是如此（经历四个阶段），阅读一篇文章、一首诗词也可以借鉴这样的阅读模式，它们之间是有共同性的，我们必须明白这个道理。

三、题外话

根据2017年某权威机构发布的第14次国民阅读调查报告显示：2016年，我国成年国民人均图书阅读量是7.86本，比2015年多了0.02本；而0~17周岁未成年人的人均图书阅读量为8.34本，比2015年的7.19本增加了1.15本。

但这比起韩国的11本、法国的20本、日本的40本、犹太人的64本来，距离有点远。幸运的是，在国民对个人阅读数量评价中，只有1.7%的人认为自己的阅读数量很多，6.6%的人认为自己的阅读数量比较多，有36.0%的人认为自己的阅读数量一般，45.2%的人认为自己的阅读数量很少或比较少。这表明大多数人是有自知之明的，但关键还是看每个人的行动。

所以，今天我国倡导"全民阅读"，朱永新先生也说："没有全民阅读作为根基，全民素养的提高就是空话，中国梦就永远只是一个遥远的梦想。"我觉得很有道理，学会阅读，读尽可能多的图书，达到充实自我、提升自我的目的，对我们来说，任重道远啊！因此，还是回到前面说的话——让阅读成为我们的生活习惯！

第六节　让学生"会做"读书笔记

专题读写活动教学的主要目标之一是学会阅读。"学会阅读"除常见的圈圈画画外，就是做读书笔记了。学生会做读书笔记吗？很多人其实只是"能"——能够并且有能力做，但不一定"会"——"会"是通晓、擅长。那么，如何引导学生"会做"读书笔记呢？

一、让学生懂得如何做读书笔记

本着方便查找和阅读的目的，读书笔记最好根据阅读的思维层次分门别类。大致可以分为如下四类：①记忆积累，重在摘抄（包括优美、精彩文句、段），这是语言积累的途径；②理解分析，包括分析认为有哲理或隐含义、有启发或感悟的词语和句子；③探究是重点探究阅读过程中的困惑点和疑问点；④鉴赏评价，重在"评"，可以随手写上几句评语，也可以写一篇研究论文（评论）。

同时，提倡以问答式做读书笔记，无论何种类别均可以此方式呈现：可以自问自答，也可以他问我答，或我问他答。目的是引导学生学会发现问题、提出问题，并且积极思考问题，帮助学生全面、深入地理解、分析、探究作品的内涵。

同时，可以要求学生买一本比较精致的笔记本做读书笔记本，可以引导学生给自己的读书笔记本拟写一个名称、一句励志口号，按类别分好类，这样就可以做读书笔记了。

二、突出正面引导,但不刻意回避出现的问题

在教学中,必须坚持正面示范和鼓励的教学原则。道理很简单,它很容易给学生带来成就感和获得感,这个成就感和获得感会让学生感受到阅读的价值和意义,因此会产生强烈的阅读兴趣,从而促使学生主动积极地投入到新的阅读中去。如果持续这样做,那么学生就会保持较强的阅读动机和兴趣,而这正是我们开展阅读整本书的目标。因此,教师须不失时机地持续、每隔一段时间就挑选做得好的读书笔记实例来做示范讲评,通过正面分析、解剖样例,引导学生进一步掌握思考问题、提出问题、回答问题的技巧和方法,慢慢学生就"会"做读书笔记了。列举若干例说明:

问:《击鼓》中的"独"字有什么特别之处?

答:从"独"的字面理解是一个人,从上文知道,此时是兵荒马乱的时刻,主人公要一个人南行,不免愤懑,在后文中虽然写了战功显赫,但又写了"不我以归,忧心有忡。爰居爰处,爰丧其马?于以求之,于林之下",可见他又是反对战争的,那么他此时的愤懑就不应该是"我独南行",而是对战争表达自己的厌恶和反对。(作者:2017级姚芃)

这个问题切入得恰到好处,回答更是表达了自己独到的思考。

问:结合当时的社会时代背景,分析作者将枯蚜的叶子夹在书里的原因(《腊叶》)。

答:作者在1931年写作的《〈野草〉英文译本序》曾说,《腊叶》是为爱它者想要保存它而作的。那文中所写'不即与群叶一同飘散罢'的不仅是自况,也是对与他志同道合、献身于水深火热的社会革命同胞们的敬畏。希望能一直坚贞不移地走下去,不与那些人同流合污。(作者:2017级刘垲薇)

这是细节的分析,这个回答有读者自己的理解,虽然不一定是"敬畏",但的确也是希望自己和他人都能实现生命的真正价值。

问:"觉慧像捧着宝物似的将《新青年》打开来"这个细节说明了什么?

答:说明了《新青年》是他的精神食粮,表现了觉慧对新生活的热爱与期待;也暗示了新思潮的到来及其将对封建思想带来巨大的冲击。

这一问一答都显得简洁而准确,也说明读者对此问题和上下文有了比较全面的理解。

问:你最喜欢作品(《追风筝的人》)中的人物形象是谁?为什么?

答：我最喜欢的是哈桑，我几乎要爱上这个人物了。因为他对阿米尔爱得深沉，忠心、诚信、勇敢，为了阿米尔挺身而出，为阿米尔追回千千万万个风筝，"为你，千千万万遍。"这句话是我至今印象最深刻的一句话。在我心里，哈桑就像个骑士，心甘情愿为阿米尔做任何事，甚至被男人强暴他也没有对阿米尔的见死不救而产生怨恨，哈桑固执地守护一切，直到被杀。（作者：2017级巫琳琳）

这是对人物形象的探究，抓住了"最"字来回答，回答比较准确。

问：作品（《哈姆莱特》）中"戏班子"的出现有什么作用？

答："戏班子"的出现这个故事情节看似是巧合的，国王和王后为了弄清楚哈姆莱特发疯的真正原因，特地找了些娱乐劝诱他消遣，其实又在情理之中，为下文哈姆莱特确定杀父凶手做好了铺垫。（作者：2017级郭心怡）

这是对故事情节的分析，这个回答基本是准确的，也说明作者很关注故事情节的发展及其作用。

当然，以我的经验看，开始的时候，学生未必适应这种笔记方法，因此，会出现各种各样的问题和不足，面对这些问题和不足，需要教师及时而不断反复地引用学生读书笔记中的实例进行引导和矫正。以下是学生笔记中的常见问题。

（1）问题理解不准确的，回答不全面。

问：《憎》这篇散文朱自清写了几种自己所"憎的"为何而"憎"？

答：第二自然段写了"憎"的是遍满现世间的漠视，因为他觉得现在的人都很没有爱了，对于自己所不认识的人受伤或遇到困境，抱着一种"事不关己，高高挂起"的态度；第四段写"憎"的是遍满现世间的蔑视，因为他看到一个穿着特别体面的男士在看到贫穷女士摔倒时那种嘲笑的神情，一种看不起与幸灾乐祸的心情全部表现在了他的笑容中，他认为这是不对的；最后一段写"憎"的是遍及现世间的敌视，他认为自己并没有招惹到别人，而别人却把自己当作对手与死对头，为了利益而做出不符合道德与良心的行为——侮蔑自己，让他实在是难以理解。

这个"问"，让人摸不着头脑，但从答的内容看，倒是很有条理的，问题应该是问"文中写了几种'憎'，试做简要分析"。

（2）回答问题不够全面深刻，显得肤浅。

问：在《绿》中作者写了一段幻想文字，用意何在？

答：意在运用这么一连串的动词、比喻，生动形象地写出了梅雨潭在作者心中的地位以及梅雨潭的绿美但又看不透它。

问题拟得好，但没有根据原文做些分析，只是堆砌一些概念如"动词""比喻"。可是，哪些动词？又有哪些比喻？它们的"用意"何在？都没有具体分析出来，因此该答案就显得肤浅，不深入。

（3）答不到点子上去。

问：鲁迅《死后》中的"我"和路人是怎样的一个形象？

答：鲁迅是设想自己死亡，认为死亡只是身体不能动罢了，而精神尚在，由此表现出更加有趣的人物形象。人们都会在意外人对自己的评价，鲁迅也一样，他不会去辩解，并且爽快地承认，由此表现出非常鲜活的形象。而路人更是有意思了，或是疑问，或是感叹，或是无感，在现代人看来，死亡应是悲哀之事，而他们并不悲哀，愣愣地看着死者，更多的是不屑，似乎死已是常事，不足为奇，人们对于日已逼近的危机毫无感觉。

问题也不错，但回答还是差强人意：这个回答几乎是内容的复述，与"怎样的形象"还是有一定的距离的。

（4）分析不全面。

问：《记念刘和珍君》中鲁迅的"沉默"的含义是什么？

答：鲁迅的话表达的主要是愤怒，沉默是无言的愤怒，而愤怒迟早在沉默中爆发，不爆发就会灭亡。表达了作者当初对沉默的愤怒和责备，对已逝朋友的惋惜和悲痛之情。

这个答案前半部分是很准确的，但"表达了……"这句话却让人感到疑惑和不解，因为"愤怒"是针对段祺瑞政府和御用文人们而言的；"责备"似乎也不太准确，用"谴责"会更符合作者的心境；最后是"朋友"这个词也不太准确，用"青年学生"会更符合原文。

（5）题目太大，回答却过于简略。

问：托尔斯泰（《巨人传》）给我们怎样的启示？

答：我们要经过苦难磨炼自己的灵魂，只有实现心灵上的蜕变和灵魂上的升华，人格才是健全的。我们要从个人的人生苦难中看到整个人类的痛苦，要培养一种全社会的意识，只有政治的彻底变革，才是解决问题的根本之道。

这种答案不仅答得太过轻浅，分析过于肤浅，似乎也没有头绪，不懂得分点答题。其实这个问题是很大的一个问题，需要写成一篇文章才行，但如果问题改为"托尔斯泰身上给你最大的启示是什么？"那么，回答时就只要抓住一点，适当结合文本内容展开分析即可。

三、开展共读一本书活动

教学中，教师要帮助学生组织读书小组，在读书小组内（或者全班学生中）多开展共读一本书活动，共读一本书活动需要关注如下问题：

（1）保证时间。课外阅读首先应该尽量规定或保证学生有较完整的阅读时间，至少平均每天有连续20分钟的阅读时间。

（2）帮助学生确定共读一本书需要的阅读时间、阅读主题、阅读任务。

（3）指导学生以读书小组为单位，利用面对面或自媒体等方式开展主题（话题）讨论会。

这种读书活动最大的好处是方便同学间提出问题后能够集体讨论各自提出的问题，增加回答问题的准确性；同时，能够引导学生将书本读得更细致一些，提高他们的理解、鉴赏、评价和探究的能力，更快形成自己的读书能力；学生发表各自的阅读体会和看法，能使彼此的思维不断碰撞，不断产生新的思维和思想；同时也有利于他们养成分享和互助的行为习惯——毕竟当下的高中生才十五六岁，心智并不健全，水平和能力也参差不齐。

本校杨瑞琴老师曾经组织学生开展了一次全班共读一本书的活动，觉得效果很好，这里引述一段她的感言：

有位学生发了这样的信息给我："老师，看完《家》，我挺感动的，其实在我看来，觉新的懦弱并不是懦弱，而是一种对家庭的担当和受社会压迫的无奈，觉慧的激进也不会是单纯的激进，而是那时新思想对旧制度的反抗与呐喊，真的很好看！"学生在这个过程中慢慢地喜欢上阅读，而且能够用心阅读并领悟其内涵，这便是本次活动的最大收获。

可以说，学生的发现是有其独到之处的，也说明学生对觉新、觉慧这两个人物形象进行了深度思考。而我们读书不正是需要培养这样的批判思维吗？

以上三点当然得在实战中进一步检验，但我想，能够做到这三点，离"会"做读书笔记也一定不远了。

第七节　阅读过程中的导引艺术

对整本书阅读的导引，大多比较重视阅读前导引，而有意无意地忽略阅读过程中的导引，以致阅读质量大打折扣，甚至流于形式，效率低下。这里笔者以组织学生阅读《红楼梦》和《三国演义》为例，谈谈在阅读过程中进行导引的方法。

一、帮助学生确定研读方向

在导读、试读之后，考虑到学生对阅读古典名著的抗拒感，我们首先开设了一个"研读课题"超市，以较为新颖的方式向学生提示研究的方向，学生可以此为研究对象，也可以得到启发另拟研究课题。

《红楼梦》：①说不尽的宝黛钗；②《红楼梦》中的女人们；③荣宁二府的男人们；④《红楼梦》的经典诗词；⑤《红楼梦》人名拾趣；⑥《红楼梦》中的衣食住行；⑦《红楼梦》里的对话特点；⑧曹雪芹和曹家的传说；等等。

《三国演义》：①评曹操的"奸"与"雄"；②说刘备的"哭"；③议诸葛亮的"智"；④论关羽的"义"；⑤谈《三国演义》的人物出场艺术；⑥品《三国演义》的对比艺术；⑦学《三国演义》的夸张艺术；⑧解《三国演义》的谋略；⑨议《三国演义》的人才观；⑩评《三国演义》的伦理观；等等。

之所以开设这样的超市，目的当然是提振学生的阅读兴趣，使学生尽快进入研读的状态，也帮助思维不踏实且不敏捷和思维踏实而不敏捷这两类学生找到自己的研究方向。实践证明，学生很喜欢也很快确定了自己或读书小组的研读方向并因此产生兴趣，较快进入自主阅读状态。

二、多形式阅读导引

引导的目的是帮助学生拓展阅读思维、发现书中或自身的思维问题。

以自媒体为媒介，利用微信等自媒体进行一对一交流、研讨。这是个体导引的方式，这对思维踏实而不敏捷或思维不踏实而敏捷的学生是特别有利的，因为他们往往会比较积极主动地向老师提出问题，这时你只要因势利导，抓住要点，在关键的地方点一点，他们往往就能"心有灵犀一点通"，自主进入深入研读程序。下面是我与一位学生的对话：

生：老师，这次论文我写得很艰难，而且感觉很垃圾。

师：（阅读后）粗看的确写得不好，不像你写的，主要问题是：论述思路不够清晰，无关材料较多；有观点但有些论述游离观点之外。

生：写的时候的确感到整个思路有点不听自己使唤，似乎好多都能写上去，但真的写的时候又觉得没有写到点上。

生：老师，标题怎么样？

师：标题（《刘备是真的想让贤于诸葛亮吗？》）还可以，但"让贤"的说法是否得当？刘备可是"天子"呢。

生：好的，老师我明白了，谢谢！

教师的导引单刀直入，切中问题的本质，让学生感觉容易理解，并易于操作。不到一天，这位同学就发来了修改稿，果然以上毛病都没有了。

以自媒体为媒介，利用微信朋友圈开展读书小组或班级话题研讨活动。这种方式是集体导引的方式，教师要求学生必须建立的研讨圈，目的是让学生相互启发、相互借鉴，这样的研讨往往容易使学生发现问题，让学生的理解分析更加全面而理性。比如一个读书小组在探讨《三国演义》中的谋士的作用时，一个学生列举了"关羽"，立即就有同伴提醒关羽不是谋士而是武将，及时将学生的思维拉了回来。教师的参与，其导引作用更广泛，比如在对"《红楼梦》中哪个人物给你的生活启示最深刻"的研讨中，有这样一段对话：

生：王熙凤。启示：谁说女子不如男，但不能太过要强固执。（分析从略）

师：我觉得她主要是太过有心计，生活中，很多事情人算不如天算，虽然我并不相信迷信。

生：可是我觉得她的算计正是她要强的体现，因为不甘，所以想通过算计人来达到自己的目的，但的确有点"谋事在人成事在天"的意思。虽然她的做法太残忍，个人觉得比林黛玉的坐以待毙要好——她有努力，只是用错方式。

师：这两个人很难放在一起对比的，各有缺点，也各有优点。只是不同而已。总而言之，"算计"自己或他人都不可取。

生：知道了，老师。

你看，对话不仅涉及对作品的分析，而且涉及如何做人的问题，还涉及如何分析一个人物的技巧问题，其影响是多方面。这种对话同时也给其他参与研讨的学生以启示，一位学生情不自禁地评价道："（它）能够让我听到其他人不同而独特的观点，能够拓宽我的思维，能够多方面汲取别人的意见，能够较好地完善自己的观点内容。"

教师主动找学生面对面研讨，这种方式是传统的方式。我觉得，这里主要是针对思维踏实而不敏捷和思维不踏实又不敏捷这两类学生，因为他们的阅读主动性比较差，研读深度也不够。因此，需要教师耐心了解学生遇到的问题或困难，并帮助他们尝试解决它，有时须采取延长研讨时间的办法。比如，一位学生尝试写《〈三国演义〉中的对比艺术研究》，但写完了却不敢提交，我发现了之后，就拿来读了一遍，觉得很有观点，架构思维也不错，但文字表达上毛病较多，就耐心帮他修改了第一遍（可能不下50处），然后发还给他并对他说，这篇文章写得很好，同时阐述了理由，让他慢慢修改。没有想到，几个小时之后他就将他的修改稿发给了我，让我再看看。因此，我觉得，导引一定要充满鼓动性，点评和修改一定要直接指出学生作品的弊病。这样，无论怎样的学生，都会喜欢你的鼓励和公正评价的。

三、以展示的方式帮助读写能力较弱的学生

在方式上既可以开展课堂展示，也可以利用网站网页和微信公众号等自媒体展示，通过展示优秀成果矫正学生理解分析中存在的问题。课堂展示，着重于对作品的内容和表达进行理解分析，这是阅读过程导读的重点。当然也可以赏析评价（只要学生有能力），教师对学生的理解分析（赏析评价）进行及时辅导，并提出新的问题，以帮助学生更深入、更准确地理解文本。

在信息技术发达的当下，语文教师有必要建立微信公众号，如果条件许可，最好能有自己的网站。因为有了这些"装备"，你就能自如灵活应用这些平台让学生不断有获得感和成就感——人都是希望得到他人的肯定

和鼓励的。让我们看看学生们的作品标题吧：除前述研究课题题目外，《为何探春似玫瑰》《是叛逆奸臣，还是乱世枭雄?》《天上掉下个林妹妹——浅谈林黛玉之美》《玄德为什么那么爱哭?》《刘备真的想禅让给诸葛亮吗?》《好了，好了——读〈红楼梦〉有感》等比比皆是，他们是真的既从书中找到了要研究的课题（话题），也因为喜爱而深入理解进而创作出了优秀的作品，甚至还获得了较为深刻的人生体验。

　　由于发表的作品是在整个阅读的过程中实时产生的，这样，思维踏实且敏捷和思维不踏实而敏捷的学生就会很快获得发表的机会，于是他们的文章就成为其他学生的"范文"，这些"范文"不仅能够启发后来者的思维，拓展后来者的思路，而且增强了学生的成就感和获得感，而学生的获得感和成就感反过来又助推学生投入新的阅读中去。这样慢慢就会形成一种习惯——阅读的习惯，而这，正是整本书阅读所要追求的终极目标！

第四章
融合教学的项目设计典例

第一节 诗歌：探寻《诗经》之美
——《〈诗经〉选读》

一、活动设想

本专题是第一次尝试，所以，首先要让学生和家长了解本课题实施的目的和意义、具体的要求和做法，其次才是专题读写活动的开展。

本专题精读篇目为人教版必修二《诗经两首》和自编教材《〈诗经〉与汉魏晋南北朝诗歌选读》，课外选读篇目为自编教材《〈诗经〉与汉魏晋南北朝诗歌选读》（整本书）及相关图书（附后）。教学的重点和着力点是感知、感悟《诗经》之美。

本专题拟用时一个半月（其中课内 17 个课时），历经 7 个步骤，完成设定的读写学习任务套餐，初步培育学生基本的语文学习方法和习惯，包括诗歌朗读的基本方法（一"能"二"有"：能大声朗读，有节奏、有感情）和基本习惯等。

二、活动目标

（1）初步认识和理解如何探寻诗歌形象美、语言美、技巧美、主题美。

（2）培育五种习惯：利用自媒体独立自主查找、筛选、应用资料的习惯；乐于赏析探究的习惯；愉悦地分享、合作的习惯；大方地交流、展示的习惯；及时地记录、写作的习惯。

三、活动设计

活动设计如图 4-1 所示。

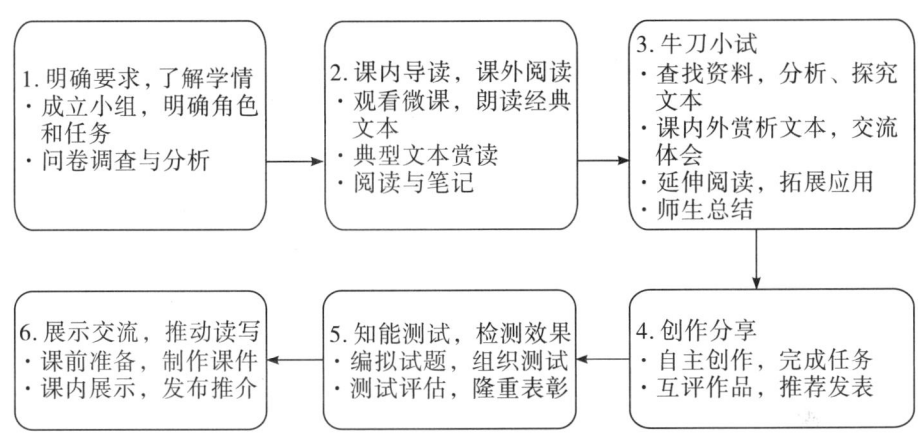

图 4-1 《诗经》教学活动流程

四、活动实施

（一）了解学情，明确任务和要求（第 1 节课）

目的是让学生了解读写要求、明确活动任务套餐，知道如何开展专题读写活动，方便学生配合教师完成教和学的任务。

1. 问卷调查

活动开始前，对学生的阅读与写作情况进行一次问卷调查，作为后续开展研究活动的重要参考依据。

问卷设计（从阅读的动机、兴趣、阅读量、阅读偏好、速度、效果、习惯等进行设题，题目数量控制在 20~25 个）。

2. 成立读书小组

读书小组的建立遵循就近组合原则。每个读书小组设置五个角色：总理、策划、情报、文秘、推介（高一阶段，每位同学每个角色必须轮流做两次），要求各小组拟一个小组名称并拟一个口号，报科代表汇总展示。

3. 布置读写任务

（1）阅读任务。

采用独立自主和合作探究的方式在一个半月内完成。

精读：《〈诗经〉与汉魏晋南北朝诗歌》（自编版，整本书），了解古体诗歌的全貌和主要内容，背诵其中最为经典的作品（不少于10首）。

选读：《诗经选》（余冠英译注）、《诗经》（赵逵夫）、《诗经注析》（程俊英、蒋见元）、《诗经：越古老，越美好》（曲黎敏）、《思无邪》（安意如）、《中华的另一种可能：魏晋风流》（唐翼明）。

（2）做好读书笔记，要求如下。

①记忆积累——摘抄（包括优美、精彩文句、段），一个专题不少于2 000字。

②理解分析——问答的形式，一个专题至少3个问答，每个问答不少于60个字，其中一个问答不少于100个字。

③鉴赏探究——问答的形式（重点探究为什么即困惑点和疑问点，也可以赏析人物形象甚至人物形象中的某一方面，也可以赏析艺术手法中突出的一个或几个，还可以赏析语言特色中的一个或几个），选取自己觉得值得探究的5个问题做简要论述，每个问题论述字数不少于100字。

以上3项为读书笔记内容，要求每位同学准备一本精致的笔记本，也可以使用电子文档（建议设置3个文件夹，分别命名为记忆、分析综合、探究）。

（3）创作任务。

①赏析评价——写一篇论文（或评论、研究报告），原则上不少于1 500字。

②应用——尝试创作一首四言诗歌，并尝试写作颁奖词。

作品的提交方式，可以是纸质文档，写在作文本上提交；也可以是电子文档，将文档打包发送到教师邮箱。优秀作品将发表在"爱吐纳"网站，并将有机会被推荐发表在各级各类报纸杂志上。

（二）课内导读，课外阅读（第2～5节课）

目的是养成基本的朗读习惯，并明确诗歌鉴赏的基本方法和要求，从感知美、感悟美的角度了解诗歌鉴赏的方法。

教学时段：课内外结合，课内为4个课时，课外为1个课时。

1. 明确任务

（1）培育学生朗读诗歌的基本方法（"一能二有"），了解吟诵的诗歌朗读法。

（2）从所选诗歌的基本内容、形象和艺术手法、语言技巧方面进行赏析，以感知、感悟《诗经》之美。

2. **基本流程**

（1）课前准备。

①要求学生课前利用自媒体查找相关资料，了解《诗经》；观看微课视频，了解即将讲读的诗歌作品。

②教师需要准备微课作品若干个，让学生了解《诗经》、感知《诗经》。

③熟读所选定的文本。

初步选读3首诗歌，覆盖"风、雅、颂"，由短到长、关注不同形象、艺术手法，具体诗歌由教师确定。

建议作品：《关雎》《采薇》《氓》（人教版教材中的文本）。

（2）课内导读。

①学生朗读诗歌并了解诗歌内容。

每一组学生都必须独立朗读，可以采用比赛等方式进行，学习如何在朗读中逐步了解诗歌的内容，主要要求有以下几点。

A. 能发音准确地朗读。

B. 突出"一能二有"——能大声、有节奏、有感情地朗读。

C. 基本能边读边理解诗歌大意（可以写在课文旁的"翻译"中）。

D. 能准确书写诗歌。

E. 能掌握主要字词的意思或含义。

②理解、赏析诗歌形象、艺术手法和语言技巧，并提出疑问，突出学生自主感知感悟《诗经》之美。

A. 请学生解读诗歌并提出自己的疑问。

B. 师生合作解答学生提问。

③总结归纳。

A. 主要归纳《诗经》中"风、雅、颂"在内容、形象上的不同及各自的艺术手法。最好由学生复述，以增强记忆，教师可做简要补充。

B. 课前、课中、课后不断提醒学生完成课文空白处的两项填写任务——归纳，"我的困惑""我的感悟"。

C. 文言现象应该包括文化常识。

（3）课外鉴赏探究。

①阅读作品：阅读完所有作品，而且每篇作品必须至少阅读（提倡大声朗读）3遍，根据学习要求做好读书笔记，作品由学生自己确定，要求不与"课内导读"的作品重复。

②建议以读书小组为单位确定阅读作品（教师在诗歌的内容选择上提出建议），目的是便于合作探究。

③学习的重点应该是：理解、赏析诗歌的形象、艺术手法和语言技巧。

（三）牛刀小试（第 6~9 节课）

目的是继续以感知、感悟《诗经》美为切入点，引导学生尝试赏析古体诗，学习赏析的基本方法，养成基本的赏析习惯；并为自己创作作品做好必要的准备。

教学时段：课内外结合，课内为 4 个课时。建议分为两个时段教学。

1. 明确任务

教师选读若干首诗歌作品，赏析、探究诗歌内容、形象、艺术手法和语言艺术；赏析、探究的结果写成研究报告和评论；尝试创作四言诗歌。

2. 基本流程

（1）课前准备。

①选读诗歌作品：《黍离》《蒹葭》《桃夭》（自编教材中的文本）；学生也可以以读书小组为单位自行选择 3~5 首作品，完成所选诗歌的赏析、探究任务。

②根据所选诗歌，查找相关资料，了解即将赏析探究的诗歌作品，重点找出困惑点和疑问点。

③熟读所选定的文本。

（2）课内赏析、探究。

①就所选定的诗歌进行赏析、探究。可以独立完成，也可以小组合作形式完成。但无论哪种形式，前提都是必须大声朗读、有节奏、有感情地流畅朗读，如果能吟诵，便更好。

温馨提示：小组合作形式可以再分成两组，分派赏析任务。比如，一组负责对内容和形象的赏析、探究；一组负责对艺术手法和语言艺术的赏析、探究。

②赏析探究主要从以下"四个方面"进行：赏析、探究诗歌内容；赏析人物形象甚至人物形象中的某一方面；赏析、探究艺术手法中突出的一个或几个；赏析探究语言特色中的一个或几个，简称"四个方面"。赏析、探究要立足"三新"：新发现、新思考、新问题。

③注意做好笔记。书写过关的同学建议做成电子稿，以便下一步整理。

④无论独立完成还是合作完成，都必须进行小组内交流，互相启发、互相补充。此步骤适宜在课外进行，提倡利用零碎时间交流，也可以自建微信群交流。

（3）班级交流。

①采用以读书小组的形式完成鉴赏探究学习任务，每个小组主要报告研究的最终成果（即结论）。

②采用竞赛形式，每个读书小组一票，每票总分 10 分，分数最高前三名为"优胜小组"。

③评分细则。

A. 报告内容。结构完整，思路清晰，条理分明，符合思维规律；观点鲜明而独特，有独创性、新颖性；内容翔实、丰富、恰当；分析、阐述深刻，有批判精神。

B. 表达效果。吐字清楚，表意明确；有启发性，能引发听众的共鸣；不超时；PPT 清晰，让人一看就懂。

C. 仪态。服饰大方、自然、整齐；精神饱满，态度亲切。姿态、动作、手势、表情、眼神自然。教师负责组织点评工作。能让学生发表看法的尽量让学生说，不能或有偏差的则由教师点评或补充。

（4）课外研究与创作。

①要求在整本书阅读的基础上，选取若干作品深入探究赏析，探究任务同上一步骤。

②建议以读书小组为单位进行研读。

③创作相关作品。

（5）点评与总结。

具体要求见"（六）知能测试（课外活动时间）"。

（四）延伸阅读（第 10~14 节课）

目的是扩展学生的知识视野和语文思维，学习联系其他文本比较赏析的基本方法。

教学时段：课内外结合，课内为 5 个课时。

1. 阅读的文本

《离骚》（2 个课时）、《〈诗经〉与汉魏晋南北朝诗歌》［建议诗歌：《孔雀东南飞（并序）》《涉江采芙蓉》《短歌行》《归园田居（其一）》］，课内导读作品由教师根据上述提示自行确定。

2. 以读（朗读）带动赏析，完成阅读任务

（1）需要熟读所选诗歌，并背诵必背内容。

（2）赏析重点：诗歌内容、形象的理解、艺术手法和语言的特点及应用。

（3）提醒学生借鉴《诗经》的赏析探究方法方式，赏析、探究诗歌作品。

（4）建议借鉴"课内导读"或"牛刀小试"的教学方法完成阅读任务。

3. 教与学的方法

如何赏析文本视个人爱好和学生情况确定，本设计不提供具体教学方案只提供教学建议，建议采用比较赏析（比较点是《诗经》的学习和教学方法）。

（五）自主创作（课外，3周内完成）

创作时间安排在课外进行，目的是让学生能有比较自由的空间和灵活的时间，确保能够完成创作任务，鼓励学生自由创作。

1. 明确任务和要求

（1）完成一篇研究论文（文学评论）。

就本专题学习内容，选取"四个方面"的一个或几个，写作一篇研究论文（文学评论）。如何写作研究论文（文学评论），可以上图书馆查阅相关资料，也可以利用自媒体登录"中国知网""爱吐纳"等网站查阅相关资料。研究论文（文学评论）字数原则上不少于1 500字。所有学生必须签订遵守原创承诺书。

（2）模仿创作一首四言诗，内容自选，字数不限。

2. 自主创作

根据不同文体，严格按照要求和规范进行创作活动，时间3周。论文（文学评论）的创作应注意指导学生：

（1）对如何写作论文（文学评论）做简要指导。

（2）建议先小组合作，以读书小组为单位讨论并确定一个统一的主题（课题），利用各种途径查找收集相关的文献资料，再按照相应的需要摘录、筛选有用的资料。

（3）个人独立列出论文（报告）的提纲；创作，完成写作任务；润色修改。

3. 评改与推选

评选与推选主要是指论文（文学评论）。

（1）评改。

一般课外完成，评改重在评价，由作者自己去完成。评改要求实施三次：一篇作品必须有三位同学互评互改，要求学生根据评价标准写作点评意见。互评互改后，主动交给老师批改提出评价意见。学生根据老师批改意见对自己的作品进行修改，并评价自己的作品。

(2) 推选。

研究论文（文学评论）若是个人创作，则应在完成评改的基础上，以读书小组为单位，每个小组原则上推选一篇作品。

作品可以提交电子稿，也可以提交纸质稿（书写不达标的学生必须提交纸质稿）。

特别提醒教育学生：自己的作品就是自己的孩子，请爱惜它、珍视它；它也是自己的人生经历，将给自己以后的人生奠定前行的基础。

（六）知能测试（课外活动时间）

目的主要是测试学生的阅读成效和教学效果。

1. 编拟试题

编拟试题基本要求如下：

（1）测试题型：①选择题（每1首诗歌至少1题）；②默写题（情景式，主要涉及名句名篇）；③简答题（2题）。

（2）试题设计要求，扣住诗歌的内容、形象、表达技巧和语言艺术4个方面来设计。

（3）突出学生诗歌鉴赏能力的考查。

2. 组织测试

（1）考查形式：闭卷，笔试，40分钟，拟利用名著阅读活动时间进行测试。

（2）采用集体统一评改制度。

3. 评估阅读质量

要求写出各班级的测试评估报告，分析成绩和不足，评估学生的古典诗歌阅读鉴赏能力，明确下一阶段的教学对策。

（七）展示分享（第15~17节课）

目的是让学生分享各自的学习成果，培养学生分享、共享的习惯，让学生在分享中感受成就，更进一步感知、感悟古体诗歌之美（优秀作品均发表在"爱吐纳"网站并推荐到相关报纸杂志发表）。

教学时段：课内外结合，课内为3个课时。

1. 课前准备

（1）每个读书小组选出一篇论文或文学评论、诗歌作品，要求从优秀论文（文学评论）和诗歌作品中选择一篇大家都认为最好的作品。

（2）每个小组限一人一篇上台展示分享，以抽签的办法确定汇报顺序。

（3）要求学生根据论文或文学评论的内容，尽量制作 PPT 或其他形式来演说展示。

2. 课内流程

（1）论文（文学评论）展示分享。

以读书小组为单位，每个小组限一人发言展示，每人（每组）展示时间为 8 分钟（今后均以此为准）。评选优秀作品，每人发一张选票，将认为符合"优秀"标准的作品选出来，名额不限。

（2）诗歌原创作品展示分享。

举办一次原创诗歌朗读会。选取学生优秀作品，请作者朗读自己的作品并简要谈谈创作体会。以读书小组为单位评选，得票前三名的作品为最佳作品，评选出最佳作品三篇。

评价标准：

①诗歌内容和技巧（6 分）。

有诗情（抒发了真实情感）；有诗味（符合诗歌意象特点）；有诗意（符合诗歌语言特点）；有诗趣（符合诗歌表达技巧）。

②朗读效果（2 分）。

朗读有感染力；声情并茂；富有韵味和表现力；能与观众产生共鸣。

③语言表达（1 分）。

普通话标准，吐字清楚、准确；语言生动；轻重缓急、抑扬顿挫；能准确、恰当地表情达意。

④仪表、姿态（1 分）。

服饰大方、自然、整齐；精神饱满、态度亲切；姿态、动作、手势、表情、眼神自然。

注：朗读可以配以适当伴舞或配乐，或其他富有创意的形式。

（3）颁奖表彰。

课前组织学生为获奖论文（文学评论）作品撰写颁奖词（鼓励学生主动承担撰写任务）；课内进行颁奖仪式：（可利用早读时间进行）宣读颁奖词，颁发奖状；教师做简要小结。

3. 课外发布

将优秀作品发布在网站"爱吐纳"或微信公众号，并推荐正式发表或结集发表在校刊《足迹》上。

五、师生优秀作品选

最是壮美塞下里
——品味《诗经》中边塞诗之美

《诗经》是我国第一部诗歌总集。子曰:"不学诗,无以言",这足以说明《诗经》的重要性。边塞诗是《诗经》中的重要内容,虽然没有爱情诗的缠绵悱恻,没有哲理诗的尖锐深刻,没有田园诗的恬淡安然,但其蕴于字里行间的情感却是如此真切动人。那是最激昂的文字,那是最雄浑的气势,那是最壮美的感情,那是最辉煌的人生!我将以《邶风·击鼓》和《秦风·无衣》为例,论述边塞诗的主题美、情感美与技巧美,领略边塞诗别样的美。

一、主题美

我认为,边塞诗的重要主题是对家与国的深刻思考——国与家,究竟是互相矛盾的,还是相辅相成的?在不同情况下,该如何去权衡,该如何去抉择?——无论这首诗斗志昂扬也好,忧伤凄切也好,悲壮无畏也罢,描绘沙场之境的边塞诗总是难以脱离这一永恒主题,下面请听我仔细论述。

《邶风·击鼓》一诗有一个看似矛盾的关键点:是将士"平陈与宋""我独南行"中对国家未来的承担和战斗的无畏,同"不我活兮""不我信兮"中对家人的愧疚和对失约的哀伤,构成国与家的"矛盾点"。但即便如此,我认为,他还是很好地解决了这个矛盾:他以近乎决绝的姿态,在怀念家人、悲伤别离的同时走上战场,为国而战。他难道不会悲伤,不会无奈么?他也是血肉之躯,但他以一种惊人的毅力,将对家的思念藏于心底,并将其转化成动力带向了国,我想,这才是一个敢于背负的战士的最高境界吧。他是那样地深爱着他的祖国和家人,并最终选择了国,将儿女情长化作前进的动力。

而《秦风·无衣》,在我看来是一篇与《邶风·击鼓》几乎相反的诗歌,这是另一种歌颂家国、歌颂友情和为国而战的诗。其实,"友情"在某种意义上也是一种"家"。我认为作者与友人在君王征集军队时相互信赖、共同抗敌的景象,既表现了他们对国的热爱,也体现了他们同仇敌忾的斗志。这首诗将友情融于为国献身的无畏和戮力同心的战斗激情中,这不也是对家与国的深刻思考吗?

所以,我认为对家与国的深刻思考是边塞诗的主题,它抒发了诗所要表达的情感,让人有着相当真切的感受。

二、情感美

(一)踏上征途的战士的背负与柔情

有人说:"'怨'是《邶风·击鼓》一诗的总体格调与思想倾向。从正面言,诗人怨战争的降临,怨征役无归期,怨战争中与己息息相关的点滴幸福的缺失,甚至整个生命的丢失。"但我认为这是赞扬一位坚忍无畏、充满责任感的将士的诗。

我认为这位将士是由"死生契阔,与子成说"的忠贞爱情激发的干劲,从而有"土国城漕,我独南行"的决绝与承担——他背负了太多,也担当了太多。但他依旧一人揽下了重任,回报给恋人一个微笑,独自走向孤独的大道。

"爰居爰处?爰丧其马?于以求之?于林之下。"我认为这是他的迷茫——谁没有迷茫过?谁没有怀疑过自己?这位将士不是神仙,他会痛苦,会动摇,他真的太累了,最终,踏上了征战之途。

"于嗟阔兮,不我活兮。于嗟洵兮,不我信兮",这是一位将士最终的哀叹,叹息聚少离多,人生苦短——但即便生离死别,他也是义无反顾,只是在心里哀伤感慨后便继续前行。在我看来,这位将士是一位真正的顶天立地的男子汉,他心怀天下,深爱家人,他有自己的担当,虽然只能走向孤独。我认为他是不后悔的,我相信他有自己的信念。他的哀伤使他的形象更加丰满,更加真实,更加真切地刻画了一个有血有肉、爱着家人的将士,更加能抒发这位将士对其家人的爱与担当。他自己的信念,能够为自己的未来承担,为自己所爱的人背负。"所有苦难与背负尽头,都是行云流水般的此世光阴。"恐怕就是这位将士的真切写照!

(二)征战沙场的将士的信赖与斗志

有人说:"《秦风·无衣》是一首激昂慷慨、同仇敌忾的战歌,表现了秦国军民团结互助、共御外侮的高昂士气和乐观精神,其独具矫健而爽朗的风格正是秦人爱国主义精神的反映。按其内容,当是一首战歌,全诗表现了秦国军民团结互助、共御外侮的高昂士气和乐观精神,其独具矫健而爽朗的风格正是秦人爱国主义精神的反映。"

仔细读几遍，便可以清楚地感受到其字里行间透露出来的慷慨战意与高涨的爱国情绪。"与子同袍""与子同泽""与子同裳"，可见将士们团结一致、刎颈之交之情。但我认为"子"有可能只是特指某一位战友，皆在强调作者与那位战友同甘共苦，交情深厚——战时一起上战场杀敌，闲时一起喝喝酒，聊聊天，好不自在！战场恐怕是最能考验人性的吧，作者与战友能把衣服，甚至性命一一交托给对方，也可见他们相互信赖。既有此可托付性命的战友，那在战场上有何惧呢？所以"与子同仇""与子偕作""与子偕行"，一起踏上战场痛快的打斗，人生无憾啊。

三、技巧美

《击鼓》结构上，它基本按时间顺序，写出一个被迫南征的兵士在出征前、出征时和出征后的复杂心理和行为，其中又插入回忆，形成往事与现实的强烈对比，加深对人的触动。同时，此诗歌运用了"夹叙夹议"的写作手法，在形成情节波澜的同时抒发感情，表达自己主题。最后一层，皆以"兮"字结尾，直抒胸臆，"仿佛一个涕流满面的征夫在异乡的土地上，对着苍天大声呼喊，对着远方的亲人诉说着内心的思恋和苦痛"，真切动人。

而"《秦风·无衣》诗共三章，采用了重章复沓的形式。每一章句数、字数相等，但相同的结构并不意味简单的、机械地重复，而是不断递进，有所发展的"。如首章结句"与子同仇"，是情绪方面的，说的是他们有共同的敌人；第二章结句"与子偕作"，"作"是"起"的意思，这才是行动的开始。第三章结句"与子偕行"，"行"训"往"，表明诗中的战士们将奔赴前线共同杀敌了。在节奏韵律上，"构成诗中主旋律的是一股战斗的激情，激情的起伏跌宕自然形成乐曲的节奏与舞蹈动作"，正所谓："长言之不足，故嗟叹之。嗟叹之不足，故不知手之舞、足之蹈之也。"

综上所述，边塞诗文字雄浑壮阔，情感气吞山河，自有一番豪迈。在许许多多的征战中，我们可以通过边塞诗来揣测将士们的喜怒哀乐，看到他们的悲欢离合。而《诗经》中的边塞诗又是其中的经典，所以，让我们进入《诗经》的意境，感受感受古代将士们的人生吧！

（作者：2017级学生　李伊然）

美哉喜哉，森林梅州

寒风萧萧，冬雷震震；瑟瑟隅行，行之缓矣。

厂房林立，浓烟蔽日；大河小溪，污水浊浊；路边沟旁，垃圾成山；坎坎伐木，林木尽矣；兽迹渐稀，乌雀南飞。为之奈何，心之焚矣；何以至此？心之惑矣。环保意识，淡且薄矣；偷排偷放，污水浊气。为己私利，制之维艰；创森推进，行之难矣。美丽梅州，何日回归？

春风习习，吹拂梅州。顶层设计，国家政策。生态文明，森林城市。政府引导，社会宣传；齐心协力，人人努力。客家儿女，智慧勤劳；不畏艰苦，共建共享；创森行动，如火如荼。荒山秃岭，小树葱葱；违规厂房，已然无迹；场房新建，处理污秽；生态好转，兽鸟归分。保护水源，人尽皆知。美哉创森，破茧成蝶。

喜哉梅州，美哉梅城。城中有林，林中有城；村中有林，林中有村；亦城亦林，亦村亦林。空灵鸟鸣，动听婉转；蝉噪林静，鸟鸣山幽；鸟语花香，和乐且孺；天然氧吧，心旷神怡。美丽城市，魅力无限；文明和谐，诚信友善；人民安居，百姓乐业。飨彼乐果，思彼水源；和乐且湛，美哉壮哉！感谢党恩，利在千秋！

喜哉梅州，美哉城乡。郁郁高山，清清流水；杨柳依依，草色青青；空谷幽兰，香远益清。候鸟栖息，野鸭欢腾；鹤鸣于野，不染污浊。稻麦青青，蛙鸣声声；油茶花开，蜂房满溢。龙荔怡人，满山橙柚；脐橙初熟，金柚飘香；绿树黄实，味甘肉甜；道说丰年，沁人心脾。因地制宜，经济环保；立体发展，慧哉创森。

喜哉梅州，美哉山涧。漫步山间，丘峦起伏；林木繁盛，郁郁青青。空气清新，雾霾远离。身强体壮，疾病无踪。流水潺潺，如鸣环佩；水清且冽，甘之若饴。鱼潜于渊，皆若空游；往来翕忽，怡然静立；俶尔远逝，人鱼相乐。浣衣溪涧，山歌渐起；童嬉于此，日捉鲤鱼；泉边品茗，回味无穷。琴瑟在御，岁月静好。

喜哉梅州，美哉森城。于林之中，朝晖初露；莘莘学子，闻鸡起舞。精忠报国，当如叶帅；朗朗书声，轻轻鸟鸣；声声悦耳，和谐相生。于林之中，民作其间；精耕细作，不舍昼夜。采撷佳果，寻彼药草；采彼果草，且啖且乐。东山之谷，芹洋崛起；见利思义，崇文重教；坚韧不拔，勇闯天下；家国情怀，客家精神。

春风习习，我心欢畅；美哉喜哉，森林梅州！

（作者：2017级学生　郭丘乾）

菩　提

引子：心若菩提树，身为明镜台。明镜本清净，何处染尘埃？
　　　亭台楼阁，上有菩提。明镜照之，孩童戏之。
　　　亭台楼阁，上有菩提。心如明台，何染尘埃？
　　　亭台楼阁，上有菩提。星月其清，道亦修远。

（作者：2017级学生　杨斯缘）

梅园之梅

梅园之梅，灼灼其华。拳拳宪梓，桑梓情怀，捐资助学，厥功至伟，一九九三，宪中肇始，廿五华年，其心一兮。

木棉英雄，灼灼其炽。莘莘学子，青青子衿，胸怀祖国，孜孜以求，放眼世界，似渴如饥，一路高歌，青春永兮。银杏公孙，灼灼其橙。谆谆师长，好为人师，传道授业，废寝忘食，十年一日，初心不改，教书育人，其心乐兮。岩桂木樨，灼灼其黄。灿灿师生，入室登堂，课堂内外，和谐共成，赛场上下，竞逐风流，道远任重，甘人后兮？

校道之榕，沃沃其绿。美美宪中，梧桐凤栖。英才影从，廿五逾万，服务枌榆，效力社稷，千帆竞发，立新功兮！

本试题命题依据：自编教材《〈诗经〉与汉魏晋南北朝诗歌选读》。

一、选择题

1. 下列说法不正确的一项是（　　）
A.《关雎》中"关关雎鸠，在河之洲"采用的是"兴"的手法
B.《蒹葭》"所谓伊人"的"伊人"，与《关雎》中的"君子好逑"的"君子"，指的是同样的人
C.《蒹葭》全诗不着一个思字、愁字，读者却可以体会到诗人那种深深的企慕和求而不得的惆怅
D.《关雎》是《诗经》的第一首，选自《诗经·周南》

2.《诗经·周南·葛覃》写一位女子一边浣纱洗衣，一边（　　）
A. 思念父母　　　　　　B. 歌唱爱情
C. 痛斥剥削者　　　　　D. 渴望自由

3.《诗经·周南》中《关雎》《葛覃》《卷耳》《桃夭》都与男女爱情婚姻有关，其中祝贺新嫁娘的诗是（　　）
A.《桃夭》　　　　　　B.《关雎》
C.《葛覃》　　　　　　D.《卷耳》

4.《芣苢》中的重章叠句表现的是诗经的（　　）
A. 形象美　　　　　　　B. 内容美
C. 意象美　　　　　　　D. 音律美

5. "凯风自南，吹彼棘心"（《凯风》）应用的表现手法是（　　）
A. 比兴　　　　　　　　B. 铺陈
C. 排比　　　　　　　　D. 夸张

6. "有匪君子，如切如磋，如琢如磨，瑟兮僩兮，赫兮咺兮。有匪君子，终不可谖兮！"这几句称赞了主人公的（　　）
A. 道德人品　　　　　　B. 仪容装饰
C. 器宇风度　　　　　　D. 精神面貌

7. [清]许瑶光《再读〈诗经〉四十二首》第十四首"鸡栖于桀下牛羊,饥渴萦怀对夕阳。已启唐人闺怨句,最难消遣是昏黄。"这里"已启唐人闺怨句"点出哪一首诗的开创之功(　　)

　　A.《郑风·女曰鸡鸣》　　B.《周南·葛覃》

　　C.《卫风·伯兮》　　D.《王风·君子于役》

8.《黍离》中与陈子昂《登幽州台歌》中"前不见古人,后不见来者。念天地之悠悠,独怆然而涕下"有同样感情的是(　　)

　　A. 行迈靡靡,中心如醉

　　B. 知我者,谓我心忧,不知我者,谓我何求

　　C. 悠悠苍天,此何人哉

　　D. 彼黍离离,彼稷之实

9.《郑风·女曰鸡鸣》中夫妇以对话联句体,叙述两人欢乐和睦的新婚家庭生活,诗中有女词、男词、旁白。下列哪一选项是女词(　　)

　　A. 昧旦　　B. 子兴视夜,明星有烂

　　C. 将翱将翔,弋凫与雁　　D. 琴瑟在御,莫不静好

10."青青子佩,悠悠我思"(《子衿》)中的"佩"是指(　　)

　　A. 脖子上挂的项链　　B. 衣服的前襟

　　C. 佩戴的美玉　　D. 佩戴美玉用的绶带

11."江山代有才人出,各领风骚数百年"中"风骚"的"风"指的是(　　)

　　A. 楚辞中的《离骚》　　B. 风韵

　　C.《诗经》中的《国风》　　D. 风流

12. 下列对《园有桃》理解错误的一项是(　　)

A. 两章首二句以所见园中桃树、枣树采用赋的手法来写,诗人有感于它们所结的果实尚可供人食用,味美又可饱腹,而自己却无所可用,不能把自己的"才"贡献出来,做一个有用之人

B. 第三、四句接着说"心之忧矣,我歌且谣",他无法解脱心中忧闷,只得放声高歌,聊以自慰

C. 第七、八句问道:"彼人是哉?子曰何其?"意思是:他们说得对吗?你说我该怎么办呢?这两句实际是自问自答,展现了他的内心无人理解的痛苦和矛盾

D. 最后四句:"心之忧矣,其谁知之!其谁知之,盖亦勿思!"

诗人本以有识之士自居，自信所思虑与所作为是正确的，因而悲伤的只是世无知己而已，故一再申说"其谁知之"，表现了他深深的孤独感

13. 下列对《魏风·硕鼠》这首诗的理解，不正确的一项是（   ）

A. 这首诗纯用比体，以物拟人，以硕鼠喻剥削者与鸱鸮是一样的

B. 《魏风·硕鼠》全诗三章，意思相同。三章都以"硕鼠硕鼠"开头，直呼奴隶主剥削阶级为贪婪可憎的大老鼠、肥老鼠，并以命令的语气发出警告："无食我黍（麦、苗）！"

C. 第三、四句进一步揭露剥削者贪得无厌而寡恩："三岁贯女，莫我肯顾（德、劳）。"诗中以"汝""我"对照，从中揭示了"汝""我"的相互依赖的关系

D. "逝将去女，适彼乐土。乐土乐土，爱得我所。"诗人既认识到"汝我"关系的对立，便公开宣布"逝将去女"，决计采取反抗，不再养活"汝"。一个"逝"字表现了诗人决断的态度和坚定决心

14. 下列对《月出》这首诗的理解，不正确的一项是（   ）

A. "月出皎兮"，天上一轮圆月洒着皎洁的银辉，这夜色显得格外的美丽。这是写景，也是写情

B. 诗从望月联想到意中女子的美丽，想起她的面容，想起她的身姿，想起她的体态，越思越忧，越忧越思……深沉的相思，美人的卓绝，月夜的优美，构成了动人情景，又是一番诗情画意了

C. 《月出》的意境是迷离的。诗人思念他的情人，是从看到冉冉升起的皎月开始的。也许因为月儿总是孤独地悬在无垠的夜空，也许因为它普照一切，笼盖一切，所谓"隔千里兮共明月"

D. 《月出》的情调是惆怅的。全诗都是从对方设想，间接表达出思念之情

15. 下列对《棠棣》理解错误的一项是（   ）

A. 首章为第一层，先比兴，后议论，开门见山，阐明主题。"棠棣之华，鄂不韡韡"，兴中有比，而诗人以棠棣之花喻比兄弟，是因棠棣花开每两三朵彼此相依而生发联想

B. 本诗第六、七章，间接描写了举家宴饮时兄弟齐集，妻子好合，亲情和睦，琴瑟和谐的欢乐场面

C. 上古先民的部族家庭，以血缘关系为基础。在他们看来，"兄弟者，分形连气之人也"（《颜氏家训·兄弟》）。因而，比之良朋、妻孥，他们更重兄弟亲情

D. 本诗第二、三、四章采用对比手法，把同一情境下"兄弟"和"良朋"的不同表现加以对照，更见出兄弟之情的诚笃深厚

16. 下列对《伐檀》这首诗的理解，不正确的一项是（　　）

A. 《伐檀》是魏国的民歌，较多反映了社会中下层民众对上层统治者的不满，是一首嘲骂剥削者不劳而食的诗，全诗强烈地反映出当时劳动人民对统治者的怨恨

B. 当伐木者把亲手砍下的檀树运到河边的时候，面对微波荡漾的清澈水流，不由地赞叹不已，大自然的美令人赏心悦目

C. 诗的句式灵活多变，从四言、五言、六言、七言乃至八言都有，纵横错落，或直陈，或反讽，也使感情得到了自由而充分的抒发，称得上是最早的典型杂言诗

D. 第一层写伐檀造车的艰苦劳动，头两句间接叙述其事，第三句转到描写抒情，这在《诗经》中是少见的

二、名句默写

17. 《氓》中女子根据自己亲身经历而发出感慨，告诫后人的句子是：_____，_____。

18. 《蒹葭》诗中跟"上穷碧落下黄泉，两处茫茫皆不见"表达相同意思的句子是：_____，_____。

三、简答题

阅读下面这首诗，完成第19~20题。

芣苢①

采采芣苢，薄言②采之。采采芣苢，薄言有③之。
采采芣苢，薄言掇④之。采采芣苢，薄言捋⑤之。
采采芣苢，薄言袺⑥之。采采芣苢，薄言襭⑦之。

注释：①选自《诗经·周南》，这是妇女们采集野菜时唱的民歌。

芣苢：车前（草名），可食。②薄、言：都是语助词，无实意。③有：采得。④掇：摘取、拾取。⑤捋：成把地握取。⑥袺：手持衣角盛物。⑦襭：把衣襟掖在腰间装物。

19．《诗经》使用赋比兴手法，本诗使用的手法是＿＿＿＿＿＿。

20．《诗经》中的民间歌谣，有很多用重章叠句的形式，《周南·芣苢》更是重叠得厉害，但重叠中也有其效果，请简要分析。

四、参考答案

1．B 2．A 3．A 4．D 5．A 6．A 7．D 8．C 9．C 10．D

11．C（风骚，《诗经·国风》和《楚辞·离骚》的并称。它们同被视为中国诗歌发展的源流。对后世中国文学影响深远。后代用来泛称文学，在文坛居于领袖地位或在某方面领先叫领风骚。俗语常指举止轻佻，行为放荡）

12．A（起兴的手法）

13．C（对立的关系）

14．D（如果说各章前三句都是从对方设想，末尾一句的"劳心悄兮""劳心慅兮""劳心惨兮"，则是直抒其情）

15．B（应为：直接描写了举家宴饮时兄弟齐集，妻子好合，亲情和睦，琴瑟和谐的欢乐场面）

16．D（应为：头两句直接叙述其事，第三句转到描写抒情）

17．于嗟女兮，无与士耽。

18．溯洄从之，道阻且长。溯游从之，宛在水中央。

19．赋。

20．全诗三章十二句，只有六个动词（采、有、掇、捋、袺、襭）是不断变化的，其余全是重叠。但这种看起来很单调的重叠，却又有它特殊的效果。在不断重叠中，产生了简单明快、往复回环的音乐感。诗中完全没有写采芣苢的人，但重章叠唱的节奏感读起来却能够明白地感受到她们欢快的心情。

第二节 小说：感知繁复的人世
——《红楼梦》与《三国演义》

一、活动设想

本专题精读篇目为《红楼梦》和《三国演义》。考虑到高中学生的阅读心理，本专题要求学生先泛读两本名著，再根据个人的阅读偏好自主选择其中一本精读。选读篇目：《聊斋志异》（蒲松龄）、《官场现形记》（李伯元）、《儒林外史》（吴敬梓）。

《红楼梦》是清代作家曹雪芹创作的章回体长篇小说，小说以贾、史、王、薛四大家族的兴衰为背景，以贾府日常生活为叙事脉络，以宝、黛、钗三人爱情故事为主线，集中反映十八世纪中叶封建社会中不同阶级的矛盾斗争，揭露封建专制的黑暗、以及封建社会必然走向灭亡的发展规律。对于高中生而言，这是一部值得深入阅读的经典作品。

《三国演义》是元末明初作家罗贯中创作的，我国最早的一部章回体长篇历史演义小说。其具有较强文言色彩（"文不甚深，言不甚俗"）的语言，具有引人入胜的故事情节、浓艳细腻的环境描写和淋漓尽致的人物刻画，具有豪放飘逸的艺术风格的诗歌，这些无一不是高中语文教学选文的范例。同时，《三国演义》还是实现文化传承和发展的有效载体。

本专题拟用两个月（其中课内约 10 个课时，课外包含暑假），历经三个阶段完成本专题项目设定的读写学习任务，重在指导学生掌握阅读小说类整本书的阅读方法，把握小说基本情节和主要人物形象，学会用批判性思维分析、探究小说人物和主题。

二、活动目标

（1）以读书小组为单位精读《红楼梦》或《三国演义》，选读若干部其他书目（见"一、活动设想"），掌握阅读小说类整本书阅读方法，把握小说基本情节和主要人物形象，学会用批判性思维分析、探究小说人物和主题。

（2）个人独立完成一篇不少于1 500字的论文，以读书小组为单位完成一篇不少于2 000字的研究报告（研讨会记录），此两项均为必须完成的作品。

（3）继续规范做好读书笔记。

（4）培养五种习惯：利用自媒体独立自主查找、整理、分析、应用资料的习惯；乐于赏析探究的习惯；愉悦地分享、合作的习惯；大方地交流、展示的习惯；认真及时地记录、写作的习惯。

三、活动设计

活动设计如图4-2所示。

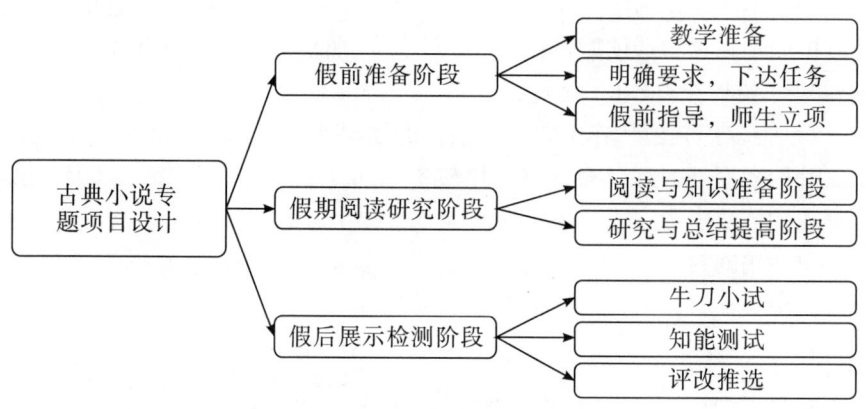

图4-2　《红楼梦》与《三国演义》教学活动流程

四、活动实施

（一）假前准备阶段（第1~3课时，暑假前完成）

1. 教学准备

（1）《红楼梦》参考资料。

《红楼梦》反映了中国18世纪中叶广阔的社会生活，与学生现在所处的时代有一定的距离感，因此，在阅读过程中，教师应该挑选一些参考书籍或者文章来帮助学生更好理解小说内容。这些参考书仅作为阅读《红楼梦》的辅助材料，可根据阅读目标和阅读任务选择性阅读即可。列举如下：

《曹雪芹传》，周汝昌著，东方出版社 2010 年版。

《简明清史》，戴逸主编，人民出版社 1985 年版。

《清史新考》，王锺翰著，辽宁大学出版社 1990 年版。

《红楼艺术的魅力》，周汝昌著，作家出版社 2006 年版。

《浮生若梦：〈红楼梦〉的前世今生》，胡适、鲁迅、王国维、蔡元培著，新世界出版社 2012 年版。

《蒋勋说红楼梦》，蒋勋著，中信出版社 2017 年版。

1987 版电视剧《红楼梦》，由王扶林先生导演，欧阳奋强、陈晓旭主演。

百家讲坛《红楼六家谈》《刘心武揭秘红楼梦》《新解〈红楼梦〉》等系列讲座。

（2）《三国演义》参考资料。

《三国演义》是中国文学史上第一部成熟的历史演义小说，它在思想蕴涵、情节结构、人物塑造、文学语言、叙事方法等方面都取得了显著成效。与《红楼梦》的阅读体验相比，《三国演义》的情节学生大都耳熟能详，容易把故事读浅，所以需要一些参考书或文章来帮助学生深入解读小说。如：

《三国演义》，罗贯中著，毛纶、毛宗岗点评，中华书局 2017 年版。

《三国志（文白对照）》，陈寿著，李楠编，辽海出版社 2016 年版。

《胡适鲁迅解读〈三国演义〉》，胡适、鲁迅著，辽海出版社 2010 年版。

《〈三国演义〉导读与赏析（高中篇）》，葛小峰著，现代教育出版社 2017 年版。

1994 版电视剧《三国演义》，由张中一等导演，唐国强、鲍国安等主演。

百家讲坛《易中天品三国》系列讲座，央视网。

2. 明确要求，下达任务（第 1 课时）

让学生了解本专题的教学计划，介绍学习目的、时间安排、专题内容等，明确本专题的读写要求，并下达读写任务。

（1）确定选读篇目，组建读书小组，建立微信群。

同一个小组首先确定共同阅读的书目（《红楼梦》或《三国演义》），再根据选定的篇目明确各自的任务。

以读书小组为单位建立 QQ 群或微信读书群。每个小组派一人为代表（以"×班＋×组＋姓名"编辑微信名，也可以多人），加入年级微信群"畅游书海 2017"。

（2）阅读任务。

精读：《红楼梦》或《三国演义》。

选读：《聊斋志异》（蒲松龄）、《官场现形记》（李伯元）、《儒林外史》（吴敬梓）。

读书笔记：

①读书笔记与卡片。写下阅读过程中的真实感想，发表自己的独到见解。（每人至少发言 3 次，每次 100~200 字）

②读书小组至少组织三次小组网上讨论（建议每 30~40 章开展一次），讨论围绕研究方向展开。主管和记录的同学要及时整理出讨论稿，讨论稿要及时将电子文档发送到教师邮箱（必须附上讨论的截图，目的是预防作假）。

年级微信群将开展至少两场讨论（《红楼梦》与《三国演义》各一场），具体时间见微信群公告。

（3）创作任务。

①鉴赏评价。每个人独立完成一篇研究论文（评论），原则上不少于 1 500 字。

②小组作业。以小组为单位合作完成一份研究报告（或研讨会记录），内容应包含：提出困惑、整理专家学者点评以及读书心得体会，原则上不少于 2 000 字。

论文和研究报告要求遵守原创承诺，不得抄袭，引用必须规范注明出处。

论文和研究报告等作品尽量使用电子稿（书写不过关的同学最好还是提交纸质稿），暑假可以随时提交（发送到老师的邮箱）。

3. **假前指导，师生立项**（第 2~3 课时）

（1）教师指导，学生尝试泛读。

泛读是指学生把小说大致浏览一遍，掌握小说的发展脉络和主要人物关系。教师指导学生泛读的技巧与方法，要求学生在暑假开始的第一周时间内泛读完小组选定的篇目。

（2）教师导读，激发学生的阅读兴趣。

教师根据人教版《红楼梦》的选段《林黛玉进贾府》进行导读，有针对性地引导学生梳理故事情节因果关系，整理红楼故事。

教师运用多媒体生动地介绍三国英雄、三国典故、三国成语、歇后语、谜语等。

（3）师生立项，学生选择研究方向。

为了使每一个学生都能够成为学习的主体，让不同程度的学生都能够读有所得，而不是一个旁观者和被动的接受者。在尝试泛读基础上，学生应根据不同兴趣、实际水平，有所选择阅读，不至于阅读无的放矢，事倍功半。因此，师生先要一起商讨"阅读项目"，然后，学生选定阅读项目，并选出"版主"，专门负责该项。学习程度稍差一点儿的学生，可以搜集图片、整理、查阅资料，注重知识的积累和良好阅读习惯的养成。学习程度稍好一点的学生，注重情感态度价值观的培养，鼓励创造性思维。

下列研究方向供参考：

《红楼梦》：①说不尽的宝黛钗；②《红楼梦》中的女人们；③荣宁二府的男人们；④《红楼梦》的经典诗词；⑤《红楼梦》人名拾趣；⑥《红楼梦》中的衣食住行；⑦《红楼梦》里的对话特点；⑧曹雪芹和曹家的传说；等等。

《三国演义》：①评曹操的"奸"与"雄"；②说刘备的"哭"；③议诸葛亮的"智"；④论关羽的"义"；⑤谈《三国演义》的人物出场艺术；⑥品《三国演义》的对比艺术；⑦学《三国演义》的夸张艺术；⑧解《三国演义》的谋略；⑨议《三国演义》的人才观；⑩评《三国演义》的伦理观；等等。

（二）假期阅读研究阶段（暑假完成）

1. 阅读与知识准备阶段（暑假第1个月）

（1）第1周时间，督促学生泛读完小组选定的篇目，让学生从整体把握全文叙事脉络。

（2）第2~3周时间，指导教师定期推荐相关的研究文章或视频资料。让学生在阅读原著的基础上，更深入地了解名著、理解名著，激发学生的学习兴趣，加深他们对作品的感悟。

（3）教师组织年级微信群开展至少两场讨论（《红楼梦》和《三国演义》各一场），具体时间见微信群公告。

（4）学生在此阶段，在微信群内完成相应的读写任务。

①读书小组需要同步阅读同一本书，每读几章或十几章需组织大家讨论。小组长要确定讨论的话题或主题，好让大家提前做些准备。

②读书卡片。写下阅读过程中的真实感想，发表自己的独到见解。

（每人至少发言 3 次，每次 100～200 字）

以上两项内容，小组成员可在自己的小组微信群内完成，也可在年级微信群内完成，而小组长则需将组内成员的个别精彩发言转发至年级微信群交流讨论。最终，各位小组成员将自己的发言截屏整理好后上传给小组长，开学后由小组长打包发送给语文老师。

2. 研究与总结提高阶段（暑假第 2 个月）

学生先在小组内互相交流自己在看书中的困惑，然后每个小组挑选一个最有价值或讨论后仍无法解决的问题，集体确定组内报告论题，提出自己对本次研究的看法。以小组为单位完成开学后"牛刀小试"的研究报告，内容应包含：提出困惑、整理专家学者点评以及读书心得体会（最好制作 PPT）。

学生根据自己的实际阅读情况，按时总结自己的读书报告，独立完成一篇研究论文（评论），原则上不少于 1 500 字。

教师指导学生对前期阅读的相关资料再作分析、提炼，在独立思考的基础上与小组成员互相探讨对问题的看法、依据，教师在年级微信群内，参与以下工作。

①定期向学生介绍写作研究性论文的有关知识，指导学生明确研究方向。

②定期督促学生按时、独立完成初稿。

③教师对初稿提出修改意见，再由学生讨论、修改，如此反复，最后定稿。

④最后阶段，提醒小组及时完成研究报告 PPT 或其他形式的研究报告。

此阶段教师应注意：讨论环节应围绕学生问题展开，虽然教师也可以根据自己的阅读体验提出一到两个较为关键的问题，但相信高中生经过初中三年和高中一年的学习，他们能够发现小说中较为关键的问题，所以教师应作为一个平等交流者参与到微信讨论中，当有学生在讨论过程中遇到困难时再进行引导。

（三）假后展示、检测阶段（第 4～8 课时，课内外结合）

1. 牛刀小试

（1）课前准备。

①评改学生作品（论文和研究报告），学生三评后再交由教师评改。

②推荐作品：可以读书小组为单位推荐一篇研究论文（文学评论），

由发言人代表小组汇报；也可以根据研究报告内容制作 PPT 或其他展示形式作做汇报。

③组织学生为推荐作品撰写推荐词（鼓励学生主动承担撰写任务）。

（2）课内展示。

①展示汇报：以读书小组为单位，每个小组只能一人发言。每人（每组）展示时间为 8 分钟。

②展示汇报顺序：以抽签的办法确定。

③评选优秀作品：全体同学参与评选，每人一张选票。

④表彰获"优秀论文""优秀研究报告"的同学，教师最后做总结陈词。

2. **知能测试**

（1）编拟试题：命题原创，目的主要是测试学生的阅读成效和教学效果。

（2）测试形式：闭卷，笔试，45 分钟，满分为 100 分，拟利用"语文名著阅读课"时间进行测试。

（3）评卷：采用集体统一评改制度。

（4）表彰：确定"优秀阅读标兵"若干名进行表彰。

3. **课外发布**

将优秀作品发布在网站和同名微信公众号，优秀作品将推荐正式发表或结集发表在校刊《足迹》上。

五、师生优秀作品选

天上掉下个林妹妹
——浅谈《红楼梦》中林黛玉之美

"说到辛酸处，荒唐愈可悲。由来同一梦，休笑世人痴。"在一个只有一人一灯的宁静夜晚，看完了《红楼梦》。掩卷沉思，这九百页的巨著恍如梦一场，那大观园中的荣华富贵风花雪月全都烟消云灭，贾史王薛的醉生梦死也都一去不复返，好了，也便是了了，醒了也便体会到浮生若梦的含义罢了。

在群花争艳的女儿国大观园里，有知礼丰美的薛宝钗，有泼辣风骚的王熙凤，有风流娇艳的史湘云，有文采精华的贾探春，有平和善良的平儿……而为什么独有黛玉是那样牵动人的衷肠，甚至有人因她而狂、为她而死呢？她为什么有如此强大的艺术魅力？她究竟美在何处、动人在何处？

一、长得唯美

谈起林黛玉的美，我想应从形态外貌说起。曹雪芹先生对黛玉外貌形态的正式描写，是在初到贾府时。曹雪芹先生通过侧面，也就是凤姐的"嘴"和宝玉的"眼"，描绘了她那婀娜多姿天仙似的容貌。凤姐一见就惊叹道："天下竟有这样标致人儿！我今日才算看见了这袅袅婷婷的女儿神仙似的妹妹"。在宝玉的眼里，则别有一种风范和神韵："两弯似蹙非蹙笼烟眉，一双似喜非喜含情目，态生两靥之愁，娇袭一身之病。泪光点点，娇喘微微。娴静似娇花照水，行动如弱柳扶风。心较比干多一窍，病如西子胜三分。就好似天上掉下来一般。"而黛玉形态之美与众不同的是她由内透露出来的一股让人垂怜的病态美。

曹雪芹先生好似女娲造人一般，扬起那带有甘露的柳枝，造就了这样一个让人心醉神迷的女子。他将西施的清瘦之美赋予黛玉，使林黛玉具有绝世的姿容。将"捧心而蹙"、袅娜风流的外形之美赋予林黛玉，还借宝玉之口给她取字"颦颦"。

二、"写"得凄美

林黛玉之美，还表现在她才学横溢和浓郁的诗人气质。

曹雪芹先生笔下大观园中突出的女儿多是饱读诗书的，而黛玉更是有多方面的才能。她爱书，不但读"四书"，而且喜读脚本杂剧《西厢记》《牡丹亭》《桃花扇》等。在大观园里，她与薛宝钗可谓双峰对峙，二水分流，远远高出于众女儿，在博学多识方面，她可能略逊宝钗，但在诗思的敏捷，诗作的新颖别致、风流扬洒方面，林黛玉却是出类拔萃、让人叹为观止的。诗社每次赛诗，她的诗作往往为众人所推崇、激赏，因而不断夺魁。在众多博彩的诗中，我独爱黛玉的诗，"侬今葬花人笑痴，他年葬侬知是谁？试看春残花渐落，便是红颜老死时。一朝春尽红颜老，花落人亡两不知。"写尽无尽的凄美。落花洋洋洒洒，纷飞之时，总是最惹那葬花人伤愁。墙角坠满了让人数不尽的落花，一位啜泣的伊人，一把纤细的锄头，一地被泪水浸满的花絮……实是让人感到凄美心碎。"满纸自怜题素怨，片言谁解诉秋心？孤标傲世谐谁隐，一样花开为底迟？"更写出了这位多情少女的孤独与高洁。黛玉所写的《桃花女儿行》《秋窗风雨夕》《题帕诗》和《五美吟》等皆动人至极意味深长。

黛玉身上的诗魂无人能及，她的诗词总是飘着一阵阵白菊花的清香，所至之处，落尽满地芬芳。而我想，若是没有这般让众人不赞一词的诗魂，黛玉也就不是黛玉了。

三、爱得纯美

在全书中，最让万千读者悲叹的无疑是宝黛的爱情悲剧，而林黛玉的美也更集中更强烈地体现在她对贾宝玉至死不渝的爱情之中。

神话与生活中有着让人数不尽的爱情悲剧，而宝黛的爱情却让我觉得与之不同。它不似苏轼的"十年生死两茫茫"，亦不似《穆斯林的葬礼》中楚雁潮和新月那让人婉叹的爱情悲剧，宝黛之爱是种让我抓耳挠腮也无法形容的悲剧爱。林黛玉是个多情的人，这从她的形态外貌，诗词的风格皆可获知。黛玉本是绛珠仙子，因宝玉的甘露之惠，跟随宝玉下世为人，用一生的眼泪还他。她为爱情而生，又为爱情而死，爱情是她的生命所系。当他们的爱情遭毁灭之时，她便焚稿绝粒，以生命相殉。这不禁让我想起《诗经·唐风·葛生》中的"予美之此，谁与？独处？"伊人已消亡，一生以泪洗面的林黛玉，在魂魄消散之际仍喊出了"宝玉，宝玉，你好——"的未完的一句话留下了千载不消的遗恨！

黛玉对爱情至死不渝，让人无不暗暗掩袖啜泣，这种爱情是怎样的至诚至坚，至纯至圣，惊天地泣鬼神呐！

晓案窗前，一位婷婷女子拂袖掩面含笑而来，我看得痴迷，"是黛玉吗？"只听其轻声掩嘴而笑："姑娘，莫太痴迷罢，我只是天上掉下来的罢。"便转身而去，至美背影让我好生痴迷。

黛玉死去了，她闪耀着艺术魅力的优美形象，却将与日月争辉，与天地共存。这一形象所蕴含的哲理与诗意，将带给不同时代的读者以生活的启示和美感享受。

（作者：2017级学生　刘垲薇）

为何探春似玫瑰？

"才自清明志自高，生于末世运偏消。清明涕泣江边望，千里东风一梦遥！"这是《红楼梦》作者曹雪芹对贾探春的评价。探春乃是贾政与其妾赵姨娘所生，贾府的三小姐，她有着极其严森的封建等级观念。但她不像王熙凤那般心狠手辣，不像林黛玉那般纤弱多病，不像史湘云那般大大咧咧，反倒有着王熙凤的精明能干，有着林黛玉的聪明伶俐，有着薛宝钗的落落大方。人人都说她是一朵带刺玫瑰。玫瑰花味极香，素有国香之称，近代诗人秋瑾称其"占得春光第一香"，究竟为什么这么多人都把她比作玫瑰呢？我认为，是因为以下几点：

一、如玫瑰般国色天香

林黛玉初到贾府之际，也是探春第一次出场，书中描写她是生的"削肩细腰，长挑身材，鸭蛋脸面，俊眼修眉，顾盼神飞，文采精华，见之忘俗"，说明探春不仅容貌上倾国倾城，内在也是满腹经纶，才华横溢。世间让人见之忘俗的姑娘又能有几个呢？若不是如天仙一般美丽，又有何人能配得上"见之忘俗"这四个字呢？探春曾写过一副花笺送与宝玉，这副花笺让自认为品味与气质不俗的宝玉也惊呼"还是三妹妹最雅！"她的文采精华主要在于她的书法了得，刘姥姥进大观园时，曾到过探春的秋爽斋。"探春素喜阔朗，屋子并不曾隔断，书桌上垒着各种名人书法，数十方宝砚，各色笔筒，笔海内插的笔如树林一般。"仅仅这些，就足够体现出探春的容貌是何其的美与文学修养是何其的高，如此之人，用玫瑰来形容实在不为过。

二、如玫瑰般柔中带刚

玫瑰虽好看，但它有刺，探春也一样。她在仆人眼里，有着与迎春，惜春不同的威严。二姐迎春房里有几个刁奴目无法纪，探春将他们严行申饬。抄检大观园时，贾探春命众丫鬟秉烛开门，严阵以待，掌握主控权，连凤姐和周瑞家的都让她几分。邢夫人的陪房王善保家的却不知趣，作势招惹，贾探春大怒，"啪"一巴掌扇过去。迎春及惜春的仆人对主人根本没有主仆样，反倒还以下欺上，对主人的话完全不放在眼里，探春却不一样，探春的下人们个个懂规矩，守规矩，不敢逾矩半分。从这里可以看出探春在下人眼里是有威严的，不可小觑。这恰恰与玫瑰相似，玫瑰虽长得诱人，但若要采摘，必要小心翼翼，否则就会被它的刺伤了手。

三、如玫瑰般勇敢好强

玫瑰还象征着勇敢，这一点探春也有。大观园第一个诗舍——海棠诗舍便是探春做东成立的，她在此称自己为"蕉下客"，后还下帖邀请贾宝玉和众姐妹到秋爽斋一同作诗，并当场作《咏白海棠》诗。贾赦欲纳鸳鸯做妾时，贾母生气，在场薛姨妈、王夫人、凤姐、宝玉等人皆不敢辩，却是贾探春勇敢站出来，三两句话打破僵局。凤姐卧病在床时，王夫人曾命探春理家，贾探春便树立威信，镇压住婆子奴仆后，便推行改革，在大观园兴利除弊，得到了宝钗、凤姐、平儿的支持，大家都对她赞不绝口。探春还是一个好强的人，她曾说过："我但凡是个男人，可以出得去，我必早走了，立一番事业，那时自有我一番道理。偏我是女孩儿家，一句多话也没有我乱说的。太太满心里都知道。如今因看重我，才叫我照管家务。"由此可以看出探春的欲与男儿争雄的好强之心。

探春之所以被人们称为玫瑰花，在我看来就是因为以上三个原因，即探春美丽的外貌，温柔中带有一丝粗暴及争强好胜，不惧世俗的内心像极了玫瑰这让人又爱却又扎手的花朵。比起那万人迷的宝玉，心思细腻的黛玉，温柔敦厚的宝钗，我更爱这志存高远的探春。

（作者：2017级学生　张嘉玲）

是叛逆奸臣，还是乱世枭雄
——评《三国演义》的曹操形象

"张梁、张宝引败残军士，夺路而走。忽见一彪军马，尽打红旗，当头来到，截住去路。为首闪出一将，身长七尺，细眼长髯，官拜骑都尉，沛国谯郡人也，姓曹名操字孟德。"就这样伴着三国惯有的出场方式，这个千百年来饱受争议，时时处在舆论旋涡中心的大人物出现在了众人眼前。

曹操，一代奸雄，自历史出现以来，关于他的争论就从未停止过。曹操奸诈狡猾，下手也狠，即使是亲人也会算计。"操幼时，好游猎，喜歌舞，有权谋，多机变。"而他的叔叔看不惯他无所事事的模样去报告他父亲，曹操知晓后，心存怨恨，便设计陷害叔叔，挑拨他与父亲的关系。小小年纪便眦睚必报，这般做派实在想不到当初他是为什么被举孝廉的。若是说叔叔一事曹操这样做是因为幼时冲动，心性暴躁，那他成人后做出的这件事便显得他真真十恶不赦，罪恶滔天了！曹操刺杀董卓失败后与陈宫来到了父亲的结义兄弟，吕伯奢家，但他的疑心病使他不分青红皂白地杀了他一家，连全然不觉的吕伯奢本人也不放过，最后当陈宫质问曹操时，曹操说出了令他遗臭千年，让他一直处于舆论中心的话"宁教我负天下人，休教天下人负我"。这是何等的大逆不道，狂妄自私，他的"奸"表现得淋漓尽致、毫无保留，一个人要怎样才能做到这般地步？简直人神共愤，又谈何信任？陈宫失望至极，与曹操分道扬镳了。有一回曹操看上了张绣的婶婶，张济之妻邹氏，硬是不顾张绣，将那邹氏偷夺了去，跑到城郊，断了内外联系，每日取乐不想归期，毫无人伦道德，小人一个。

他打着汉天子的旗号四方征讨，自称忠臣，组建成青州军，却做出

"挟天子以令诸侯"这般身为汉臣所大逆不道之事，为卫道士们所弃。而他在行军征途中，肆意掠杀，其手法极其残忍，毫无人道伦理，百姓怨声连连，苦不堪言，曹操也为民所唾弃。众所周知曹操十分爱才，但到了非常时刻，他也会痛下杀手。一回军中粮食所剩无几，粮官便与曹操商量着偷换容器，事情败露后，曹操却为了平定军心将那粮官斩首示众。

但曹操也并不单是就奸诈小人、逆臣贼子之样，他能被人们所争论千百年之久也是有理由的。曹操幼时便展现了他的过人才智及谋略，随机应变能力强。他的文学造诣也十分高，创造了许多好的作品，文章诗词脍炙人口，为后世留下了许多宝贵财富。此外，他的政治交涉能力也十分强，这可以从他一生在官场上的作为看出，军事上的作为就不必说了。他有勇有谋，十分爱惜人才，在中原实行一系列政策恢复经济生产和社会秩序，从而使中原社会渐趋稳定、经济出现转机，社会风尚好转，统一了北方的大部分地区，为晋朝一统天下奠定了坚实的基础。而且，他虽说"挟天子以令诸侯"却从头至尾都没有篡位，死前也甘愿只做王不称帝，"魏帝"也只是他儿子篡位后给他的称号，而且平定中原的种种举措也是以汉的名义做的，说是贼臣，又不尽如此。

曹操早年为官时，被任命为洛阳北部尉，曹操上任之后，在官署门口放置了十多根五色棒，禁止夜行，违者无论权贵平民，一律按法处置。上任数月，宦官蹇硕的叔叔违禁夜行，被曹操依律棒杀。宦官为患，汉朝日渐衰落，曹操与其他明世之人多次上书无果，最终称病回乡。后来逆贼董卓想要拉拢曹操也被他拒绝，并起兵讨伐董卓。可见曹操对汉忠心一面。曹操发兵宛城时规定：大小将校，凡过麦田，但有践踏者，并皆斩首。于是士卒无论大小，皆下马扶麦而过，但有回曹操的马受了惊，践踏了麦田，于是他严肃地让执法官员给他定罪，执法官却认为《春秋》中的"法不加于尊"，曹操不以为然，坚持以身作则，认为若不付起这个责任，又如何取信于人，于是拿剑割发，传示三军"丞相踏麦，本当斩首号令，今割发以代"。要知道，在古代，头发是犹如生命好比人的尊严的象征啊。由此可看，曹操也算是一代英雄奇才，敢做敢当，严纪守法。

曹操，到底是好人还是坏人？是忠臣还是逆贼？是小人还是君子？是奸人还是枭雄？还真不敢定义，因为人都是有两面性的，只知他既有我们学习的地方，也有警示的地方。只是，对曹操，我更偏向他是乱世枭雄。

（作者：2017级学生　赵平）

本试题命题依据:《红楼梦》(曹雪芹)、《三国演义》(罗贯中)。

一、选择题

1. 下面这段肖像描写的是《红楼梦》中哪个人物(　　)

她姿容美丽,出场时总是满身锦绣,珠光宝气,"彩绣辉煌,恍若神妃仙子",一双丹凤三角眼,两弯柳叶吊梢眉,身量苗条,体格风骚,粉面含春威不露,丹唇未起笑先闻。

　　A. 林黛玉　　　　　　　B. 薛宝钗
　　C. 王熙凤　　　　　　　D. 秦可卿

2. 下列语句不出自《红楼梦》的是(　　)
　　A. 字字看来都是血,十年辛苦不寻常
　　B. 女儿是水做的骨肉,男子是泥做的骨肉。我见了女儿便清爽,见了男子便觉浊臭逼人
　　C. 话说天下大势,合久必分,分久必合
　　D. 世人都晓神仙好,惟有功名忘不了

3. 李守中为何要给女儿取名叫"李纨"(　　)
　　A. 该女自幼喜欢丝绢
　　B. 该女自幼喜欢纺绩女红
　　C. 希望此女日后大富大贵
　　D. 希望此女将来的心思多化在女红上

4. 下列说法中不正确的一项是(　　)
　　A. 在给秦可卿送丧途中,北静王看"宝玉"赞宝玉,赠以前日圣上亲赐念珠一串,后来宝玉把这串念珠送给了湘云
　　B. 秦可卿病死,贾珍恣意奢华,不仅东西都选上等,还花千两银子为儿子捐龙禁尉,以便丧礼风光
　　C. 在给秦可卿送丧途中,凤姐贪图三千两银子,拆散情人,使一对青年男女含恨而自杀
　　D. 元宵之夜,元春回娘家待了一会儿,要宝玉和众姐妹献诗。黛玉本想大展奇才,但受命只作一首,深感遗憾

5. 下列说法中不正确的一项是（　　）

　　A. 林如海死后，黛玉只得常住荣府。一种寄人篱下的凄凉感笼罩着她。她常暗暗流泪，身体也更加病弱

　　B. 宝玉、秦钟去凤姐处坐。随贾琏送黛玉的昭儿从苏州回来，言林如海九月初三日已殁，凤姐说"宝玉，你林妹妹可在咱们家住长了"

　　C. 李嬷嬷骂袭人"哄宝玉""妆狐媚""配小子"，袭人气哭。宝玉守袭人，劝袭人，给袭人喂药。待袭人睡后，宝玉给秋纹篦头，晴雯讽刺，宝玉说她"磨牙"

　　D. 贾元春才选凤藻宫，贾府大兴土木，修造园林。贾蔷要下姑苏聘请教习，采买女孩子，置办乐器行头，贾琏有犹豫之意，贾蓉示意凤姐为之说好话，贾琏方允

6. 下列说法中不正确的一项是（　　）

　　A. "史大妹妹"心直口快不拘小节，很有男儿气概。她心无城府，曾在大家对长得像林黛玉的戏子"笑而不言"时脱口而出"是像林姐姐的样儿"

　　B. 元妃送出灯谜让大家猜，宝钗一猜就着，却故作难猜之状。贾母见元春喜欢，也命人制作灯谜让大家猜，还请来了贾政，整个聚会的气氛融洽欢快

　　C. 元妃下谕叫宝玉等去园中住，贾政传来宝玉，当着王夫人的面，把往日嫌恶之心减了八九分，虽对其所起"袭人"名字不满，但又不让改

　　D. 贾芸从贾琏处打听得，凤姐把和尚的事给了贾芹，便向母舅卜世仁要冰片麝香，准备向凤姐行贿，但卜世仁拒绝了。最后，颇有义侠之气的醉金刚倪二，不要文约不要利钱，借十五两三钱多银子给贾芸，贾芸才购得冰片麝香

7. 下列说法中不正确的一项是（　　）

　　A. 马道婆暗里施法，宝玉、凤姐一齐发疯，糊涂发烧。贾赦为宝玉、凤姐寻僧觅道，贾政劝说："儿女之数，皆由天命，非人力可强者。他二人之病出于不意，百般医治不效，想天意该如此，也只好由他们去罢。"

　　B. 和尚道士持诵"宝玉"，宝玉病愈，黛玉念佛，宝钗说如来佛

管林姑娘姻缘，黛玉骂宝钗与王熙凤一样是贫嘴烂舌

C. 盛暑，宝玉和金钏儿戏笑，王夫人打了金钏儿一个嘴巴子。王夫人让金钏儿的母亲领之而去，后来，金钏儿撞墙自杀

D. 薛蟠以贾政名义骗宝玉出来吃他生日的藕、瓜、鲟鱼、熏暹猪。事后宝钗说宝玉吃了她家的新鲜东西了

8. 下列说法中不正确的一项是（　　）

A. 黛玉来看宝玉，晴雯不给开门，又看到宝钗从宝玉房中出来，心中不忿回家依栏闷坐，二更方睡

B. 一日午后，宝玉看到蔷薇架下芳官划蔷字，产生同情恻隐之心；片云致雨，自己已湿，尚思女孩。宝玉淋雨回家踢了袭人一脚，袭人晚上吐血

C. 探春托宝玉在外买一些新奇又不俗气的小玩意儿，她主动提出要给宝玉做鞋作为回报，但宝玉怕赵姨娘抱怨就拒绝了

D. 贾母率众人到清虚观打醮看戏，张道士趁机为宝玉做媒。第二天，宝、黛为这事闹别扭，宝玉砸玉，黛玉"剪穗"

9. 下列说法中不正确的一项是（　　）

A. 红楼梦中，以花喻人是常见的手法，如"三春去后诸芳尽"指众女儿风流云散的结局。"沁芳亭"暗示着"花落水流红"

B. 探春是曹雪芹所喜爱的人物之一，群芳谱中她拟为杏花，花名签子是"杏花——瑶池仙品"，诗曰"日边红杏倚云栽"，注中还有"必得贵婿"诸语

C. 《寿怡红群芳开夜宴》一回，用各种花卉暗示几个人的命运。行酒令时，宝钗抽到的花名签子是"牡丹——艳冠群芳"，背面题的是"任是无情也动人"。牡丹从来是与时好联系在一起的，亦称富贵花，与兰、荷、菊、梅相比，不免有俗艳之讥，不过这也符合宝钗皇商之女的身份

D. 袭人因宝玉出门，便出门来到凤姐处闲坐，发现凤姐平儿神色不同往常，一会儿便告辞回家。原来平儿听到小厮兴儿和旺儿说什么"新奶奶旧奶奶"，便告诉了凤姐。凤姐听后疑心大起，便叫来旺儿和兴儿审讯

10. 下列对《三国演义》说法不正确的一项是（　　）

A. 桃园结义不久，黄巾贼将程远志统兵五万来犯涿郡。刘关张

率兵五百前去破敌，最终力斩贼将，大胜而回

B. 督邮索贿不成，欲陷害刘备，张飞闻言，将其鞭打一番，关羽也劝刘备杀督邮，刘备却取印绶，挂于督邮之颈，弃官而去

C. 国舅何进欲诛杀十常侍，可惜优柔寡断，贻误时机，后袁绍进言说："可召四方英雄之士，勒兵来京。"陈琳认为"此计大妙"，遂天下大乱

D. "怒鞭督邮"分别表现张飞嫉恶如仇、勇猛粗暴和刘备忠厚善良、宽厚仁慈的性格特点。作者采用了衬托的手法，使两个人物互为映衬，形象丰满

11. 下列对《三国演义》说法不正确的一项是（　　）

A. 李儒劝董卓擢用名流，推荐邹靖。此人被迫应命而至，董卓一月三迁其官，拜为侍中

B. 董卓弄权，一日王允设宴，公卿皆至，念及社稷艰危，众官皆哭，唯有曹操抚掌大笑

C. 吕布归顺后，董卓更加飞扬跋扈，董卓废少帝，立九岁的陈留王为献帝，自任相国，专权朝野，少帝作怨诗，李儒奉卓命以鸩酒毒害之

D. 孟德欲行刺董卓，在危急关头能泰然自若，急中生智，化险为夷，"持刀"行刺，顺势转为"献刀"

12. 下列对《三国演义》说法不正确的一项是（　　）

A. 曹操以荀彧为吾之子房，是隐然以高祖自待。至此实可看出曹操的野心

B. 曹操派人往琅琊郡接父亲曹嵩到兖州，徐州太守陶谦欲结好曹操，于是设宴款待并派兵护送，不料被所派之人杀害

C. 曹操平定青州黄巾，朝廷封曹操为镇东将军，屯驻兖州，后又得到了荀攸、郭嘉、刘晔、应劭等谋士和于禁、典韦等猛将，自是曹操部下文有谋臣，武有猛将，威震山东

D. 曹操为父报仇，攻打徐州，所到之处，杀戮人民，印证了曹操"休教天下人负我"的思想

13. 下列对《三国演义》说法不正确的一项是（　　）

A. 曹操想通过许田打围来考察朝廷内外的反应。在打围过程中，汉献帝连射三箭不中，曹操讨天子宝雕弓、金鈚箭射之，正中鹿背。

群臣以为天子射中，涌向献帝高呼"万岁"，曹操纵马直出

B. 董卓死后，汉献帝回到洛阳，宣曹操入朝以辅王室。曹操兴师入朝，不听董昭的劝阻，要迁都许都。献帝不得不从，而群臣惧操不敢异议

C. 刘备起兵讨伐袁术，派张飞守徐州城，张飞不听刘备吩咐，醉酒并鞭打吕布之岳父曹豹，曹豹深恨张飞，连夜差人写信给吕布。吕布派兵与曹豹里应外合，攻入徐州

D. 周瑜与孙策同年。孙策以玉玺为质，向袁术借兵去夺江东，行至历阳时，路遇周瑜。两人第一次见面，就一见如故，诉以衷情。周瑜以兄事策，愿意为孙策施犬马之力

14. 下列对《三国演义》二十二回、二十三回说法不正确的一项是（　　）

A. 陈登求救，舍马腾而求救袁绍，其因在于马腾势小，袁绍势大，马腾远，袁绍近，舍其远小者，求大近者，此为英雄见识

B. 谋士田丰说："兵起连年，百姓疲敝，仓廪无积，不可复兴大军，宜心遣人献捷天子。"此处已有献公孙瓒之意

C. 曹操欲招降刘表，孔融推荐祢衡，但祢衡在宴会上辱骂曹操污浊，曹操怀恨在心，但命其去劝刘表归降，实爱惜祢衡才能，给其将功赎罪的机会

D. 祢衡来劝降，刘表看破曹操的心思，故意不杀，而让他去见黄祖

15. 下列对《三国演义》说法不正确的一项是（　　）

A. 官渡之战时，袁绍手下谋臣丰田反对出兵，袁绍不听建议，将丰田关进监狱，兵败后，袁绍杀了丰田

B. 曹操回军攻打冀州袁尚时，程昱为他献上水淹之计，曹操用其计，打破冀州

C. 诸葛亮认为曹操已拥有百万之众，挟天子以令诸侯，不可与之争锋。孙权居有江东，已历经三世，国富民强，此可为援而不可图

D. 蔡夫人与蔡瑁立刘琮为主，恐刘琦来攻，并不发丧给刘琦、刘备，待曹兵南下，方议降曹操

16. 下列对《三国演义》说法不正确的一项是（　　）

A. 曹操派兵抄杀曹兵的杨昂、杨任之后，胜得阳平关，又得南

郑。曹操使计贿赂张鲁手下的第一谋士杨松，收庞统又得东川

  B. 第六十七回中，庞德引兵冲出，曹操令许褚交战。从文中"叱退军士，亲释其缚"，"亲扶上马，共回大寨，故意教城上望见"，看出曹操重视人才，能礼贤下士，同时又颇有心计

  C. 曹操取得东川，料定必来取西川，刘备孔明商议，派伊籍前往东吴游说，令吴奇兵袭合淝，牵动其势

  D. 曹操在合淝与孙权对峙多日后，各自罢兵，回许昌后，晋升为魏王，曹操听从司马懿的建议，立曹丕为王世子

17. 下列对《三国演义》说法不正确的一项是（　　）

  A. 马谡有"三笑"表现了马谡狂妄自大、麻痹轻敌的性格

  B. "挥泪斩马谡"这一情节中诸葛亮"挥泪"的原因是后悔自己没听从关羽的话，让他守街亭，结果街亭失守，关羽以前和他说过马谡只知道纸上谈兵，不能委以重任

  C. "挥泪斩马谡"这一情节中诸葛亮"挥泪"的原因是痛惜街亭失守使他的北伐计划失败

  D. "挥泪斩马谡"这一情节中诸葛亮"挥泪"的原因是惋惜马谡是个人才，他和马谡也是亦师亦友的关系

18. 下列对《三国演义》说法不正确的一项是（　　）

  A. 魏主曹睿临终托孤，司马懿、曹爽共扶年仅八岁的曹芳登位。曹爽听信手下及门客，排挤司马懿，独揽大权

  B. 曹爽骄奢淫逸，目中无人，纵情声色。司马懿父子隐退居家，等待时机。在曹爽戒心松懈之时起用旧人，掌握军政大权，铲除曹爽全家及亲信，全面把持了魏国的政权

  C. 刘禅投降后，司马昭请他喝酒，故意让蜀地乐人跳蜀国舞，唱蜀国曲，同行的蜀国旧臣都痛哭落泪，只有刘禅嬉笑自若，认为"此间乐，不思蜀"

  D. 魏兵兵临蜀国城下，刘禅向邓艾开门归降，蜀灭。司马懿中风死后，儿子司马昭逼迫曹奂禅位，当了皇帝，国号为晋，魏灭

二、问答题

19. 《红楼梦》中有些人物形象的姓名借助谐音特点表示了作者的某些暗示，试举例两例说明。

20.《红楼梦》"宝玉挨打"的情节历来为读者所津津乐道,试分析宝玉挨打的主要原因。

三、参考答案

1. C 2. C 3. D 4. A（本来要送给黛玉,但黛玉说是臭男人的东西,不要）

5. C（应为:宝玉给麝月篦头）

6. B（应为:聚会的气氛很沉闷）

7. C（金钏儿跳井自杀）

8. B（龄官划蔷）

9. D（不是兴儿和旺儿谈论"新奶奶旧奶奶"）

10. C（何进认为"此计大妙"。陈琳认为"不可"）

11. A（李儒劝董卓擢用名流,推荐蔡邕）

12. C（得到了荀攸、郭嘉、刘晔等谋士,没有应劭）

13. B（迁都许都是董昭的建议）

14. C（曹操怀恨在心,命其去劝刘表归降,实欲借刘表之手杀之）

15. B（许攸献计）

16. D（曹操听从贾诩的建议,立曹丕为王世子）

17. B（后悔自己没听从刘备的话）

18. D（司马昭中风死后,儿子司马炎逼迫曹奂禅位,当了皇帝,国号为晋,魏灭）

19. 示例:例如小说一开始就出现的"甄士隐""贾雨村"两个人,含有"将真事隐去""用假语村言"的意思;宁荣二府四位小姐分别名为"元春""迎春""探春""惜春",表示贾府四春"原应叹息"。

20. 示例:宝玉与金钏儿说悄悄话被王夫人听见,金钏儿被王夫人打后羞愤跳井自杀,贾环向贾政诬告此系宝玉逼奸不遂引起。同时,宝玉又因留恋戏子蒋玉菡被告了状,二罪并罚,宝玉因此挨打。这还是表层原因,更深层的原因是父子间价值观念的差异造成了严重的冲突（意思对即可）。

第三节 传记：一蓑烟雨任平生
——《苏东坡传》

一、活动设想

本专题为名人传记阅读活动。高中学生必须养成阅读名人传记的习惯，这也是《课程标准》的要求。因此，养成阅读名人传记的习惯是高中学生的人生必修课。流程设想如下：

由教师指定精读书目——林语堂的《苏东坡传》，同时，提供若干选读书目供学生扩展阅读。教师简略介绍苏东坡的成就或其他相关内容，以吸引学生的阅读兴趣，同时引导学生明确阅读传记的基本方法和要求；学生根据自己的爱好和兴趣取向组成学习探究小组；教师提出阅读任务、规定时间和学习方式等；学生阅读并探究各自提出的书中的问题，做好记录；展示分享各自的阅读体会；展示读书笔记、赏析性作品、人物传记；活动总结表彰。

本案例课型为：课内与课外结合，以课外为主，以独立阅读与分享交流为主要表现形态，时间主要安排在寒假期间（3周时间）。

二、活动目标

（1）明确传记阅读的基本方法和要求。
（2）了解传主的思想和人生经历，并从中获得有益于自己生活、学习、工作的启示。
（3）完成相关读写任务，继续进行五种习惯的培养。

三、活动设计（见图4-3）

活动设计如图4-3所示。

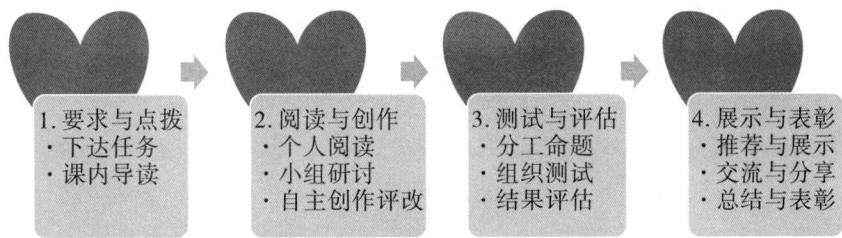

图4-3　《苏东坡传》教学活动流程

四、活动实施

（一）下达任务，组建微信（或QQ）读书群（课内，0.5课时）

1. 下达读写任务

（1）阅读任务。

精读：《苏东坡传》（林语堂）。

选读：《放逐与回归——苏东坡及同时代的人》（洪亮）、《名人传》（罗曼·罗兰）、《从文自传》（沈从文）、《我的父亲邓小平》（邓楠）、《了不起的盖茨比》［（美）菲茨杰拉德］、《我生活的故事》（海伦·凯勒）、《居里夫人传》（艾芙·居里）、《无尽的探索》（卡尔·波普尔）、《毛泽东传》（中共中央文献研究室编）、《华盛顿全传》（华盛顿·欧文）、《激情岁月：郎平自传》（郎平、陆星儿）。任选1~2部作品。

读书笔记：详细任务见本章第一节"阅读任务"。

（2）创作任务。

①鉴赏评价。写一篇论文或读后感（要求选取某一个点展开论述），不少于1 000字。

②应用。仿写（尝试给某位亲人或自己立传），字数不限。

③整理一份读书小组的讨论稿。

论文要求遵守原创承诺，不得抄袭，引用必须规范注明出处。尽量使用电子稿（书写不过关的同学最好还是提交纸质稿），寒假期间可以随时提交（发送到老师邮箱）。

2. 组建读书小组微信群

组建读书小组微信群或 QQ 群（群主一般由各读书小组的组长担任），小组至少组织一次小组网上讨论（建议阅读两遍之后进行），讨论话题由各读书小组自定。

负责记录的同学要及时整理出讨论稿，讨论稿要及时将电子文档发送到老师邮箱（必须附上讨论的截图，目的是预防作假）。

（二）课内导读（课内，1.5 课时）

1. 关于传主的介绍

教师简略介绍相关名人成就，尤其是学生阅读过的苏轼的诗词，从这一点入手，可以引起学生的阅读兴趣。

建议从以下诗文切入：《江城子·乙卯正月二十日夜记梦（十年生死两茫茫）》《水调歌头·明月几时有》《江城子·密州出猎》《记承天寺夜游》。

这些诗文分别从夫妻情、兄弟情、出仕入仕（宦海浮沉）以及人生态度四个方面展现了苏轼多样多彩的人生，那么，这样的人生是如何形成的呢？为什么他可以如此淡定、豁达？从这些切入点进行较为详尽的分析和解读，以引发学生阅读的兴趣（可以使用 PPT 展示）。

2. 关于传记的阅读

重点探讨如何梳理、把握传主的人生经历，理解传主的思想及其演变，今人应该从传主的人生中汲取的经验和启示，等等。

（三）阅读与写作（寒假期间）

1. 时间：二十天（寒假）
2. 读写过程与具体操作

（1）阅读活动。

①个人阅读。要求独立完成规定的阅读任务（明确规定小组成员每周的阅读量）并按三大类分别做好阅读笔记。

②小组阅读探讨。要求组长约定某一个时间组织小组成员一起阅读并展开讨论，让大家分享每个人的智慧和思想。

③在个人或小组阅读活动中，教师要注意提醒学生按照规范做好读书笔记（每周一次）。具体做法：教师利用微信朋友群重点展示介绍一位学生的读书笔记，使学生的读写笔记规范化，并达到提高阅读鉴赏能力的目标。

（2）写作与点评活动。

①写作：阅读结束后，要求每人完成并提交两篇作文：赏析性作文（论文或读后感）和人物传记。做好读书笔记，具体要求见"活动目标"。

②点评：每篇作文组内同学必须互评，必须有自我反思。每一读书小组最少要推荐一篇文章作为本组的优秀作文，并且写好点评或推荐词。

本步骤要求寒假结束后两天内完成（特殊情况需注明）。

（四）知能测试

1. 命制题目

由课题组教师原创命制，每人负责六章，拟写"项目设计"的教师另外负责主观题的命制。

2. 组织测试

（1）考查形式：闭卷，笔试，40分钟，拟利用名著阅读活动时间进行测试。

（2）采用集体统一评改制度。

3. 评估阅读质量

要求写出各班级的测试评估报告，分析成绩和不足，评估学生的古典诗歌阅读鉴赏能力，明确下一阶段教学对策。

（五）展示与表彰（课内外结合）

1. 推荐与展示

（1）推荐：由读书小组根据评价标准分类推荐优秀作品，如读书笔记、赏析性作品、人物传记等，原则上每个小组每一类推荐一个。

（2）展示与评价：将小组推荐作品编号展示在教室后面，同时要求每个读书小组根据责任心、公平心原则推选一名同学作为评委（轮流制），负责对各读书小组推荐的三类优秀作品分别评价与推荐。

评委按不超过50%的比例各推荐出自己心目中的优秀作品。科代表负责汇总评委的评价数据，三类作品各选取50%的学生作品作为本班的"优秀作品"。

2. 交流与分享（1课时）

公布优秀作品名单，请作品被评为"优秀"的若干学生即兴发言，谈谈自己的创作或做法、心得体会等，和大家分享自己的读写体会。

3. 总结与表彰

给三类"优秀作品"获奖者颁发小小奖品，由教师点评作品的亮点，提醒写作中需注意避免的问题。优秀作品将发布在网站和同名微信公众号上，特别优秀的作品将推荐发表。

五、师生优秀作品选

后盾坚强
——读《苏东坡传》有感

在林语堂看来，苏东坡是一个多才多艺的天才，有高度的智力，有天真烂漫的赤子之心……其实不管苏轼是伟大还是平凡，他身后都有坚强的后盾在一直支持着他，这个后盾就是他的家人们。

苏洵是苏东坡的父亲，他是北宋的散文家，"唐宋八大家"之一。苏洵的散文论点鲜明，论据有力，语言锋利，纵横恣肆，具有雄辩的说服力。苏洵的天赋极高，二十七岁发奋读书最后取得成就，他在写作上一向坚持文章的淳朴风格，力戒北宋当时流行的华美糜丽的习气。苏洵在政治上的抱负并没有实现，但把两个儿子苏轼、苏辙培养成了著名的诗人。苏洵信仰道教，苏轼在《子由生日，以檀香观音像及新合印香银篆盘为寿》一诗中写道："君少与我师皇坟，旁资老聃释迦文。"说的是苏轼苏辙兄弟庆历年间在家以父为师时的事情，可见苏洵对道释经籍是有所研读的，不仅如此，还让儿子也一起读。也是在苏洵的熏陶下，苏轼的某些文学作品是与道教联系在一起的。

苏轼的母亲程氏出身于名门贵族，如果说苏洵培养的是文学才智，那么程氏则是培养了苏轼的性格与人品。在林语堂笔下曾写到这么一个故事：在苏轼童年时，有天程氏正在教儿子读《范滂传》，苏轼便问："母亲，我长大之后若做范滂这样的人，你愿意吗？"程氏说就是想让他成为这样的人，才教他的。在苏轼兄弟二人进京赶考时程氏准备一撮白盐，一碟白萝卜和一碗白米饭为他们践行，既"三白教育"又称"劣性教育"，这顿饭让他们明白了生活总是充满了挫折，生活需要砥砺、磨炼和锻造，为他们日后的成功埋下伏笔。

都说成功的男人背后都有一个伟大的女人，而对于苏轼来说伟大的女人有三个。苏轼的发妻是王弗，嫁给苏轼时才十五岁，正是花样年华。在苏轼充任判官却不够成熟老练之时王弗每每会提供忠言、箴言，当苏轼与来访的客人谈话时，她会躲在屏风后屏息静听，劝告丈夫要提防那些过于坦白直率的泛泛之交，要提防他认为"天下无坏人"的大前提下所照顾的那些朋友。王弗让苏轼懂得了什么叫真正的友谊，她把大好的时光献给了苏轼，苏轼在她死后十年写下了流传千古的《江城子》："十年生死两茫茫，不思量，自难忘"。或许王弗早已意料到自己不能陪伴苏轼太久，便早早叮嘱苏轼娶她的堂妹王闰之。王闰之对苏轼爱慕已久，虽然不如王弗那么能干，但她陪苏轼度过了他人生中最重要的25年，历经乌台诗案，黄州贬谪，在他宦海浮沉时与他同甘共苦，她死后，苏轼发出"唯有同穴"的愿望。苏轼的侍妾是王朝云，在黄州贬谪后陪着苏轼的便是她，关于王朝云有一个典型的故事：一天，一顿丰盛的晚宴之后，苏轼在屋里欣然扪腹而行，他问家中女人他那便便大腹之中何所有，一个女人说是一肚子墨水，一个女人说是一肚子漂亮诗文，苏轼都摇摇头说不是，最后聪明的侍妾朝云说是一肚子的不合时宜，苏轼大呼说对，然后大笑。从这便可以看出在苏轼的妻妾中王朝云才是他真正的红颜知己，能从内心深处懂得他。在王朝云死后苏轼就再没有纳过妾，可见他的用情至深。

苏轼的弟弟苏辙，他们二人的个性迥然不同，子由沉稳、实际、寡言，而东坡则轻快、开阔、不计后果。兄弟二人总是忧伤时相慰藉，患难时相扶助，彼此相会于梦寐之间，写诗相互寄赠以通音信。他们兄弟之间的友爱与以后顺逆荣枯过程中深厚的手足之情，是苏东坡这个诗人毕生歌咏的题材。对于子由来说，苏东坡不仅是兄长，还是良师；而对于东坡来说子由不仅是弟弟，更是良友。苏轼的千古绝唱"但愿人长久，千里共婵娟"中足见兄弟情深。

不得不说苏轼生活在这样的环境中是幸福的，因为不管在官场上如何的钩心斗角、尔虞我诈，他身后始终有一直支持他的家人们做他坚强的后盾。

（作者：2017级学生　张玉意）

苏情苏性

他——苏轼，钱锺书夸赞他的诗说："李白以后，古代大约没有人赶得上苏轼这种豪放。"林语堂则评价他："他那心灵的喜悦，是他那思想的快乐，这才是万古不朽的。"无论是谁对他的夸赞，只能是有过之而无不及，而他自己对这些名誉，像是身外之物，仿佛远不及山间之景色秀美，远不及杯中之美酒，远不及与民畅谈之欢愉。因为他有一身的浩然正气，有一骨子的嫉恶如仇，一肚子的恬淡静雅，如夜空中的一轮皎月，风度翩翩，潇潇洒洒，却又平易近人，这就是《苏东坡传》中的苏情苏性。

一、肩负一身责任

苏轼在杭州时任太守时,曾慷慨解囊为百姓建立中国最早的公立医院,又主动承包了年久失修的水管工程。人们有了较好的医疗条件,有了甘甜的淡水,杭州人民对苏东坡是敬爱有加,苏轼更是把杭州当作自己的第二故乡。但他为杭州做的远不止这些,在那"水光潋滟晴方好,山色空蒙雨亦奇"的西湖上苏轼留下了美誉千里的苏堤,又重修了西湖,做了一回除草匠。

在洪水泛滥的徐州,也留下了苏轼的身影,他曾指挥全体将士抗洪救灾,堵住了凶猛洪水,救下了全城的百姓,事后他更是亲力亲为加固了堤防,建造了黄楼,他的以身作则更是深得民心,苏轼更做了那些前人从未做过的事,对那些犯人也是一视同仁,给了前人从未给过的关心,亲视监狱,指定医生为囚犯看病,感动了很多犯人的家属。苏轼一生为官走遍了半个中国,他的善迹也随他遍布了半个中国,直到现在我们依旧记得他的"先天下之忧而忧,后天下之乐而乐"一心为民在所不辞的责任担当。

二、满含仁爱情怀

在神宗年间,朝廷的重权握在王安石手中,王安石实施了"青苗法",虽然他的本意是好的,可是后来竟演变为对百姓的强行贷款,每家都得借款,借款还不上便是牢狱之灾,闹得是民不聊生,怨声载道。这时,苏轼挺身而出,欲救百姓于水深火热之中,便力陈变法的危害,多次上书于神宗,可惜年轻的皇帝并没有采取他的上书,他反而遭到罢黜。但苏轼始终未停止与"青苗法"的斗争,正是苏东坡的仁爱之心让他不畏强暴,满含仁爱始终为百姓着想,使他成为百姓之友。

他的仁爱即使在他落魄之时,仍是半分未减。在惠州之时,有"一堆无主野魂的骸骨"没有归处,苏轼不但建造了大冢安葬,而且写了一篇祭文,安慰无名死者,"他还颇以那些骸骨有些残缺不完,必须合葬为歉"足以看出他善良的品质,在城西修造的放生池更是仁爱,在面对杀婴这种陋习时,苏轼坚决杜绝,更是身体力行为拯救婴儿努力筹善款成立救儿会,为婴儿的生存提供保障。他的仁爱为普通百姓,为囚犯,为死去的魂灵,为婴儿,为他所到之处每一个需要帮助的人。

三、胸怀浩然正气

细心看了《苏东坡传》的人不难发现,苏子由的儿女包括孙女的婚配都是由苏东坡促成的，能做到两代人的媒婆，定是人缘很好。而在随着他宦海生涯的浮沉，他自己更是说："吾上可陪玉皇大帝，下可陪卑田院乞儿。"真正是四海之内皆朋友，难道这不正是他的浩然正气的外显吗？

而书中林语堂更是说："政治上的钩心斗角与厉害谋算，与他的人格是格格不入的。"所以在任翰林学士时，政客们的嫉妒才会使他十分厌恶，他多次想辞职，是因为他不屑于和他人斗，更不会恨别人。在遇到他不认同的事时，他一定是"如蝇在食，吐之方快"。在乌台诗案过后，他更是笑道："我真是不可救药！"

"苏东坡"这三个字犹如日月星辰，被照耀过的地方，都是明亮洁净，直到今天仍有千千万万的人喜欢他，他的正义凛然刻在岁月的石碑上，带给我们的是无法磨灭的印记——他的醉心于山水、他的热切的责任感、他的仁爱之心、他的浩然正气，所有的一切汇聚成后人对他的仰望，苏情苏性将长驻人们的心间。

（作者：2017 级学生　吴荣荣）

放逐与回归
——读《苏东坡传》有感

林语堂先生所写的《苏东坡传》比较系统详细地讲述了苏轼的生活经历、政治经历、个人思想、文学成就等多个方面的内容，向我们展示了一个丰富、变化的苏轼。苏轼一直处于政治旋涡中，但他却风光霁月、从容应对，依然保留自己纯洁的心灵。这样的天之骄子，虽没有被那个时代捧在手心里，但如今，却被万人敬仰。说起"苏轼"，他不仅是一个宋朝人的名字，更是我们中华民族的骄傲。

林语堂先生在《苏东坡传》中写道："一提到苏东坡，中国人总是亲切而温暖的会心一笑。"为什么会这样？因为他是弹着铁板铜琶高唱"大江东去浪淘尽"的民谣歌手；是做梦都一心挂念妻子，"十年生死两茫茫"的痴情人；是写下"春宵一刻值千金，花有清香月有阴"的风流诗人。

林语堂说："由于苏东坡本人心智才华上的卓越深深印在他写的每一行诗上，正如我所看见的他那两幅墨竹上那乌黑的宝墨之光，时至今日，依然光彩照人，就犹如他蘸笔挥毫是在顷刻之前一样。"二十一岁时，苏轼与弟弟随父亲一起进京赶考，获得第二名。当时颇富才情的他一举成名，然而有文采并没有使他的仕途有多顺利，反而是"一贬再贬，越贬越远"。在新旧党之争中因为支持旧党而遭排挤，从《苏东坡传》可以看出，苏轼并非否定改革，而是提倡温和的改革，这并不为当时激进的改革派所容。在他四十三岁这一年，苏轼经历了人生中最大的磨难——乌台诗案。出狱之后，苏轼被贬黄州。元丰八年，宋神宗驾崩，高太后临朝听政，重启司马光为相，因苏轼良好的"太后缘"而得到太后赏识，东山再起。晚年又因新党执政被贬惠州、儋州。宋徽宗时获大赦北还，途中病逝于常州。苏轼的一生就是在不断来来回回的过程中，我将概括为放逐与回归。

对于苏轼来说，一生不是被放逐，就是在被放逐的路上。他的一生中最大的放逐莫过于"乌台诗案"了。"乌台诗案"究竟是什么？余秋雨先生是这样说的："就是'一群文化群体'的典型以文字陷害苏轼的案件。"即使当时皇帝和太后并没有要迫害他的想法，但他终究还是进了牢房。但放逐是外在的，回归的却是内心，被放逐的是他的躯体，不可禁锢的是他自由潇洒的心。

林语堂先生在书中表示："我认为我完全知道苏东坡，因为我了解他，我了解他，是因为我喜欢他。"不可否认，林语堂在书中对苏轼的描写中带有浓浓的个人感情，所以书中对苏轼的正面评价也是与其他作品有所不同的。书中写道：苏东坡是一个无可救药的乐天派、一个伟大的人道主义者、一个百姓的朋友、一个大文豪、大书法家、创新的画家、造酒试验家、一个工程师、一个憎恨清教徒主义的人、一位瑜伽修行者佛教徒、巨儒政治家、一个皇帝的秘书、酒仙、厚道的法官、一位在政治上专唱反调的人。一个月夜徘徊者、一个诗人、一个小丑。但是这还不足以道出苏东坡的全部……但由于作者的个人偏爱，书中也过分否定他人，如王安石，描写他是个怪人，"衣裳肮脏，须发纷乱，仪表邋遢"，就与苏东坡的极尽褒奖形成鲜明的对比，同时也批判了王安石变法的固执与盲目，由此可见林语堂先生的顽固而可爱。

有人说：《苏东坡传》好像一个真挚有趣的人在写另一个真挚有趣的人。他有生生世世为兄弟的苏辙，也有虽不完整，但却被后世传为佳话的爱情。《苏东坡传》告诉我们，眼前的苟且，也可以活成诗和远方。

（作者：2017级学生 郑文嘉）

一蓑烟雨任平生
——读林语堂《苏东坡传》

曾经非常喜欢——当然至今仍然非常喜欢苏东坡的《念奴娇·赤壁怀古》，那种波澜磅礴的气势、那种充满激情的心怀、那种渴望建功立业的情怀，一直激励着我往前走。

读完林语堂的《苏东坡传》，我当即写了如下文字：苏东坡是全才，不仅是因为其才高八斗，更在于其爱憎分明、不肯低头，在于其审时度势，主动退避，在于其爱民如子、古道热肠，在于其不计前嫌，宽以待人，在于其顺应百变之天命、道自然之法！

再读这部作品后，让我想起最可以概括苏东坡一生的《定风波》中的两句词："一蓑烟雨任平生""也无风雨也无晴"。有人说，这表达了苏轼的旷达自信，我认为这个结论还不是很准确的。"旷达"自不必说，因为乌台诗案，政敌们本欲置之死地。苏轼经历了丧母、丧父、丧妻和如今的乌台诗案，被贬到了黄州，做了一个没有实权、必须自食其力、不准离开县境的团练副使。时年，苏轼已经四十五岁，但他坦然面对这些苦难，表现出大家的"旷达"风范。于他而言，此后发生的政治迫害又算得了什么呢？果不其然，四年后，虽然被太后重用，但他还是选择了主动退避，大丈夫既拿得起，也放得下，如此大气之胸怀，我想世上又有几人呢。

林语堂曾在他的《论趣》中说，人生在世，很多人无非追求四样东西——名、利、色、权。对于苏轼而言，年少轻狂时期对名利的确有追求，否则，他也就不会去参加科举考试了。到了乌台诗案以后，名、利、权于他而言，是"小儿迁延避学"（"色"则从不属他）。更可能的是，他想为国家做点事情，但是，能不能做、能做多少却从来就不是他说了算，于是，他只能静静地等待，这也是唯一的办法。静静等待也不能等死啊，更不能尸位素餐啊，他当然得另找出路了，于是伟大的苏轼，做他能做的事情去了。他一边种菜，烹饪，酿酒，喝酒，一边创作了众多流传至今的不朽作品，比如《赤壁赋》，比如《记承天寺夜游》，比如《念奴娇·赤壁怀古》……因此，我更愿意认为苏轼的这两句词表达的是他坦然、淡然的心态。

说他坦然，是因为他一直就是个心胸坦荡之人，苏轼说自己"吾上可陪玉皇大帝，下可陪卑田院乞儿，眼前见天下无一个不好人"，一个如此心里不设防的坦荡之人，世上还有什么困难、打击、不幸、挫折能够击倒他？所以，当同仁、朋友、家人、下人得知他被逮捕可能处死时都表现出惊慌失措，他却能平静地交代各项事务！当下的人们，一般人不必说，即使是"大家"，又有几个能不设防？"害人之心不可有，防人之心不可无"，已然是整个社会的行事准则。当然，正因为如此不设防，使得他人生充满了曲折，甚至达到了让政敌轻易的就置之死地而后快的地步，这一悲剧，也许只能算是苏轼人生的一个插曲吧，我常常想，人生来就是受苦受难的，否则人一出生就不会是啼哭而是微笑甚至大笑了，而这些苦难却是成就一个伟人必须的经历——即没有苦难，就不会有伟人出现，自古以来都是如此。

　　说他淡然，前面我说过，名、利、权、色于他已经不算什么了，这时他生活的重心应该是修身养性而不是治国平天下，这是他能做、也可以做的事情。具体而言，他希望的是一家人能够在一起平平安安、健健康康地和睦相处，他希望自己能够毫无束缚地自由地释放自己（当然，苏轼就是因为太喜欢毫无遮拦地吟诗作赋，绘画题跋，这种不可救药的个性带给他的是如此多的磨难），他希望还能继续为天下百姓服务，他很好地践行着"穷则独善其身，达则兼济天下"的理想，一个人真的能做到这一点，就已经是个值得敬佩的人了。事实上，苏轼就是如他自己希望的那样做了，而这一点，就是我特别推崇也是特别喜欢苏轼的真正原因。

　　这种坦然、淡然的心态使得他在五十岁后能够平静地对待自己的升迁和流放，真正做到"不以物喜，不以己悲"。说实话，看完第二、三遍时，是我最感慨万千的时候，面对太后的重用，他鞠躬尽瘁，尽职尽责地做好自己的本职工作。面对政敌把自己往死里整的态势，哪怕已经五十七岁了还被流放到天涯海角，他也处变不惊，平静接受。这是多少人无法面对的，包括苏轼的众多"元祐"同党，面对被降、被贬、被流放的境况，终于扛不住而纷纷死去。试想，一个如此年老之人，被流放到当时还是"域外"的海南，路过广州和弟弟子由会面，他明明知道这一别离，其实就是死别，你想，那会是怎样的苦痛！但他还是平静地接受了这一次告别——从此兄弟俩到死都没有再见面。每每读到此，都令我潸然泪下，更令我佩服苏轼兄弟之间的情深义重！

　　林语堂评价苏轼是儒、道、释集于一身，正因为如此，才成就了一个这样的苏轼："秉性难改的乐天派""悲天悯人的道德家""黎民百姓的好朋友"。正因为有这样的特性，苏轼才能够坦然、淡然面对荣辱、得失、成败、悲欢、离合。人的一生，注定不会是一帆风顺，在我们的生活中，注定会有太多相克相生的事和物出现，想让自己的人生过得平和而有意义，关键是你是否能够接纳几乎相克、相斥的它们，又如何使相克、相斥的它们能够变为相生相成，做到既能积极进取，又耐得住寂寞失落。而苏轼的人生历程告诉我们，他做到了。从他的人生历程中我们是可以借鉴一二的，比如，前述的淡然面对名、利、权、色这些身外东西；再比如，主动去尝试经历某些事，苏轼既和道士练过丹，也和许多富有智慧的和尚交上朋友，自己是崇尚科举出人才的，但也愿意和农人学习酿酒、种菜、烹饪。这些个事情和经历，丰富了苏轼的人生，也使得苏轼的朋友遍及天下，到哪里去都会有人照应自己，这种经历更使苏轼能够经常拿别人观照自我，反省自我，并不断地修正自己的人生走向。从苏轼的这些经历中，我深深明白。人生中的智慧和经验，是要你用心去践行并加以总结提炼的，只要你这样做了，就一定会在你心里留下不可磨灭的印记，慢慢地就会转化成属于你的人生指南和经验——没有任何一个人可以取代你，这一点任何人都不例外！

再读《苏东坡传》，让我更深地感受到，在这个纷纷攘攘、短而又短的人生路上，名利色权，均为可有可无的东西，一个人能动——动脚、动手、动口、动脑、动眼、动耳、动心，已经是一件幸福的事了；如果同时能够怀揣一颗自由的心，做该做的事、做能做的事，岂不是美事一桩！"一蓑烟雨任平生"，再无风雨再无晴！人生能达到如此之境界，还有其他什么可求了呢？

本试题命题依据：《苏东坡传》（林语堂）。

一、选择题

1. 下列对第一章《文忠公》相关内容的理解，不正确的一项是（　　）

A. 宋儒都长于写日记，苏东坡的日记将因王安石变法引起的纠纷，和自己延绵一生的政坛风波保存了下来，其中包括对话录，数量甚大

B. 苏东坡在中国历史上的特殊地位，一则是由于他对自己的主张原则，始终坚定而不移，二则是由于他诗文书画艺术上的卓绝之美

C. 苏东坡作品的一个特点是能使读者快乐，作者自由创作时，能自得其乐，读者阅读时，也觉得愉悦欢喜

D. 苏东坡是一个极讲民主精神的人，因为他与各行各业都有来往，帝王、诗人、公卿、隐士、药师、酒馆主人、不识字的农妇

2. 下列对第三章《童年与青年》相关内容的理解，不正确的一项是（　　）

A. 苏东坡六岁入学，从小就显露了他的聪明，在众多的学童之中，苏东坡和另外一个学生陈太初是最受老师夸奖的

B. 苏东坡十一岁时，进入中等学校，认真准备科举考试。苏东坡读书时会将经书和正史抄写一遍，既可以练习书法，又加深对书本的理解

C. 在苏家，和苏东坡一起长大一起读书，后来也与他关系最密切的，就是他弟弟苏辙。苏辙生来气质恬静冷淡，稳健而实际，在官场上竟比兄长得意，官位更高

D. 苏东坡有一个虽不甚美但颇有才华的妹妹。她颇有诗才，嫁了一位词家，也是苏东坡的门下学士——秦观

3. 下列对第四章《应试》相关内容的理解，不正确的一项是（　　）

A. 苏东坡年十八岁时，由父母妥为安排，娶了本地姑娘王弗。王弗那时十五岁，家住在青神，在眉山镇南约十五里，靠近河边

B. 仁宗嘉祐元年，三苏到了汴梁城，等待秋试。期间经介绍认识了一些高官显宦，不过苏洵冷淡自负的态度，在朝廷的领袖人物心

目之中，并未留下什么好印象

C. 苏东坡的殿试文章论的是为政的宽与简，这正是苏东坡基本的政治哲学，主试官欧阳修对此文章的内容与风格之美十分激赏，列为首卷，后来还传给同辈观看，激赏数日

D. 苏东坡的宦途正要开始，母亲病故。根据儒家之礼，苏东坡急忙返家，居丧守礼了一年又三个月

4. 下列对第五章《父与子》相关内容的理解，不正确的一项是（　　）

A. 苏家举家东迁，是走水路出三峡，水路惊险，在路过"新滩"时，因为风雪甚大，苏家在此停留了三天，苏东坡曾有诗记此事

B. 江上航行数月，苏氏兄弟二人作了诗歌百首。这些诗另集印行，名之为《南行集》，其中苏东坡在船上所写的《船夫吟》《上堵吟》等作品，特别注重音韵情调气氛之美，节奏极好，形式多变化

C. 苏家在二月安抵京城。兄弟二人又经过了两次考试，都得以通过。苏东坡蒙朝廷赐予的等级，在宋朝只有另一人获得

D. 苏洵被任命为校书郎，未经考试授以新职，为本朝皇帝写传记。苏洵决定采取史家的严格写法，史家不应当文过饰非，即使为自己的先人立传，亦当如此

5. 下列对第八章《执拗公》相关内容的理解，不正确的一项是（　　）

A. 王安石的悲剧是在于他所追求的是使国家富强而具有威力，向南向北，开疆拓土，可惜最后化成了浮光泡影

B. 王安石和司马光虽然政见不同，不能相与，但都是真诚虔敬洁身自好之士。在金钱与私德上从未受人诟病，但司马光在家庭生活上曾传有暧昧情事

C. 监察机制是朝廷一个历史悠久的制度，其作用就是代表舆论对当政的政权予以控制或批评

D. 苏东坡认为，为人君者要容许自由表达意见，一个好的政权得以保持，大部分在于不同的政见合理地发挥其功用

6. 下列对第九章《人的恶行》相关内容的理解，不正确的一项是（　　）

A. 吕惠卿在御史台监狱等待审判时对王安石发出了最后一击。王安石私人信件上的"无令上知此一贴"使皇帝最终决定罢黜王安石官职，只保留有若干最高爵位

B. 在王安石失势后，曾以王安石为中心的帮派则内部失和，争

权夺利，互相背叛

  C. 王安石儿子聪明外露，人性古怪，而又残忍凶暴，王氏集团许多恶行他当负其责任

  D. 皇宫门吏郑侠的《流民图》体现出民众因青苗贷款而遭受的苦难，质妻鬻子、斩桑坏舍、流离逃难之状

 7. 下列对第十一章《诗人、名妓、高僧》相关内容的理解，不正确的一项是（　　）

  A. 苏堤横卧湖上，此一小小仙岛投入水中的影子，构成了"三潭印月"，湖边垂柳成行，足以证明苏东坡在设计风景方面的奇才

  B. 在苏东坡时代，词这种新形式正在盛极一时。由于苏东坡、秦少游、黄庭坚，以及宋代别的词人如晏几道、周邦彦等的创作，词成了宋朝诗的正宗

  C. 苏东坡有相信他生前曾住在杭州，这种想法在他的诗里也有体现，有一天他去游庙，他告诉别人他记得前生曾在哪个庙里当主持

  D. 宋朝的歌妓使一种诗的新形式流行起来，那就是词。苏东坡不但精通此道，而且把前此专供谈情说爱的词变成表达胸怀感想的文学形式，他的词中最好的是《念奴娇·赤壁怀古》

 8. 下列对第十三章《黄楼》相关内容的理解，不正确的一项是（　　）

  A. 王安石在十月已然最后失势，子由这时来不及等待苏东坡，携带改革政治的重要表章先行入京

  B. 儿子苏迈成婚后，苏东坡携眷东行，到河中府上任

  C. 黄代表土，黑代表水，黄土因具有吸水力量，所以可以克服水。黄楼之命名即含有防水之意，"黄楼"一词也成了苏东坡在徐州所作诗歌总集的名称

  D. "苏门四学士"有黄庭坚、秦观、晁补之、张耒

 9. 下列对第十四章《逮捕与审判》相关内容的理解，不正确的一项是（　　）

  A. 苏东坡曾不断给皇帝上表，每次皇帝看了他的表章，就向侍臣赞美苏东坡

  B. 苏东坡在对方的大部分指控上，坦白承认在诗中批评新政，自然有愤怒之感、失望之声，自己对当道的苛酷批评，罪有应得

  C. 苏东坡被逮捕时，官差允许他出发前归看家人，他到家时，全家正在大哭。苏东坡向家人讲了一个宋真宗时代杨朴的故事安慰家人

D. 神宗皇帝挑选了一个极其能干的官吏到湖州去，免去苏东坡的官职，再押解入京受审

10. 下列对第十五章《东坡居士》相关内容的理解，不正确的一项是（ ）

A. 黄州是长江边上一个穷苦的小镇，在汉口下面约六十里地。在等待家眷之时，苏东坡暂时住在定惠院

B. 苏东坡在与至交李常的信中说起自己正在修行的道家长生之术

C. 临皋亭风景之美，主要还是来自诗人的想象，别的旅客一旦真看见，就会废然失望

D. 典故"季常之癖"中，季常指的是陈慥的号，表示惧内

11. 下列对第十八章《浪迹天涯》相关内容的理解，不正确的一项是（ ）

A. 苏东坡"我泪犹可拭，母哭不可闻"诗中描述的是，其妾朝云生的儿子才十个月大就患病而终的故事

B. 在苏轼失意的晚年，变得心内凄苦抑郁，对人非常怀恨，对皇上也常是恶语相加

C. "十年归梦寄西风，此去真为田舍翁"表达出苏东坡要在富有田园之美的江南度其晚年的愉悦心情，但后来并未如愿

D. 苏东坡认出张方平儿子的妾乃已故好友的妾，见此女在张家筵席上极轻松愉快状，颇为感慨，想起老朋友来，两眼泪痕，喉头哽咽

12. 下列对第二十一章《谦退之道》相关内容的理解，不正确的一项是（ ）

A. 苏东坡过于孤高，永远不够为一个好党人，哪怕他的同党当政，他仍然会失败

B. 苏东坡认为，如今文字之衰，实际上源于王安石，王安石的文章写得不好，还一心想要天下人所作学问都与他相同

C. 哲宗元祐元年初，皇帝下了道圣旨对青苗贷款法进行改革，但苏东坡认为这种改革措施不彻底，于是向皇帝上表请求将青苗法完全废止，之后青苗贷款法总算全部废除了

D. 当时朝廷官吏皆来自科举，但是科举制度业已废弛，苏东坡想从根本上改革国家的吏治，对于当时引用亲族之风盛行的情况，苏东坡提议要严格限制高官巨卿的子女亲戚及皇家所推荐之人，可谓敢于向朝廷之腐败无能进军

13. 下列对第二十三章《百姓之友》相关内容的理解，不正确的一项是（   ）

　　A. 经过苏东坡坚持不懈的奋战，他总算把老百姓从王安石新政的恶果中救了出来

　　B. 苏东坡兄弟二人在京都均为高官，招人羡慕嫉妒，苏东坡决定离开京都，多次恳求外放，但朝廷不同意，太后召他还京本意是要升他为宰相

　　C. 苏东坡在外放颍州期间，看到难民在深雪中跋涉而行，一夜无法入睡，希望能为难民做点力所能及的事情，说明他心系百姓

　　D. 王安石新政的后果严重，按苏东坡的话来说是"丰凶皆病"，农民只有两条路走：一是遇歉年，忍饥挨饿；一是遇丰年，锒铛入狱

14. 阅读第二十五章，下列对文本的分析鉴赏错误的一项是（   ）

　　A. 宋哲宗是苏东坡的学生，章淳是他的故交，两人曾一起游历陕西，对苏轼还是比较照顾的

　　B. 吴复古是苏轼的道士老友，在苏轼被流放期间他们一直交往密切。吴复古对世界一无所求，他的时隐时现提醒苏轼倘若不为政治所纠缠，就过飘荡不羁的日子

　　C. 苏轼到了惠州，心无挂念，外在生活不寂寞，惠州周边五县太守不断给他送酒送食物，惠州太守和博罗县令都成了他最亲密的朋友

　　D. 苏东坡不但会鉴赏酒，还自己实验造酒，在惠州他造了桂酒。当然，做酒只是他的业余嗜好罢了

15. 阅读第二十八章，下列对文本的分析鉴赏错误的一项是（   ）

　　A. 徽宗即位后，新皇太后摄政，下令大赦天下，所有元祐大臣一律赦罪，章淳等人被太后归入"坏人"之列

　　B. 苏东坡和吴复古一生足迹都遍及中国，不同的是苏东坡受别人的命令驱使，吴复古则完全听命自己。估计苏东坡不会愿意和吴复古易地而处

　　C. 苏东坡在离开广东之前就允许自由居住了，所以，一旦有空就忙着给人题字，给人看病、配药

　　D. 作者认为，人的生活是心灵的生活，这种力量形成人的事业人品，与生俱来，由生活中之遭遇而显示其形态

二、简答题

16. 阅读本书第十三章"徐州不仅是个大城市——黄楼之命名即含有防水之意",回答下列问题:

苏东坡的治水行为表现了他怎样的形象?请结合文本简要分析。

三、参考答案

1. A(原文"苏东坡并不记日记。他不是记日记那一类型的人,记日记对他恐怕过于失之规律严正而不自然")

2. D(原文中只是说"一个很美妙的传说",在苏东坡当代数十种笔记著作之中,都不曾提到苏东坡还有妹妹)

3. C(欧阳修误以为必然是他的朋友曾巩写的,为了避免招人批评,他把本来列为首卷的这篇文章,改列为二卷,结果苏东坡那次考试是名列第二)

4. B(苏东坡最好的几首诗是在陆地上行程中写的)

5. B(是欧阳修在家庭生活上曾传有暧昧情事)

6. A(他在熙宁九年十月辞去职务,但仍保有若干最高爵位,王安石并非遭受罢黜)

7. C(苏东坡去游的是寿星院,一进门,便觉得所见景物十分熟悉;前去游庙,告诉别人他记得前生曾在哪个庙里当主持的则是张方平)

8. B(应为"到徐州上任")

9. D(神宗皇帝从无意杀害苏东坡,应为"李定")

10. B(苏东坡在与王巩的信中说起自己正在修行的道家长生之术)

11. B(选项描述的人物是王安石)

12. B("王氏之文,未必不善也,而患在好使人同己",故"王安石的文章写得不好"错。)

13. B(朝廷答应了苏东坡外放请求,三个月后,苏东坡外放到颍州为官)

14. A(没有照顾,而是落井下石)

15. B(原文中是愿意和吴复古易地而处)

16. (1)奋不顾身,不顾个人安危;(2)有高度的责任心与使命感,关注民生疾苦,为国家排忧解难;(3)有超人的智慧与才能。

第四节 文化与人文论著：揭秘圣人的智慧
——《论语译注》

一、活动设想

本专题是文化与人文论著阅读专题，《论语》是中华传统文化中的优秀代表，学习它不仅是古文学习的一个重要途径，重要的是可以从中汲取为人处世的诸多智慧，如果学生能够以一种批判性的眼光来阅读、审视它，对学生今后的人生无疑将大有裨益。本案例课型初步设想为：课内与课外结合，课内外并重，以独立阅读与分享探究为主要表现形态。课外侧重于个人阅读、抄写和感悟，课内则侧重于分享交流各自的阅读体会、探究阅读中产生的问题和困惑。

精读书目为《论语译注》（杨伯峻译注），时间为一个学期。拟每周阅读 1~2 篇，教师与学生同步读写。课外读写活动一般集中安排在周末，根据"阅读进度"安排，完成三项读写任务。课内每周拟抽一节课（一般是连堂课的第二节）采用不同形式的教学，用于分享、探究相关阅读内容。在前三项读写任务完成后进行阅读成果展示、总结和表彰活动。

二、活动目标

（1）帮助学生了解、读懂《论语译注》的内容，能初步分辨书中的精华和糟粕。
（2）品读其中的精华，并将此转化为对自己的学习与生活的启示。
（3）理解常用文言词语，训练文言翻译的能力。
（4）继续培养五种学习习惯。

三、活动设计（见图4-4）

活动设计如图4-4所示。

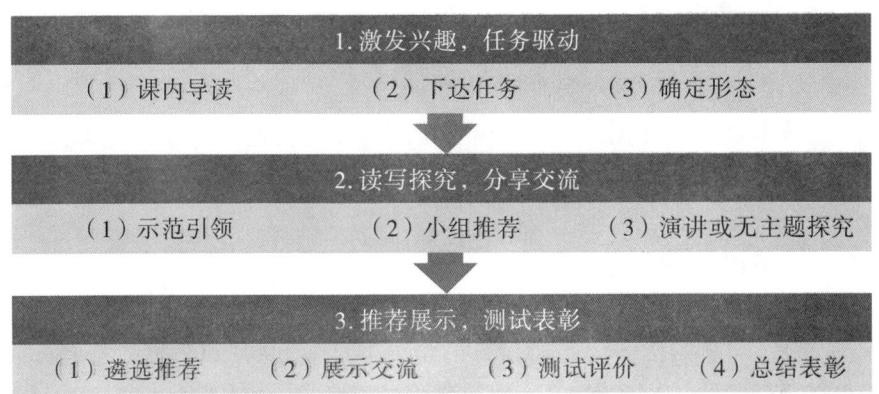

图4-4 《论语译注》教学活动流程

四、活动实施

（一）激发兴趣，任务驱动

1. 激发兴趣

让学生回忆一下《论语》中的句子。

子曰："学而时习之，不亦说乎？有朋自远方来，不亦乐乎？人不知而不愠，不亦君子乎？"

子曰："学而不思则罔，思而不学则殆。"

子曰："由，诲女知之乎！知之为知之，不知为不知，是知也。"

子曰："见贤思齐焉，见不贤而内自省也。"

子曰："三人行，必有我师焉；择其善者而从之，其不善者而改之。"

子曰："岁寒，然后知松柏之后凋也。"

子贡问曰："有一言而可以终身行之者乎？"子曰："其恕乎！己所不欲，勿施于人。"

《论语》中句子的特点为朗朗上口，又富含哲理。用在作文中或平常说话中，人家就会觉得你是一个饱读诗书的人、一个文化底蕴深厚的人、一个自我修养和涵养都很高的人。

由此转入问题：我们接触过的《论语》只有九牛一毛，其实《论语》内容丰富，哲理深邃而多样，作为即将成为高中生的你必须去认真阅读它、思考它。也可以借鉴何郁老师（北京市朝阳区教研中心高中语文教研员）的《整本书阅读要上好起始课——以〈论语〉为例》课例导读。

2. 下达读写任务

（1）阅读任务。

精读：《论语译注》（杨伯峻译注）。

选读书目为：《白说论语》（白子超）、《于丹〈论语〉心得》（于丹）、《道德经》（老子）、《孟子译注》（孟子）、《孙子兵法》（孙武），建议学生课外选读其中的一本。

读书笔记：

①分章抄写全书：根据读写进度安排抄写本周阅读的这一篇。

②每一篇从阅读体会（启示）的角度写一则300～500字的随笔；或提出需要探究的问题（困惑），并简略记录阅读的体悟。（二选一）

（2）创作任务。

根据《论语译注》或"论语之旅"读写活动，写一篇不少于1 500字的评论、读后感或记叙类文章。

提交方式：书写不过关的同学建议提交纸质稿；书写过关的同学提倡提交电子稿。可以提交一篇，也可以提交多篇（随时提交，教师都会给与评价和指导）。

3. 规定阅读形态

阅读的时间为一个学期，每周阅读一两篇。具体读写任务要求如下：

（1）根据读写进度安排，要求利用课外时间，独立完成前三项读写任务。

（2）读书笔记电子稿要求每周一前发送到指定邮箱，纸质稿则每周一升旗前上交。

（3）拟每周抽一节课（一般是连堂课的第二节）时间用于分享交流阅读体会，探究阅读过程中产生的问题或困惑。

每个读书小组负责一个单位（见"安排读写进度"，一般可采用抽签的方法确定次序），要求学生课外发动读书小组全体同学一起搜集资料（可以利用自媒体等工具），尽力做好PPT（不能做好的，也要有纸质记录，小组研讨，课堂上可以投影出来）。

4. 安排读写进度

具体安排如下：

第一次：第一篇。

第二次：第二篇。

第三次：第三篇。

第四次：第四篇。

第五次：第五篇。

第六次：第六篇。

第七次：第七篇。

第八次：第八篇。

第九次：第九、十篇。

第十次：第十一、十二篇。

第十一次：第十三、十四章

第十二次：第十五、十六篇。

第十三次：第十七、十八篇。

第十四次：第十九、二十篇。

说明：

①以上只是粗略安排，遇考试和节日将作适当调整。

②这个进度安排将形成表格印发给学生，做到人手一份。

③要求同桌或个人自备（购买）《论语译注》（杨伯峻译注），中华书局2017年版。

本步骤课内完成。

（二）独立读写，分享探究

1. 时间

一个学期。每周安排一次课内分享、探究活动。

2. 读写过程与具体操作

（1）示范引领。

教师提前准备好自己的《论语译注》第一篇的阅读笔记，解读《论语》。同时利用PPT讲解如何做好读书笔记，完成三项读写任务。教师要用超额完成的勇气和信心向学生保证：老师会跟着大家一起读《论语译注》，和大家一起同步完成四项任务。

（2）课前读写。

①分组读写：以一周为一个学习次数，要求利用周末时间阅读规定的

那一篇，小组成员互相检查、督促完成读写三项任务。教师每周不定人、不定时抽查，发现未完成的，同桌跟着限时再抄写一遍，以示负责。

②小组推荐与归纳：小组推荐一篇有特色、有文采、有创意的文章，以备课堂班级分享交流。或小组个人分别提出阅读中产生的问题与困惑，尝试讨论解读，再归纳需要在课堂上与同学探讨的问题。

说明：每周打印（复印）出学生优秀作品，以作规范和鼓励；前三次活动教师应要求学生将读书笔记全部上交检查，以帮助学生形成正确的笔记习惯。

（3）课内分享、探究。

课内分享、探究分为演讲分享课和无主题探究课两种教学模式，为避免因单调产生习得性无助现象，建议两种模式交叉运用。演讲课，各读书小组到科代表处抽签确定演讲次序，每节课一般为一个读书小组。无主题探究课应向科代表上交本篇问题卡片（要求将阅读和小组讨论中产生的问题或困惑制作成卡片），再抽签确定提问探究的顺序，下面做具体说明。

①演讲分享课。

主要目标：分享阅读的体会。

具体流程：首先，主持人宣布注意事项，根据抽签确定的顺序，主动轮流演讲（课前提倡做好PPT），每次每位同学演讲时间不超过5分钟；其次，主持人点评（每两位同学演讲完后一次）；最后，教师总结：一方面总结本节课学生演讲的情况，重在发现学生的亮点，另一方面，应该谈谈教师自己对本章节的理解，如果学生出现思考不足，教师应当注意点出来，并做正确引导（也应该给主持人或其他学生总结发言的机会）。

说明：演讲与展示活动一般采用轮流制；本模式（第二个模式同此）要求选择一位同学做主持人，科代表负责简单布置好黑板并记录演讲的同学，确保每位同学都能且必须上台演讲；教师则要向学生提出明确要求——每位学生必须至少上台演讲一次。

②无主题探究课。

主要目标：探究问题，解决困惑。

具体流程：首先，学生主持人宣布课堂任务和要求，然后根据课前确定的顺序，一位小组成员依序将本小组的疑问或困惑提出来与同学们分享（也可以根据小组上交的问题，由主持人或提问者指定某人回答提问，其他人可以补充，也可以让被提问人请其他同学友情支持发言），最后教师（学生）做总结（同上一个模式）。

说明：不必上讲台提问、发言，站起来直接发言即可，每次发言不超过两分钟,但可以二次发言;科代表负责记录发言者,目标是保证每位同学一个学期至少有 2 次及以上的发言机会;如果到下课还有问题或困惑没有完成,由科代表负责将问题归类放在教室后黑板,请同学们自行讨论。

(4)创作。

本书分篇读写活动结束后,进行一次阅读写作和展示分享活动,作为《〈论语〉之旅》的重要成果之一,拟采用两种方式。第一种,课外完成作文,同学互评互改(可以课外完成)后,将作品发送到指定邮箱。第二种,在电脑室完成本项任务(课前应提前一周通知学生,以便学生做些必要的准备)。

(三)展示分享,测试表彰

1. 推荐与展示

(1)遴选与推荐。教师先打印出由小组根据评价标准评价并推荐的学生作品,原则上每个小组推荐一篇,认为两篇作品都不错的,也可以推荐两篇;再由教师根据读书小组推荐的作品,遴选出 10~15 篇作品作为展示作品。

(2)展示与评价。将推荐作品编号粘贴、展示在教室后面的墙上,同时要求每个读书小组根据责任心、公平心原则推选一名同学作为评委(轮流的,做过评委的,本次不再担任评委),负责对推荐的优秀作品进行分别评价与推荐。评委按不超过 50% 的比例各推荐出自己心目中的优秀作品。

2. 交流与分享

公布优秀作品名单,请被评为"优秀作品"的若干学生即兴发言,谈谈自己一个学期来的阅读体会等,和大家分享自己的读写体会。(应提前布置,尽量要求做 PPT 展示)

3. 测试与表彰

(1)从试题库中随机选取 15 道选择题、1 道翻译题作为测试题目,检测学生的阅读能力。

(2)给获奖者颁发小奖品;由教师点评作品的亮点,提醒写作中注意避免的问题。

优秀作品将发布在"爱吐纳"网站和同名微信公众号上,特别优秀的作品将推荐发表。

五、师生优秀作品选

我眼中的孔子形象
——《论语》读后感

第一次完整地阅读完《论语》这本书,给我的感觉就是枯燥无味,也没有什么深层次的体会,但对孔子的形象却有了和以前不同的看法。

以前总以为孔子是个圣人,但现在越看越让我感觉孔子并不是一位圣人。"子曰:'天生德于予,桓魋其如何?'"看到这一节时立即引起我的反感。此节可以看出这个时期的孔子已经把自己当成神使,有些狂妄自大。"子罕篇"五节、九节,又一次体现了孔子的自大。"乡党篇"让我觉得孔子是个强迫症,因为里边写了许多琐碎的行为规范,没做好就不行。"子曰:'甚矣吾衰也!久矣吾不复梦见周公!'"由心理学知识可知梦是大脑皮层潜意识区活动产生的,我怀疑孔子是不是真的想恢复周礼。"述而篇"十一节"暴虎冯河,死而无悔者",难道有自我牺牲精神的人就不会小心谨慎吗?"好谋而成者也"从这里看得出来孔子并不懂得出谋划策,这本书中也没有什么地方有体现孔子有这方面的才能。"子曰:'民可使由之,不可使之。'"我猜这就是秦始皇焚书坑儒的原因吧。"泰伯篇"二十节"有妇人焉,九人而已"还有"小人与女子难养也"似乎体现出孔子对女子的轻视,我倒好奇孔子是用什么观念看他母亲的?也许重男轻女的观念的扩大和传播有孔子的功劳。

对于孔子的徒弟们,我觉得他们对孔子是盲目的个人崇拜。《论语》就是由他们编写的,里边记录着一些孔子的生活行为,跟伦理哪怕有一点关系的东西都记上去了。从弟子的言论中可知道他们对孔子是非常尊重和爱戴的,而且不允许他人诋毁孔子。在孔子死后,更是把孔子推向圣人的高度。子贡曰:"君子一言以为知,一言为不知,言不可不慎也。夫子之不可及也,犹天之不可阶而升也。"孔子,圣人,真的是这样吗?里边有多少是真的,有多少是假的?

孔子总说着礼,认为君主至上,想恢复周朝的制度,分封制,层层分封,界限严明。其实这很好理解,孔子是一个没落贵族,恢复分封制意味着孔子可以得到分封。但如果孔子出生于一个解放了的奴隶家庭,他还想恢复周礼吗?

当然，每个人都有两面性，既有令人称道的一面，也有让人排斥的一面，没有谁是完美的。我认为孔子也是。

（作者：2017 级学生　张力）

是什么成就了孔子
——读《论语》有感

孔子对于"学习"是极其重视的，这一点从他的弟子及其再传弟子把"学而篇"作为《论语》的开篇就可以看出来。我觉得孔子提倡"学习"的原因有以下几点：其一，学习可以使人明志、明理；其二，学习不仅可以提升自我的内在修养，还可以使别人对你拥有更好的印象，让你拥有更好的人缘。这一点无论是在古代还是现代，对每一个人都是很重要的，那么，他是怎样看待学习的呢？

子曰："学而时习之，不亦说乎？""学"即获取并钻研知识。这里的"钻研"要比"思"更浅层一些，只是指浅层的阅读与思考。"习"即定时的温习，复习。这句话中孔子要表达的意思是学过的知识再定时复习，不也很愉快吗？由此可见孔子不仅"好学"更是"乐学"，就像他自己说的"知之者不如好之者，好之者不如乐之者"那般。更难得的是孔子能在"温故"的过程中"知新"，这也是一种极高学习能力的体现。孔子这里所言的"学习"不仅仅是指学习知识，更是强调乐于去学的态度。而另一位大儒荀子在《劝学》中说"吾尝终日而思矣，不如须臾之所学"，学习的重要性可见一斑。王安石的《伤仲永》也向我们讲述了"学"的重要性——像仲永这般百年难得一见的神童，世之所罕见的奇才不学习，长大之后也只能"泯然众人"，更何况我们这些平凡人？

但是，孔子也认为"学而不思则罔，思而不学则殆"，只有"学"而不"思"，则会使人陷入迷茫之中，只有"学"与"思"相互结合的学习才能达到效率的最大化。

"思"即考虑，动脑筋想，是对所学知识的更深程度的钻研。孔子以为所学的只是不加思考就全盘接受的行为是愚蠢的，在学习上，他鼓励学生主动思考，在《论语》"为政篇"中他曾与颜回"言终日"，而颜回却"不相违"，以至于孔子觉得颜回"如愚"。而在孔子私下的观察却发现颜回能私下思考并有自己的见解，所以孔子最后得出了"回也不愚"的结论。而在《劝学》中，荀子说"君子博学而日参乎己，则知明而行无过矣","思"也是学习的重要手段之一。由此观之，思考能让人对所学的知识的了解更加深刻，并能提高你对它的利用能力，升华你的思想，让你成为思想上的巨人！

可以说，没有"学"的"思"就像涸辙里的鱼，就像一处地下水匮乏的泉眼，难以喷薄甚至是难以涌出"智慧"的泉水。"学"是行动的巨人，"思"则是思想的巨人，失去"思"的"学"仿佛是失去了支撑的巨人——寸步难进；而失去"学"的"思"只会让人成为空想的巨人——每天只会坐着"格物"，最终却一无所获。只有两大巨人共同携手并进，相互扶助，才能获得更多的知识，升华自己的思想，提升自己的内涵，成为一代贤才！

因此，我认为孔子之所以能被后世之人尊为"圣人"，与他好学善思的品质是正相关的，换句话说，是好学与善思成就了孔子，奠定了孔子的地位！

(作者：2017级学生　邹晨晖)

读《论语》，知孝道

在《论语》之旅中，我细细地品味了《论语》，发现孔子对孝道的理解颇深，让我受益匪浅。

常言道："百善孝为先"，孝是做儿女的义务与责任，我们中华民族几千年来就一直具有这种尊老敬老的优良传统。古代有汉文帝的亲尝汤药、有曾参的啮指痛心……而当今捐肾救母，退学为母的故事，更是令我们感动万分。不一样的时代，演绎着相同的主题，那就是孝敬父母，回报父母。世人皆心怀孝道，在《论语·为政篇》中，孔子对孝进行了四个部分的阐述，分别为"今之孝者，是谓能养。至于犬马，皆能有养。不敬，何以别乎？""色难。有事，弟子服其劳；有酒食，先生馔，曾是以为孝乎？""父母，唯其疾之忧。""生，事之以礼；死，葬之以礼，祭之以礼"。

孔子认为，孝敬父母，首先要做到不失义。有人说，孝道，便是能够物质上侍奉父母。可孔子却不这么认为。对牲畜也能做到饲养他的父母，如果只解决父母的温饱问题，那与饲养牲畜又有何异呢？游子常年在外，父母独自在家，他们最盼望的便是自己的孩子能常回家看看。只有物质上的侍奉是远远不够的，孝道更重要的是对父母的陪伴，只有对父母心灵的侍奉，才能真正做到孝顺父母。

诚心孝顺后，还要做到亲于仁。为父母做事时，不能和颜悦色，而是带着迫不得已的苦瓜脸，难道父母看了心里会好受吗？父母养育我们成人，心甘情愿做了成百上千的家务事，而让你为父母做事时，虽然做了，却满脸不情愿，这能算是孝吗？孔子认为，既然要做到孝，就要体谅父母，为父母做力所能及的事，并带着高兴愉悦的心情去完成，这也是仁的一种体现吧。

孝道，不仅要对父母诚心诚意，还要做到忧其疾。这里的"其"为代词，大家对它所指代的对象众说纷纭。有人说"其"指父母。孝顺父母，就要做到关心父母。父母患病，作为儿女要及时求医、尽心护理；另有人说"其"指代子女。朱熹在《四书集注》中说道："言父母爱子之心，无所不至，唯恐其有疾病，常以尤也。"正所谓，身体发肤，受之父母。若是子女身患疾病，做父母的岂不是担忧至极？所以孝敬父母，不仅要对父母的身心健康上心，还要对自己负责，爱惜自己，不让父母担心。

在以上的基础下，还要做到不逾节，不违礼。从古至今，中国都被称为礼仪之邦，对待这个"礼"字，绝不只是狭义的"礼貌"，还包括更具深邃内涵的周礼。不仅在父母生前"事之以礼"，去世以后更要"葬之以礼""祭之以礼"，自始至终都以"礼"相待。父母年迈，儿女要尽赡养之责；父母亡故，要按周礼为他们办理丧事，以追念父母的养育之恩。可以看出在孔子心里，始终怀有一种对"礼"的虔诚。

当今社会，孤寡老人的数量急剧增加，这也反映了现在一部分人并没做到孝的要求。父母养育我们成长，教我们做人，我们必须孝顺他们、回报他们。因此，我们中的每一个人，读一读《论语》，了解《论语》对孝道的理解，这是很有必要去做的一件事。

（作者：2017级学生 赖承润）

性相近也，习相远也

"性相近也，习相远也。"这是夫子说的一句名言，说的是学习和环境能影响甚至改变一个人，我认为于今也很有现实意义。

比如，一个团队里，也就大约20%是精英，他们将引领其他人，也带动着自己继续站在潮头——除非他不想再这样做了。如果校长或大多数学校领导是属于20%中的一员，那这个团队一定充满活力与激情，在这个团队里，人人都想让自己进步和发展，尽管可能有些人内心并不想如此，但也会被带动起来，这些人也许并不能成为优秀或者卓越之人，可是也不会拖整个团队的后腿。而对于有自己的理想或目标的人来说，能够加入这样的团队是非常幸运的，因为你和这样的领头人在一起，你就会不自觉地向他学习，主动地寻找自己与他之间的差距，积极地想尽一切办法缩小差距，让自己成长为一个优秀甚至卓越之人，乃至赶超他，变得更加优秀。所以，学习第一求氛围，氛围好，在你的眼里，一切自认为优秀的东西都是值得学习的，你也会将积极主动地学习，这也是马利翁效应啊！

相反，如果你团队里领头的人不是这样的人，那就有点麻烦了。这时你会产生迷茫，是跟着领导混混日子呢，还是跟着20%中的某人，坚定自己心中的信念积极实践，主动努力，为自己的成长与发展奠定坚实的基础呢？答案当然取决于你个人，但我可以告诉你的是，上帝从不会眷顾一个懒惰的人、一个让时光轻易从自己身边流逝的人。比如我身边就有这样的例子，有两位大学刚毕业的年轻人，分属不同单位，其中一人的单位卓越的人很多，而且比较热心培养年轻人，另一人单位虽也有不错的同事，但似乎没有一个优秀的领头人，而且多半各自为政，十二年后，前一位成为全省知名人士，获得不少荣誉，后一位虽很有才华，但很多人还不是很知道他。

当然，决定你优秀或卓越并不仅仅取决于氛围，自身的学习态度也很关键。一个人在世上，一定要有所追求，才能有所事事，才不至于让自己的生活变得空虚、无聊。就如同我的父亲母亲，年岁大了，我曾经劝他们不要再劳作了，但父亲说，你不让我干点活，我的心都会发慌的，而且养养鸡，种种菜，你们回来了，就不用钱买了，不是很好吗？其实老父亲说很对，老人也有自己的价值观，他们也要体现自己的存在价值。

所以，能不能、是不是和优秀者、精英在一块，决定了你未来能不能成为优秀者、精英，一所学校的教师大多数是优秀者甚至是精英，那样，这所学校的学生是幸运的，因为每一位学生都能时时与大师对话，其结果是什么？不说你也应该明白！

本试题命题依据：《论语译注》（杨伯峻译注）。

一、选择题

1. 学而篇第一，"吾十有五而志于学"，古代男子 15 岁称为（ ）

A. 束发   B. 弱冠   C. 垂髫   D. 总角

2. 里仁篇第四，下列对"子曰：'君子怀德，小人怀土；君子怀刑，小人怀惠'"理解不正确的是（ ）

A. 君子，是指志存高远，有着为国为民思想的人。

B. 此处的小人，是指心怀不轨的人。

C. 孔子这里是在提醒我们，一个人，应该建立正确的、对社会和民众有益的人生观和价值观，让自己活得更有意义。

D. 孔子说："君子心怀的是仁德；小人则怀恋乡土。君子关心的是刑罚和法度，小人则关心私利。"

3. 里仁篇第四，以下与"事君数，斯辱矣。朋友数，斯疏矣"意思一样的是（ ）

A. 子贡问友。子曰："忠告而善道之，不可则止，毋自辱焉。"

B. 子夏曰："贤贤易色；事父母，能竭其力；事君，能致其身；与朋友交，言而有信。虽曰未学，吾必谓之学矣。"

C. 子曰："君子不器。"

D. 子曰："事君尽礼，人以为谄也。"

4. 以下成语不是出自《论语》的是（ ）

A. 择善而从   B. 温故知新

C. 一诺千金   D. 逝者如斯

5. 下列句子中说法有误的一项是（ ）

A. "雍也，可使南面。"面南是指面向南面坐。古代以面向南为低位，以面向北为尊位，天子、诸侯和官员听政都是面向北面而坐。

B. "犁牛之子骍且角"，"骍"的本意是毛皮红色的（牛马等），周朝以赤色为贵，所以祭祀的时候也用赤色的牲畜。

C. 觚，古代盛酒的器皿，腹部作四条棱角，足部也作四条棱角，每器容当时容量二升（或曰三升）。

D."中庸之为德也",中庸,中,折中,无过,也无不及,调和。庸,平常。

6. 对下列加点的字解释错误的一项是（　　）

A. 不有祝鲍之佞,而有宋朝之美　　而:这里是"与"的意思。
B. 无乃大简乎　　无乃:岂不是。
C. 原思为之宰,与之粟九百,辞。　　之:结构助词,的。
D. 曰:"亡之,命矣夫,斯人也而有斯疾也!"　　夫:语气词,相当于"吧"。

7. 下列句子中说法有错的一项是（　　）

A. 孤:死去父亲的小孩叫孤。年老无妻或丧妻的男子为鳏,年老无子女的人为寡,年老无夫或丧夫的女子为独。
B. 有司:指主管某一方面事务的官吏,这里指主管祭祀、礼仪事务的官吏。
C. 笾豆,笾和豆都是古代祭祀等典礼中的用具。
D. "故旧不遗",故旧:故交,老朋友。

8. 下列句子中说法有误的一项是（　　）

A. "必有寝衣,长一身有半",寝衣即被。古代大被叫"被",小被叫"衾"。
B. 帷裳:上朝和祭祀时穿的礼服,用整幅布制作,不加以裁剪。折叠缝上。
C. 羔裘:羔皮衣。古代的羔裘都是黑羊皮,毛皮向外。玄冠:一种礼帽。"羔裘玄冠"都是黑色的,古代都用作吉服。丧事是凶事,因之不能穿戴着去吊丧。
D. 绅:古代士大夫束在腰间的大带子,下垂部分叫绅。

二、阅读《论语·先进篇》中的几段文字,然后回答第9~11题。

颜渊死,颜路①请子之车以为之椁。子曰:"才不才,亦各言其子也。鲤②也死,有棺而无椁。吾不徒行以为之椁。以吾从大夫之后③,不可徒行也。"

颜渊死,门人欲厚葬之,子曰:"不可。"门人厚葬之。子曰:"回也视予犹父也,予不得视犹子也。非我也,夫二三子也。"

子曰由之瑟奚为于丘之门门人不敬子路子曰由也升堂矣未入于室也

[注]①颜路:颜回(颜渊)的父亲,孔子的首批弟子。②鲤:

孔鲤，孔子的儿子。孔鲤五十岁死，时孔子七十岁。③从大夫之后：跟从在大夫们的后面。按礼，大夫出门要坐车。

9. 下列对文中画波浪线的句子断句正确的一项是（　　）

A. 子曰/由之瑟/奚为于丘之门/门人不敬子路/子曰/由也升堂矣/未入于室也

B. 子曰由之/瑟奚为/于丘之门/门人不敬子路/子曰/由也升堂矣/未入于室也

C. 子曰由之/瑟奚为/于丘之门/门人不敬子路/子曰由也/升堂矣/未入于室也

D. 子曰/由之瑟/奚为于丘之门/门人不敬子路/子曰由也/升堂矣/未入于室也

10. 下列对文中加点词语的相关内容的解说，不正确的一项是（　　）

A. 古人对死的称谓等级森严，"天子死曰崩，诸侯死曰薨，大夫死曰卒，士曰不禄，庶人曰死"。颜渊是平民，故称"死"

B. 椁：古代有地位的人，棺材有两层，内层直接装殓尸体，叫"椁"，有底；外面还套着一层套棺，叫"棺"，无底。合称"棺椁"

C. 大夫是古代官职名称，各朝代大夫的职能和级别多有不同。孔子在鲁国曾经做过司寇的官，是大夫之位

D. "堂"是正厅，"室"是内室。先入门，次升堂，最后入室，表示做学问的几个阶段

11. 下列各项中，对选段的理解不正确的一项是（　　）

A. 孔子曾经当过鲁国大夫，按周礼，他平时出门都坐车。儿子孔鲤死的时候，孔子爱子以义，便按照周礼薄葬了他

B. 颜路、颜回都是孔子的弟子。颜回死时，颜路家贫却爱子情深，请求孔子把车卖了给颜回买一口外棺，孔子不同意

C. 颜回死时，孔子的其他弟子为了表示对颜回的敬重，打算厚葬颜回。在孔子提出异议的情况下，他们仍然这样做了

D. 颜回平时服侍孔子如同儿子服侍父亲一样，而现在颜回死了，自己再也见不到这么好的儿子了，孔子对此大为伤感

三、阅读《论语·季氏篇》中的几段文字，然后回答第12～13题。

孔子曰："益者三友损者三友友直友谅友多闻益矣友便辟友善柔友便佞损矣。"

陈亢①问于伯鱼曰："子亦有异闻②乎?"对曰："未也。尝独立，鲤趋而过庭。曰：'学诗乎?'对曰：'未也'。'不学《诗》，无以言。'鲤退而学诗。他日又独立，鲤趋而过庭。曰：'学礼乎?'对曰：'未也'。'不学礼，无以立。'鲤退而学礼。闻斯二者。"陈亢退而喜曰："问一得三。闻诗，闻礼，又闻君子之远其子也。"

[注]①陈亢：即陈子禽。②异闻：这里指不同于对其他学生所讲的内容。

12. 下列对文中画波浪线的句子断句正确的一项是（　　）

A. 益者三友/损者三友/友直/友谅/友多闻/益矣/友便辟/友善柔/友便佞/损矣

B. 益者三友/损者三友/友直/友谅/友多闻益矣/友便辟/友善柔/友便佞/损矣

C. 益者三友/损者三友/友直/友谅/友多闻/益矣/友便/辟友善/柔友便/佞损矣

D. 益者三友/损者三友/友直/友谅/友多闻益矣/友便辟/友善柔/友便佞/损矣

13. 下列对选段内容的理解不正确的一项是（　　）

A. 陈亢可能认为孔子有私心，因此他才会问伯鱼孔子是怎么教他的

B. 陈亢通过与伯鱼交谈，知道孔子没有什么私心，不偏爱自己的儿子

C. 文中"不学礼，无以立"的意思是一个人如果不学礼，就不懂得站立的姿势

D. 文中"不学《诗》，无以言"的意思是不学《诗》，就不懂得怎么很好地表达

四、阅读《论语·子张篇》中的几段文字，然后回答第14~16题。

子张曰："士见危致命见得思义祭思敬丧思哀其可已矣。"

子夏曰："日知其所亡，月无忘其所能，可谓好学也已矣。"

子夏曰："博学而笃志①，切问②而近思，仁在其中矣。"

陈子禽谓子贡曰："子为恭也，仲尼岂贤于子乎?"子贡曰："君子一言以为知，一言以为不知，言不可不慎也。夫子之不可及也，犹天之不可阶而升也。夫子之得邦家者③，所谓立之斯立，道之斯行，绥之斯来，动之斯和。其生也荣，其死也哀，如之何其可及也?"

[注]①笃志：志，意为"识"，此为强记之义。②切问：问与切身有关的问题。③得邦家者：指做了诸侯或卿大夫。

14. 下列对文中画波浪线的句子断句正确的一项是（　　）
   A. 士见危致命/见得思义/祭思敬/丧思哀/其可已矣
   B. 士见危/致命见得/思义祭思敬/丧思哀/其可已矣
   C. 士见危/致命见得思/义祭思敬/丧思哀其/可已矣
   D. 士见危致命/见得思/义祭思敬/丧思哀其/可已矣

15. 下列对选段内容的理解不正确的一项是（　　）
   A. 孔子在本章提出了教育思想和教育方法的问题
   B. 孔子认为，只要做到"博学而笃志，切问而近思"就是达到"仁"的基本要求，这样的人就可以为官从政了
   C. 孔子并不笼统反对博学强记，因为人类知识中的很多内容都需要认真记忆，不断巩固，并且在原有知识的基础上再接受新的知识
   D. 孔子的教育方法就是"博学而笃志"即"博学而强记"，他再一次谈到它的重要性的问题

16. 下面各项中对选段理解不正确的一项是（　　）
   A. 论贤良，子贡自认不如孔子。
   B. 子贡认为，君子应当谨言慎行。
   C. 子贡极其推崇孔子的学说。
   D. "馁之斯来，动之斯和"的意思是安抚老百姓，老百姓就会归顺，达到人和。

五、翻译题

17. 子曰："君子喻于义，小人喻于利。"
18. 士不可以不弘毅，任重而道远。
19. 子曰："君子成人之美，不成人之恶；小人反是。"
20. 子曰："不知命，无以为君子也；不知礼，无以立也；不知言，无以知人也。"

六、参考答案

1. A　[在中国古代，垂髫（tiáo）是指三四岁至八九岁的儿童（髫，古代儿童头上垂下的短发）；总角是指八九岁至十三四岁的少年（古代儿童将头发分作左右两半，在头顶各扎成一个结，形如两个羊角，故称"总角"）；束发是男子十五岁（到了十五岁，男子要把原先

的总角解散，扎成一束）；弱冠是男子二十岁（古代男子二十岁行冠礼，表示已经成人，因为还没达到壮年，故称"弱冠"）]

2．B 3．A 4．C

5．A（古代以面向南为尊位，天子、诸侯和官员听政都是面向南面而坐）

6．C（之：用法同"其"，他的，指孔子而言）

7．A（鳏：年老无妻或丧妻的男子。寡：年老无夫或丧夫的女子。孤：年幼丧父的孩子。独：年老无子女的人）

8．A（古代大被叫"衾"，小被叫"被"）

9．A（子曰："由之瑟，奚为于丘之门？"门人不敬子路。子曰："由也升堂矣，未入于室也。"）

10．B（内层叫"棺"，外层叫"椁"）

11．D（孔子是为其他弟子没有想颜回之所想，也没有想孔子之所想，违礼厚葬颜回而伤感的）

12．A（益者三友，损者三友。友直，友谅，友多闻，益矣。友便辟，友善柔，友便佞，损矣）

13．C（"立"是立身，而不是"站立的姿势"）

14．A（士见危致命，见得思义，祭思敬，丧思哀，其可已矣）

15．B（"这样的人就可以为官从政了"文本没有提及）

16．D（"绥之斯来，动之斯和"的意思是安抚百姓，百姓就会来归顺；动员百姓，百姓就会万众响应）

17．君子看重的是道义，小人看重的是利益。喻：明白，通晓，这里译为"懂得"。利：利益。于：对于。义：道义。

18．士不可以不弘大刚强而有毅力，因为他责任重大，道路遥远。

19．孔子说："君子成全别人的好事，而不助长别人的恶处。小人则与此相反。"

20．孔子说："不懂得天命，就不能做君子；不知道礼仪，就不能立身处世；不善于分辨别人的话语，就不能真正了解他。"

第五节 文学论著：让你拥有一双发现美的眼睛
——《谈美书简》

一、活动设想

本专题是文学论著阅读专题，精读作品是朱光潜先生《谈美书简》。对于刚升入高二的学生而言，要理解这本书，还是有一定的难度的，因此，本专题阅读至少需要"三读"。拟从让学生探讨什么是"艺术美"入手，尽量列举学生熟悉的例子，围绕"什么是美？""什么是艺术美？"展开讨论，让学生初步了解美和艺术美，培养学生审美的意识和情趣。在此基础上，再探究艺术作品之美、美从哪里来等问题——这需要引导学生自主阅读、小组探究（应用多媒体），学生将可以在书中获得答案。在此基础上，让学生谈谈关于"美"的感受或体会，组织学生展示分享各自的观点，以达到提升审美能力的目的。为了检测学生阅读本书的质量，我们还准备了"知能测试"原创试题，供教学检测之用。

完成上述流程大约需要一个月，教学上，课内课外结合，教学方式以阅读引导为辅、自主阅读和创作为主，要求教师全程参与学生的学习。

二、活动目标

（1）准确理解分析文本内容，了解什么是"美""艺术美"。
（2）体会、实践如何欣赏艺术美、创造艺术美。
（3）继续培养五种习惯：利用自媒体独立自主查找、整理、分析、应用资料的习惯；乐于赏析探究的习惯；愉悦地分享、合作的习惯；大方地交流、展示的习惯；认真及时地记录、写作的习惯。

三、活动设计（见图 4-5）

活动设计如图 4-5 所示。

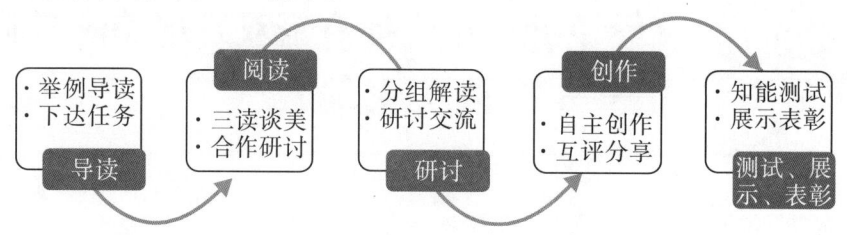

图 4-5　《谈美书简》教学活动流程

四、活动实施

（一）导读与下达任务（第 1~2 课时）

为了帮助学生了解什么是"美"、什么是"艺术美"，如何赏析美，如何较快让学生比较顺畅地阅读并理解《谈美书简》的内容，本环节重在列举学生熟悉的例子并组织学生展开探讨。

1. **导读**

（1）子谓《韶》："尽美矣，又尽善也。"谓《武》："尽美矣，未尽善也。"（《论语·八佾》）

（2）希腊女神与现代美女照片（如美神阿芙洛狄特、智慧女神雅典娜等）。

（3）刘姥姥与林黛玉（都是艺术形象，都是美的艺术形象）。

（4）《谈美书简》：文学作为语言艺术的独特地位（什么才是语言艺术美，由此引申什么是"美"——可以使用黄山松等照片阐述）。

（5）情人眼里出西施（美是带情感的：诸葛亮的夫人与贾宝玉的夫人）。

（6）朱光潜《咬文嚼字》、林庚《说"木叶"》（着重理解如何赏析艺术美：咬文嚼字之美美在何处？精读与略读——精读：推敲字词句；略读："观其大略""会其意"即可）。

以上六个角度任选其中 1~2 个角度切入导读即可。建议从（4）或（6）切入为宜。因为（4）是《谈美书简》的第二篇，（6）中的两篇是人教版中的课文，都有助于提高学生深入阅读的兴趣。

引导学生初步得出如下结论：

（1）美是一种情趣，但美与物欲无关，却与联想正相关（由人及物：移情；由物及人：内模仿），达到物我同一是审美的最高境界。

（2）艺术就是在"人化的自然"和"人的对象化"的交互作用下产生的，因此，自然美并不等于艺术美，而自然丑也可以转化为艺术美，美是可以创造的（劳动创造美）。

（3）艺术美是主客体对立统一的：人之中有自然，自然之中有人，即和谐就是美。

（4）美一定是真善的，真善的则未必是美的。

（5）艺术美有崇高与秀美、戏剧和悲剧之分。

（6）生活中时时处处都存在美，所以，请"慢慢走，欣赏啊！"

导读一要帮助学生懂得如何根据原文概括大意，重在理解分析文本；二要明确精读与略读的关键点，本部分内容可以应用自媒体辅助完成教学任务。

2. 下达任务

在导读之后下达读写任务（发布在微信公众号、QQ号、网站等自媒体，继续以任务驱动读写活动的开展）。

（1）阅读。

①精读一本书：《谈美书简》（朱光潜），至少阅读三遍：粗浅阅读、速读、分析阅读。重点在分析阅读，这也是本专题必读和分析阅读书目。

②选读任一本书：《瓦尔登湖》（戴维·梭罗）、《宽容》（房龙）、《歌德谈话录》（艾克曼）、《美学散步》（宗白华）、《人间词话》（王国维）、《圣经》、《时代三部曲》（王小波）、《吾国与吾民》（林语堂）、《丑陋的中国人》（柏杨）、《莹窗小语》（刘墉）、《培根人生论》（培根）、《曾国藩家书》（曾国藩）。

③继续认真做好分类提问式读书笔记。

（2）创作。

①独立完成一篇话题为"艺术美"的不少于1 500字的论文或不少于1 000字的读后感。建议话题：以自己阅读过且理解较为深刻的某部（篇）文学作品（小说、戏剧、散文、诗歌）为例，抓住某一个范围（如人物形象、语言、环境、情节、主题等）进行审美分析。

②整理一份利用自媒体或面对面讨论《谈美书简》某一个问题的研讨记录稿（以读书小组为单位整理即可）。

此两项为必须完成的创作作品。

（二）分析阅读（课内：第3～4课时，课外三周）

阅读书目：《谈美书简》（朱光潜），"三读"本书，安排如下：

1. 一读：粗浅阅读（课外完成，自主阅读）

粗读之前，要求学生自主利用自媒体和网络搜索作者朱光潜简介及与本书相关的资料。

2. 二读：速读（课外完成，自主阅读）

在速读之前，教师需要利用一节课进行导读，导读内容和相关材料见前文"导读""任务"。

3. 三读：分析阅读（课内外结合，自主与合作、探究阅读交错进行，共三周时间）

（1）自主与合作阅读。

①个人独立自主进行第一遍分析阅读（要求读完本书）。

②合作阅读：以读书小组为单位，采取抽签的方式，将本书十三章作品分派给读书小组进行重点解读，每个小组负责1～2篇作品的解读（重在理解分析）。

合作阅读是公共知识内化为个人知识的基础，因为阅读是个人在分析阅读中经验的积累和升华，必须是独立思考的结果。由于该书各章的逻辑联系并不是太强，而且有些美学名词和道理单靠个人无法理解，这给进行合作阅读提供了可能条件——有些章节学生个人是可以解决的，但有些可能就个人解决不了，这时就需要学生同伴或读书小组共同研习和探讨。必要时提醒学生尽量利用自媒体和网络查找相关资料，并做好记录和读书笔记。

（2）同伴探究阅读。

在上述阅读的基础上，进行再次阅读——分析阅读。课内组织学生就本组成员解读的文章展开研讨，主要步骤如下：

①将十三章内容分为若干个阶段，小组同步阅读并分别提出问题。

②看看是否有共同问题，重点围绕本组必读章节的共同问题展开研讨。

③帮助同伴解决存在的不同问题——也可以存疑（包括不同问题，因为不是阅读了这么一本书就可以解决所有问题的）。

尽量利用自媒体和网络查找相关资料，并做好记录和读书笔记。以上步骤并不是固定的流程，而是相互交错的，即在独立自主阅读的过程中，提倡小组就某一个或几个生成的问题展开探讨，而探究阅读则可以视情况而定是采用自主还是同伴一起进行的方式。

（三）研讨交流（课内：第5～7课时，课外第三周）

1. 分组解读

（1）小组研讨阅读，拟引导学生在课外组织一次小组研讨阅读活动。

（2）研讨的范围是小组必须解读的文章，侧重理解分析文本的内容，主要能准确解读文章的意思（最好能够举例阐述）、提出小组或个人不能解决的问题或有争议的问题。解读需形成研讨记录稿，可能的话尽量制作PPT，来不及的同学则至少要整理好发言稿，上课时进行投影。

（3）均为无主题研讨（主题在研讨后生成），策划人必须组织本读书小组成员预先确定需要探讨的共同问题（包括列举事例）；至少熟读五遍需要探讨的章节（提醒学生最好也了解其他章节的内容）；课内建议利用自媒体，以免因为调整座位而花费时间，课外最好能够面对面或利用自媒体展开研讨；整理一次研讨的记录，将电子稿（不少于1 000字）提交给教师。

2. 班级研讨交流

（1）本环节目的是分享各自的解读成果，共同面对提出的问题。

（2）抽签确定展示顺序。每两组同学展示后均请一位同学点评，一节课后，再由教师负责点评。

（3）本环节拟用3个课时，每个小组发言时间不超过8分钟，学生点评时间不超过2分钟。

（四）创作（课外）

建议创作方向：

（1）美的本质是什么？有人说，美是主观的；有人说，美是客观的；有人说，美是客观性和社会性的统一；也有人说美是主客观的统一，你认同哪一种观点？请就此写一篇论文谈谈你的看法。

（2）就朱光潜先生的"艺术美"这个话题，自主确定一个观点，创作一篇论文。

（3）选择书中的一个你觉得熟悉的观点，以"——阅读《谈美书简》有感"为副标题写一篇读后感。

注意：①必须原创；②引用请规范注明出处；③任务在第三周结束前完成（可以提交纸质稿，也可以提交电子稿，发送到教师邮箱即可）。

（五）展示表彰（第8～9课时）

（1）学生优秀（最佳）论文或读后感的推荐与评选。

①先由学生通过互评（三位学生），每个读书小组推荐1～2篇作品提交给教师。

②教师根据各读书小组推荐的作品，选出12篇作品在班级教室展示。

③评选最佳作品：评委由全体学生担任，每人一票，每票10分，以读书小组为单位统计分数（平均分即可），再交由科代表统计总分，分数前五名的为"最佳作品"。

④评选标准：论文按论文评分标准，读后感按高考评分标准。

（2）点评学生优秀作品（第八节课）。

（3）利用"名著阅读课"（第九节课），进行"知能测试"，年级总分前三十名的为"阅读优胜者"。

（4）表彰"最佳论文（读后感）"和"阅读优胜者"获得者，颁发奖状。其中，"最佳论文（读后感）"获得者奖励一本书，其余每人奖励一个书签。

五、师生优秀作品选

美是主观还是客观存在的？

终于把《谈美书简》看完了，让我感兴趣的是，文中谈到关于"美"到底是主观存在的还是客观存在的这个话题，在我看来，"美"是主观存在的。

《现代汉语词典》释义"美"：美是人情感所引起的精神愉悦。它需要感受于存在，会于心灵。而对"主观"的其中一释义为：主观是由自主意识发生的，而不是受外界刺激直接产生的，所谓的"萝卜青菜各有所爱"，不就体现了主观的意思吗？如"美食"，我们从字面上来看，它所包含的食物都是"美"的，但是有些人却不依，他们觉得榴莲根本算不上美食，也不会将其列为自己美食的食谱。相反的有些人觉得榴莲也是美食的一部分，所以他们就将其列为自己美食的食谱。也就是说"美"是由自己的意识产生的，它不会因大众认为"美"，就会变成全部人都认为其确实"美"。又再如落花，有人看到会觉得很平常，只认为它是生命衰落的征兆，而有些人却认为这是"美"的，是一种"凄凉美"抑或是"艺术美"。在看待这些情况时，我们难道会认为"美"是来源于客观的吗——"客观"的其一释义是"按事物本来面目去考察，与一切个人情感、偏见或意见都无关"。而上面的两个例子难道不是与个人情感和偏见有关吗——这就与客观"美"产生了矛盾，因此我认为"美"是主观存在的。

当然，有人可能会问：那为什么现在总是有大把的人持有一样的意见，如在同一时间内喜欢上同一部"美"剧，同一时间不喜欢一部动漫再到同一时间又喜欢上这一部动漫。其实这都能有很好的解释，在当今被网络覆盖的世界，人们的三观总是会被网络无形地改变，如《大鱼海棠》这部动漫，刚播出的时候有人吐槽说不好看，然后一大波的人都在吐槽不好看，但是过了一段时间后又有网友说这部动漫好看且很感人，然后就出来一大波人又都在说这部动漫确实很好看。又如今天有人说"某某明星好帅呀，我要粉他"，然后她就转粉了，而明天她看到有网友说"某某明星好作呀"之后，她又马上粉转黑——这就有了为什么同一时间会有一种对"美"的共识的原因。但这并不是客观美，这是我们现在所说的跟风，而不是"美"的概念。因为当你认为一件东西或事物是"美"的时候，你是不会轻易改变的，而我为什么说"美"是主观的呢？因为客观不可能同时认为一件东西是美的也是丑的，但我们却可以通过一些人了解到一件东西确实是美的也是丑的——因为不同的主观会对事物有不同的理解和看法。

在这世上也没有什么无缘无故的美，你认为一个人、一件物美也不是说没理由的，这些感知"美"是来源于自己的主观意识。如你觉得一个人美，并不存在说"我也不知道为什么，就是觉得他好'美'"——等你用自己的主观意识去感知的话，你就会发现原来自己觉得他"美"是因为他的性格、颜值，抑或是气质。还有就是一个人若觉得某事某物美，也不是莫名其妙的，你觉得它"美"是因为你的个人的情感被它影响了，然后再由你的主观意识将"美"表达出来。

所以说，美是主观存在的。

（作者：2017级学生　李昱慧）

谈《谈美书简》的美中"不足"

朱光潜先生新版《谈美书简》出版后得到了诸多好评，但有人也指出了书中的一些不足，我也觉得本书中还存在一些不足。

本书是以回复信件为主要创作方式，每封信都有一定的联系。在第二章的两个段落中曾有两次"白痴"出现，第一次是在开篇那部分出现，第二次是在要结束时提起。我认为这两句带"白痴"的话是矛盾的。第一句，说不能正确辨别具体的美和丑的人都是白痴，现代审美教育并非有极大的发展，人的审美水平也并不一定很高，对于美和丑的理解也就很难或不能达到所谓"正确"的水平，那么现代人是不是就是白痴呢？若说这需要过程，但有过程也不一定能够达到"正确"的水平。在第二句中也一样存在与第一句矛盾的意思，它说对于一切美和丑的现象不能辨别的人也是白痴，未免说得有点大呢。丑与美在作者看来是可以互相转化的，也是可以互相衬托的，这是一种不具体的抽象意义，这又怎么可能达到"正确"呢？在我看来，正是因为这样，一些这样有关美学的作品才不够成熟，毕竟美学范畴大，又抽象，故美学也有不断发展的空间。

在阅读的过程之中，我发现第二章与第三章的一处链接中出现了矛盾，论及美从现实出发还是从抽象概念出发，作者的观点是美的起源不是抽象概念，而这个观点正好与"美的定义"之间有矛盾。世界万物都是一个谜，并且是一个抽象概念，就像现实生活就是一个抽象概念，现实生活是人类的概念中存在着人类所感知的存在意义，但对于地球之外的极其浩大的空间概念来说，现实生活不值一提。放眼当今世界，都是在抽象概念下一步一步发展的，那么论及美的起源，答案正是抽象概念。美本身也是一种抽象性意义的存在，意义也会随感知的发展不断改变，美也就无不让人更加具有抽象意义的感知可能性，故可说美起源于抽象概念，而现实也是抽象的，正是在抽象概念的基础之上不断发展，并逐步在现实生活中所扩张而有了现实的意义。作者对于"美的定义"有一些通性的误解，这便是我对这方面误解的个人"修正"。

再把这注意力放在第十章之中，也有一些前后说法矛盾的地方。作者一直追寻着不同人物对现实主义与浪漫主义的看法，总结出了一些浪漫主义和现实主义之间的区别来源和不同的作用。作者明确了自己的态度与其他大部分艺术家、作家及哲学家的态度是一致的，但在最后的几段话中，作者却说坚信毛泽东同志的主张，又把现实主义和浪漫主义之中的不可契合之处统一起来，而且也未对为何能将其统一起来做出解释而是草草跳过，从而看出了他对这些种理性关系并没有太过透彻的理解，从而有点自相矛盾。

作者在本书中较多用到他人的艺术作品对"美"进行所谓的"个人见解"的阐述，但在运用他人的作品时多使用西欧作家作品，这正是一种不足。在中国当时的年代，国人的思想对西欧文化并没有完全的认识，读者对于外国文籍也有所厌恶，毕竟接受不了太多类似思想，又怎么能确定收信者能理解他对"美"的阐述呢？在本书中我们也不难发现，作者在写作时也有一些个人崇拜主义，马克思主义和毛泽东思想虽好，但作者对于这两种思想和两个人都在片面上体现了个人崇拜主义，这更不利于读者对作者的信任，毕竟读者会对作者的个人崇拜主义有所怀疑。因此，把个人崇拜主义用在本书上，也是一个"不足"之处啊。

人无完人，书也无足美。一部作品的美中不足也从另一方面体现出了残缺美，可能是时代不同的问题，我对这本书的理解也是美中不足的，但我用自己的眼睛去发现我所认为的"不足"之美，从美中继续挖掘美，这不就是阅读这本书给我带来的意义吗？

（作者：2017级学生　汤毅政）

劳动产生艺术
——读《谈美书简》有感

因为班上开展了"专题读写"活动，我才在这个月里勉强看完《谈美书简》。说真的，虽然这本书讲的是我们日常生活中再熟悉不过的美，但对我来说它还是太难懂、太难消化了，以至十三封书信中我只读懂了几篇。其中感触最深的是第五篇——"艺术是一种生产劳动"。

什么是艺术？什么是劳动？作者开篇就提到"艺术是一种生产劳动，是精神方面的生产劳动，其实精神生产与物质生产是一致的，而且是相互依存的。"这话没毛病，因为汉文"美"字起源于羊羹的味道，而羹，通常是指用蒸、煮等方法做成的糊状、汁状、冻状的食物，而会用这些烹调方法制作美味佳肴的，自然只有人类的劳动了。作者认为恩格斯在《自然》一书中论述的劳动在从猿到人转变过程中的作用，"谈到了人手的演变"这一点对研究美学特别重要。为什么呢？从人类学和古代研究来看，艺术和美起源于吃饭穿衣、男婚女嫁、猎获野兽等劳动生产之类日常生活实践中极平凡卑微的事物。而完成这些事物，往往需要人脑、手、脚等的配合，这便是劳动。所以谈美离不开谈劳动。

为什么劳动会和艺术扯上关系呢？举个简单的例子：蜣螂，俗称屎壳郎。别看它小，却能滚动远远大于其体重的粪便，每天吃掉的粪便也超过自身体重，塞伦盖蒂草原四分之三的动物粪便都是它们吃掉的。如果没有它们，草原将会被堆积如山的粪便埋没，美景将不复存在，那里就不再是动物们的天堂，而是它们的坟墓。因有屎壳郎的劳动，才有自然界的艺术。

劳动在自然的基础上进行。"自然是人的肉体食粮和精神食粮的来源，是人的生产劳动的基础和手段。人在劳动中才形成社会"，在生产劳动过程中，人根据自觉性来生产，通过劳动实践对自然加工改造，加强并提高了自己的本质力量。自然日益受到人的改造，就日益丰富化，就不仅有鬼斧神工的美景，还有巧夺天工的作品。人还按照美的规律来制造，动物则只按自己所属的那个物种的直接需要来制造，比如蝙蝠和雷达。蝙蝠利用超声波为自己的夜间活动开路，而人呢，他不仅仿制了超声波，还利用其工作原理对交通工具进行改造，方便了全人类。也就是说，因为自然界先前存在这些事物，人类才能在原有的基础上进行加工和改造。

艺术在劳动的基础上进行，朱光潜先生应用马克思的举例指出："占领或掌管人类现实生活的活动就必然要包括生产劳动的实践劳动，其中包括艺术和审美活动。"例如，你要完成一幅画作，这时你的眼睛就会变得锐利，搜罗四周的美景，而手便习惯性地拿起纸笔，及时捕捉眼睛传来的信息，鼻子和耳朵则起着辅助作用，比如说你闻到了花香，耳朵听到了鸟鸣，可眼睛先前却没有发现花儿、鸟儿的存在，你的手就会赶忙把这一漏洞补上。劳动会引起五官的紧张，即"注意"或"聚精会神"。这往往说明你在劳动时有全身心地投入，即做到了"眼到、心到、口到、手到"，此时劳动者还能感到发挥全身本质力量的"乐趣"——美感。所以说，艺术起源于劳动。

劳动创造了艺术。"劳动和自然界一起才是一切财富的源泉；它是整个人类生活的第一基本条件；劳动创造了人本身。"在古代，刚出现的人类的各部分肢体还不协调，不能完成其他多余的劳动，所以生活在荒郊野岭，以天为被以地为床，丝毫没有私有财产的意识，更甭提拥有私有财产了。随着时间的推移，人类能干的事变多了，劳动领域也扩大了，于是人类便开始通过自己的双手创造财富。生活一旦富裕，人们就有空闲时间动手搞艺术，音乐大师贝多芬，画家凡·高、达·芬奇，雕刻家托尔瓦德森等名人便陆陆续续地崭露头角了。可以说，是劳动创造了人，是劳动创造了财富，是劳动创造了艺术，亦是劳动创造了信息时代。

总的来说就是：劳动创造了艺术，而劳动因为艺术才变得更有意义。

（作者：2017级学生　何晴）

"慢慢走，欣赏啊！"
——再读朱光潜先生《谈美书简》有感

说实话，我很推崇朱先生的这句名言——"慢慢走，欣赏啊！"

是的，人的一生不长，在不长的一生中，有多少美景让我们欣赏啊，我们自身又有多少美的东西值得欣赏啊。对于一个中学生而言，必须具有审美意识和美的眼光，并学会用它来欣赏自己和他人，学会用它来审视这个世界和人生，缺失了这一点的中学生，是会少了太多乐趣的！林清玄先生曾经在他的小文章《真正的美丽》一文中说，原先小鹿厌恶自己四条细长的脚，在经过了一番磨难后，才发现原来真正美丽的是自己的脚——因为在关键时刻，是脚救了它的性命！而如果一个人连性命都没有了，他还能欣赏自己的美丽吗？所以，"小鹿每天在湖边喝水，都要用这种欣赏的眼光看自己的脚，愈看愈美丽。"其实，也只有真正懂得欣赏自己的人，才会有真正的美丽！

人生就是艺术！"离开人生便无所谓艺术，因为艺术是情趣的表现，而情趣的根源就在人生；反之，离开艺术也便无所谓人生，因为凡是创造和欣赏都是艺术的活动。"中学生要学会生活，其中一个很重要的方面就是要能欣赏生活，这也是衡量你是否会生活的标准。那么，如何欣赏生活呢？最基本的一点是过有丰富情趣的生活。而所谓的"丰富情趣"，是人的一种感觉，当我们觉得生活充满情趣时，我们便会觉得生活是多么美好、生活是多么惬意。

朱先生说艺术的生活应当有两个美点：整体之美与真情之美。整体是由个别组成的，整体与个别息息相关，看任何事物，都应当用整体的观念去看，切不可只见树木不见森林；另外在生活中一定要有至性真情，容不得半点假借，因为情趣本来就是物我交感共鸣的结果。凡是假的，终究站不住脚，到头来，不是你抛弃了生活，而是生活抛弃了你，最终成为俗人或伪君子——这两种人的生活是最不艺术的。因为"'俗人'根本就缺乏本色，'伪君子'则竭力遮盖本色。"

要避免成为俗人或伪君子，就应当有这样的生活态度：乐观、积极、宁静、热爱。我觉得这些态度是一个人应该具备的最为基本的生活态度，我始终认为，态度决定思路，思路决定出路；态度决定行动，行动决定成功。一个人具备了这样的生活态度，那么，他的人生就一定是丰富多彩的，在他的人生历程里就一定能取得不小的成功。我希望自己和别人都能有这样的态度，尤其希望高中生们能在三年的高中学习过程中逐渐习得它。

读书做学问如品茶，其实，生活亦如品茶，你得慢慢来，尤其要静下心来，诸葛亮说，淡泊明志，宁静致远。生活需要你静静地反复"阅读"，才能有所得、有所感悟，才能由混沌无知到似懂非懂再到有所领悟，进而达到心领神会的境界。

所以，朋友们，记住朱先生的教导："慢慢走，欣赏啊！"

本试题命题依据：《谈美书简》（朱光潜）。

一、选择题

1. 阅读第一章，下列理解和分析，不符合原文意思的一项是（　　）

A. 朱光潜先生写《谈美书简》的原因，按他的说法是"做一回冯妇"

B. 条条大路通罗马，美学的学习也如此，没有哪一条是学好美学的唯一道路

C. 研究美学的人必须学一点文学、艺术、心理学、历史和哲学。否则，学美学的人会有很大的缺陷

D. 朱光潜先生说自己有一个坏习惯，就是学到点什么，马上就想拿来贩卖。但他认为这种习惯不全是坏处

2. 阅读第二章，下列理解和分析，不符合作者原文意思的一项是（　　）

A. 吉卜赛女郎的一口水之恩使敲钟人认识到什么是善与恶、美与丑、爱与恨。这是小人物的高大形象

B. 艺术必须根据自然，自然丑可以转化为艺术美；但艺术美并不等于自然美

C. 罗丹不能正确辨认生活与艺术中的一切美丑现象，他就是白痴一个

D. 十九世纪末，颓废主义是普遍流行的"世纪病"，但颓废派不粉饰现实生活的积极内容，而且艺术成就很高

3. 阅读第三章，下列理解和分析，不符合原文意思的一项是（　　）

A. 心理学家所说的人的"本能"，即是人的习性中还保留一些兽性

B. 艺术和美并不是抽象概念，而是起源于吃饭穿衣、男婚女嫁、猎获野兽以及劳动生产之类日常生活实践中极平凡卑微的事物

C. 很多人认为美是客观的，作者认为"美是主观的"，但也不否认美是主观和客观统一的

D. 康德认为美可以分为"纯粹的"和"依存的"两种。但因为他忽略了其中一个方面，于是就产生了"为艺术而艺术"等流派和学说

4. 阅读第三章，下列理解和分析，不符合原文意思的一项是（　　）

A. 康德把情感和意志排斥到美的领域之外，叔本华和尼采则片面强调意志，这些都是法西斯暴行的理论基础

B. 变态心理学的代表人物是弗洛伊德，他的学说使得文艺成了"原始性欲本能的升华"

C. 贝多芬、莫扎特和舒曼都有耳病，却都成了音乐大师，这就是弗洛伊德的个人自我扩张欲的具体体现

D. 艺术作品必须向人这个整体说话，必须适应人的这种丰富的统一体。即着重人的整体

5. 阅读第四章，下列理解和分析，不符合原文意思的一项是（　　）

A. 作者认为马克思主义创始人没有写过一部美学或文艺理论的专著，所以，马克思主义没有完整的美学体系

B. 研究美学必须弄通马克思主义，否则美学研究就会走向死胡同

C. 文艺作为一种意识形态，必会受到经济基础的决定作用，当然它也有反作用

D. "荷叶藕，满塘转"这个俗语告诉我们：决不能把美学看成一门独立自足的科学

6. 阅读第五章，下列理解和分析，不符合原文意思的一项是（　　）

A. 美是知、意、情统一的产物，艺术是精神方面的生产劳动

B. 人道主义与自然主义的辩证统一是相互因依的关系：人中有自然，自然中有人

C. 马克思认为"人还按照美的规律来制造"，"能够正确认识和运用自然规律"

D. 对于不懂音乐的耳朵，最美的音乐也没有意义。因为美是主客观统一的整体

7. 阅读第五章，下列理解和分析，不符合原文意思的一项是（ ）

A. 主体和客体不可偏废，因为在劳动过程中，人既改造了自然也改造了自己

B. 人与动物的分别在人在劳动生产之前心里就已有蓝图等，因此，他肯定了"美"是存在形象思维的

C. 艺术起源于劳动，"注意""紧张"使劳动者感受到"乐趣"，这乐趣就是美感

D. 手不是孤立地，手的改变也引起了脚和其他器官的改变，最终使得人脑发生改变，因此，人类文明都是人脑思维活动的结果

8. 阅读第六章，下列理解和分析，不符合原文意思的一项是（ ）

A. 艺术摹仿人类自然本性（人性），这是古希腊时代的文艺信条。

B. 人道主义总的核心是尊重人的尊严，把人放在高于一切的地位。因为人具有一般动物没有的自觉心和精神生活

C. 无论在中国还是在外国，最富于人情味的母题是爱情。如果否定了人情味，爱情就无法见到了

D. 焦大并不欣赏贾宝玉所笃爱的林妹妹，这正说明了"不同的阶级有不同的美感"

9. 阅读第六章，下列理解和分析，不符合原文意思的一项是（ ）

A. 美感是一种很复杂的情感，有时美感也不全是快感，悲剧等所产生的美感往往夹杂着痛感

B. "口之于味，有同嗜焉"，这是毛泽东引用来肯定各个阶级也有共同的美的"证据"

C. 过去时代的主角和现时代的主角发生变化，这就叫"典型环境中的典型人物"

D. 说"宋江不应有'坐楼杀惜'，李逵也应该莽撞到底"，是歪曲人性有背离发展论的观点的谬论

10. 阅读第七章，下列理解和分析，不符合原文意思的一项是（　　）

A. 人感到和谐愉快是因为人们应付审美对象时，其对象所表现出来的节奏符合生理的自然节奏

B. 把物写成人，静的写成动的，无情的写成有情的，于是山可以看人而不厌，桃花可以轻薄。这就是移情作用

C. 欣赏颜字的刚劲，就不由自主地正襟危坐，这就是内摹仿

D. 因为相信美感中有筋肉感，所以作者特别喜爱《史记·刺客列传》叙述荆轲刺秦王的情节

11. 阅读第八章，下列推断不符合原文意思的一项是（　　）

A. 思维既是实践活动，也是认识活动，它分为形象思维和抽象思维两种，后一种思维是前一种思维的升华

B. 单有形象思维不一定产生文艺作品，但文艺作品一定有形象思维

C. 任何神话都是用想象和借助想象以征服、支配自然力并把自然力加以形象化，比如《西游记》就是此类作品

D. 恩格斯批评《城市姑娘》这部作品没有倾向性，也不是充分的现实主义

12. 阅读第九章，下列理解和分析，不符合原文意思的一项是（　　）

A. 艺术之所以有"第二自然"之称，是因为艺术是自然在人的头脑里的"反映"，同时也是对自然的加工改造

B. 文学和音乐都是艺术，都是感性的、可凭感官直接觉察到的

C. 克罗齐认为美学就是语言学，语言本身就是艺术，而黑格尔认为诗是最高的艺术

D. 任何人说话如果能如实地达意说好话，使听者感到舒适，发生了美感，这个说话就是艺术

13. 阅读第十章，下列理解和分析，不符合原文意思的一项是（　　）

A. 到今天为止，世界上没有哪一位作家是百分百的浪漫主义者或者百分百的现实主义者，无论是莎士比亚、歌德、普希金，还是曹雪芹、巴金

B. 浪漫主义和现实主义既是文艺流派,又是创作方法。前者在时间上有限制,后者则没有

C. 浪漫主义可分为积极和消极的两派。雪莱、拜伦是积极浪漫主义派,华兹华斯则是一味的消极浪漫主义派

D. 高尔基首创"批判现实主义"这个名词,但作者认为它不是现实主义流派中的分支

14. 阅读第十一章,下列理解和分析不符合原文意思的一项是(   )

A. 说诗比历史更哲学更严肃是因为艺术典型须显出事物的本质和规律,于理当然

B. 人类的社会生活是文学艺术的唯一源泉,但文学艺术高于现实生活,因为它比现实生活更有集中性、更典型、更理想

C. 黑格尔的美学观比歌德要更进一步,因为他认识到典型环境起着决定典型人物性格的作用

D. 环境不典型,人物是不可能典型的。如《城市姑娘》《人间喜剧》等作品

15. 阅读第十二章,下列理解和分析,不符合原文意思的一项是(   )

A. 美与丑是总的审美范畴,它是对立而可混合或互转的。崇高和秀美、悲剧性与戏剧性都是如此的

B. 美感就是人使各种本质力量能发挥作用的乐趣,如小朋友和猫狗乃至桌椅谈话,男孩用竹竿当马骑

C. 恐惧和哀怜本来是不健康的情感,但它能够导致它"净化"或"发散",对人在心理上起了健康作用,因而产生美感

D. 今天不必把悲剧和喜剧截然分开,但还要讲悲剧和喜剧。在这一点上中外有所不同

16. 阅读第十三章,下列理解和分析,不符合原文意思的一项是(   )

A. 美学上的许多问题都有机缘,如《罗密欧与朱丽叶》《封神榜》《聊斋》等,都有很多偶尔机缘,引起人们的惊奇感,因此引人入胜

B. "灵感"是作者在下意识中长久酝酿而突然爆发到意识里。这

种突然爆发不一定源于偶然机缘,也可能是事出有因

C. 相声是谐的典型,是雅俗共赏的曲艺,所传染的情感中带有笑谑

D. 文艺起源于劳动,但文艺与游戏联系紧密。与游戏关系密切的偶然机缘在艺术中的作用还需深入研究

二、参考答案

1. A (这是他谦逊的说法)
2. C (这是作者提出的质疑而不是作者的观点)
3. C (作者的观点是:美是主客观的统一)
4. C (不是弗洛伊德的观点,而是门徒爱德洛的观点)
5. A (不是作者认为的,而是"不肯钻研的人"的借口)
6. C (后一句话是恩格斯说的)
7. D (强加因果,人类文明应该是劳动的结果)
8. C (不是无法见到,是很难见到)
9. C (这里是说明不同时代其主角是不同的)
10. D (因果关系颠倒了)
11. D (没有批评作品没有倾向性)
12. B (文学的媒介是语言,语言不是感性而是观念性的,所以无法直接感觉到)
13. C (消极浪漫主义也有积极的一面)
14. D (《城市姑娘》不是此类作品)
15. D (文中无此信息)
16. B (原文说的是"这种突然爆发有赖于事出有因,而人尚不知其因的偶然机缘")

第六节 自由阅读：横看成岭侧成峰
——向你推荐一本书

一、活动设想

本专题活动的目的一是培养学生选择图书的能力，让"经典""优秀"图书根植于学生内心；二是训练和培养学生的审美意识和审美能力。为此，拟要求学生以读书小组为单位自主选择一本经典或优秀的图书在规定的时间内阅读完（鼓励阅读能力强的同学尽量多阅读），并自主合作完成相应的读写任务套餐，再组织学生开展展示分享活动，让学生学会分享各自的阅读成果，并提升学生的创作能力和审美能力。

活动形式：课内外结合，以小组共读一本书的形式为主（也可以二人一组选择一本图书）。

二、活动目标

（1）培养学生选择图书的能力，让"经典""优秀"图书根植于学生内心。

（2）训练和培养学生的审美意识和审美能力。

（3）训练学生的速读能力和分析鉴赏能力。

（4）继续培育五种习惯：利用自媒体独立自主查找、整理、分析、应用资料的习惯；乐于赏析探究的习惯；愉悦地分享、合作的习惯；大方地交流、展示的习惯；认真及时地记录、创作的习惯。

三、活动设计（见图4-6）

活动设计如图4-6所示。

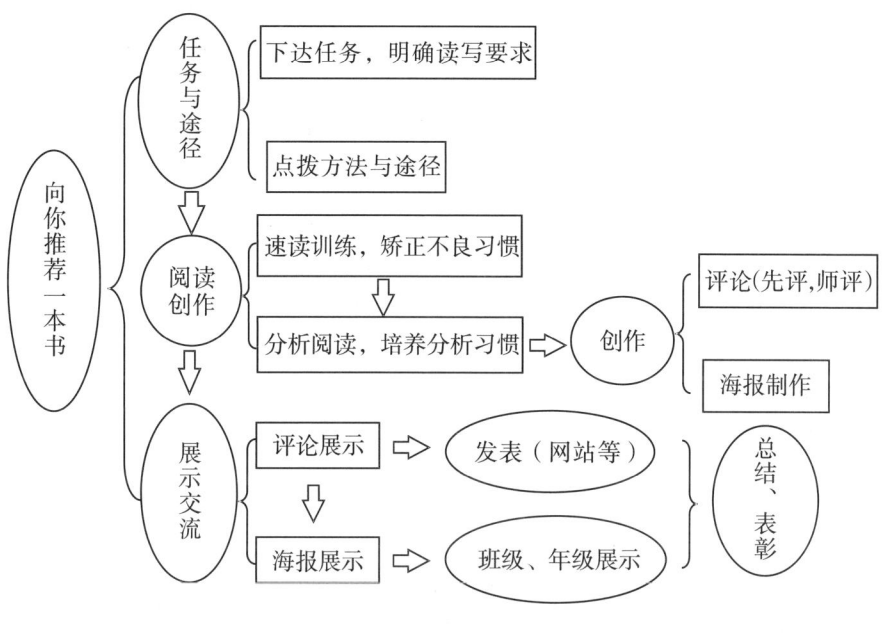

图4-6 "向你推荐一本书"教学活动流程

四、活动实施

（一）明确要求，下达任务（第1节课）

目的是让学生了解阅读和创作任务，明确知道阅读和创作应该怎么做。

1. **总任务**

每个读书小组自主选择一本书，在21天内完成阅读和创作任务。

2. **阅读和创作任务**

（1）阅读任务。

①速读能力训练：要求每分钟至少阅读600字（高中生速读速度应该达到700字及以上）。

②做好读书笔记：读书笔记可以使用纸质笔记本，也可以使用电子设

备。读书笔记要求按"识记积累、理解分析、鉴赏评价、应用探究"分类记录；使用电子设备的，则按上述四个要点建立四个文件夹，文档一律使用 Word 记录或创作。具体要求见第一节"阅读任务"。

（2）创作任务。

①写一篇不少于 1 500 字的评论。

②以 2～3 人为单位组建一个读书小组，共同完成一张海报（A3 纸）。海报必备要件：海报名称，书名、作者、出版单位、版别等信息，内容提要（简介）、推荐词、精彩内容摘抄。其余内容可以自选。

温馨提示：建议要有必要的插图，尽量使用一些彩绘。

3. 购买图书问题

以读书小组为单位购买，建议每 1～2 个人买同一本图书，小组之间购买不同的图书。这样全班同学就可以实现图书共享。

（二）阅读（第2节课，课外）

阅读的目的是感受作品之美，探寻作品之美，表达作品之美。一般以独立阅读为主，也提倡以读书小组开展阅读活动。对如何阅读整本书，课内时间教师应做下列导引：

一本书的阅读步骤一般分两步：第一步检视阅读（速读）；第二步分析阅读。建议在一周内完成一次检视阅读（速读），2～3 周内完成至少一次分析阅读。

1. **速读（检视阅读）训练**

利用每周一节的"名著阅读"课（共三节课）进行速读训练，其余阅读内容主要在课外完成。

（1）有系统地略读或粗读，先进行四看：看书名页，特别注意副标题或其他相关说明或宗旨，再看序（或前言）；看目录页（对这本书的基本架构做概括性的理解）；看索引（如果有的话，快速评估本书涵盖的议题范围以及所提到的书籍种类与作者等）；看出版者的介绍。

（2）阅读规则：面对难读的书——就算只懂50%或更少，请从头到尾先读完一遍，碰到不懂的地方不要停下来查询或思索（如果你停下来，最后就可能对这本书真的一无所知了）。

（3）矫正不良阅读（速读）习惯的训练方法：有意识地限时训练，同学间互相监督；克服出声、指读、摆头、复视、错行等不良现象。坚持训练21天，你的阅读速度就一定能达到要求。

2. **分析阅读训练**

分析阅读也叫细读，需要理解和掌握主要内容（包括形象、情感、观点等）、重要的细节、艺术手法（表达方式和方法、修辞、结构）、语言特点（优美的、哲理的、含蓄的）等。

温馨提示：要创作评论，至少需要将书阅读 3~5 遍，你才能动笔，否则，你可能写不出好评论来。

（三）创作与评改（课外）

1. 创作

（1）要求必须原创，讲求真实。

（2）创作：①写一篇评论，字数 1 500 字及以上；②创办一张海报（A3 纸，教师统一发放）。

（3）课外完成，评论作品第一周以后就可以提交了，可以是电子稿（书写不好的同学最好不要使用电子稿），也可以是纸质稿；海报（可以提交电子版）21 天后统一上交。

2. 评改

（1）一篇作品必须有三位同学互评互改，重点在"评"，要求每位同学根据评价标准写出评价意见。

（2）互评互改后，交给教师评改；教师将评选出 8 篇优秀作品在班级展示。

（3）学生根据教师批改意见对自己的作品进行更全面的修改并自评。

（四）展示分享（第3~4节课）

展示的目的是展示作品之美，展示创作之美，让学生分享各自的学习成果，培养学生分享、共享的习惯，让学生在分享中获得成就感。

1. 课时安排

课内 2 个课时，共展示 8 篇作品，每一篇作品展示时间为 8 分钟。

2. 展示规则

（1）以抽签的方法确定展示顺序，此步骤课前完成，提倡做PPT。

（2）展示分享并评选优秀作品。每人发一张选票，进行评分。评分细则如下：

①报告内容（5 分）。结构完整，思路清晰，条理分明，符合思维规律；观点鲜明而独特，有独创性、新颖性；内容翔实、丰富、恰当；分析、阐述深刻，有批判精神。

②表达效果（4 分）。吐字清楚、准确，表意明确；有启发性，能引发听众的共鸣；不超时；PPT 清晰，让人一看就懂。

③仪态（1 分）。服饰大方、自然、整齐；精神饱满，态度亲切；姿

态、动作、手势、表情、眼神自然。

（五）海报展示分享（课外）

1. 评选优秀作品

将学生的作品贴在班级教室四周的墙壁上展示，由全体学生来评选优秀作品若干，再提交年级评选、展示。评选的基本标准有以下几方面。

（1）版面设计：版面设计、插图和文字安排、色彩搭配等合理且有美感，给人赏心悦目的感觉。

（2）文字书写：书写工整，结构和布局美观。

（3）内容充实：内容充实而丰富，是原创自己的作品。

拟以读书小组为单位，每个读书小组一张选票，总分排名前四者推荐到年级进行展评。

2. 展示活动

年级将组织优秀作品（海报）进行展示活动，拟张贴在年级教学楼或学校宣传栏。

3. 颁奖与发布

（1）颁发奖状：对被评为年级"优秀作品（海报）"的制作人进行奖励。

（2）将优秀作品（评论）发布在"爱吐纳"网站和同名微信公众号，并推荐到报纸杂志正式发表或结集发表在校刊《足迹》上。

五、师生优秀作品选

孤独的轮回
——短评《百年孤独》

恐惧，源于孤独。《百年孤独》是一部魔幻现实主义小说，人能看见灵魂，奇怪的黄色蝴蝶时刻追随着一个将死之人，人会透明升天，但虚构的故事背后，是真实到令人恐惧的人性。一代又一代人的成长，却又回到从前，仿佛世界是面镜子，一代一代回溯悲剧，这轮回的背后，是永恒的孤独。村镇的建立直至毁灭，裹挟着一族人的兴衰，环境变迁，人性沉沦，却都逃不过孤独的轮回，一切在飓风中毁灭，不留任何踪迹，经受百年孤独的家族也不会有第二次机会在大地出现。

一、智慧的传播者——吉普赛人

吉普赛人本是商人，周游各地向人们介绍新奇的发明，有着广阔的眼界。马孔多的居民们，生产力不过原始部落般贫瘠，在科学的魔力面前，巨型磁铁用无形的绳子牵引铁器，遥远的荒漠仿佛尽在眼前，此番景象，打开了某些人开眼看世界的枷锁，居民们无不为之震惊。何塞·阿尔卡蒂奥·布恩迪亚沉迷炼金术的时候，世界便开始转动，悲剧就此注定，他的预言，早就将一切画上句号。晚年的何塞就如疯子一般，整日待在一颗栗树底下，不论风吹日晒，说着令人难懂的拉丁语，傍晚定时与别人所看见的梅尔基亚德斯谈话。我想，也许他并不是疯了，而是看见了这个世界的结局，而感到可悲吧，在无人能懂的孤独中贯彻自己的信仰而死。文明自此开始，也自此没落。

二、镜面的世界

这个家族总是在重蹈覆辙，仿佛从起名开始，就预示着结局，每一个后代，都是延续祖先的名字，名字继承之后，似乎能将祖辈的一切都继承下来。出生时，就已经具有出奇的相似性，奥雷里亚诺上校出生时就睁大了眼睛，去仔细观察周围的环境，也不哭泣，生下来就预示着他将拥有坚毅的精神，去鞭打整个世界。而他的儿子们，出生时也都是如此。何塞·阿尔卡蒂奥·布恩迪亚的一位叔父与他的姑妈结成夫妻，生出的儿子长出了猪尾巴，最终因猪尾巴断裂失血过多而死。而文章的最后，他的曾曾曾外孙与他的姨妈所生的儿子同样带着猪尾巴来到这个世界，就如他的曾曾曾祖母乌尔苏拉所害怕的一样，他所面临的将是死亡，随后是预言的结束，马孔多的终结。

何塞·阿尔卡蒂奥·布恩迪亚对于炼金术的狂热也是世代传承，那里有着特殊的魔力，进去的人都会魂不守舍，对生活不管不顾，任由自己在粪便中翻滚。他手中拿着写有梵文的羊皮纸，解读着上面的文字，一代流逝，一代又传承，可怕的相似性使我在读这本书时感觉在一直回溯过去。但是并不感到生厌，因为他们都有着不同的经历，但孤独却总是牵引着他们回到这个地方，或是逃避，或是在寻找着什么。镜面的世界，拥有不同的分支，却有着共同的终点。孤独在此间轮回。

三、马孔多的兴衰

马孔多总计有一百多年的历史，从无到有，再从有到无，终点回到起点，社会的发展，家族的变迁，都画着一个圆形的轨迹。起初他们不过是落后的农耕实社会，生产自给自足，无政府，但有一位领导者，有着绝对的威信，内战之前，受到吉普赛人的影响，马孔多开始接触世界，生产力极速壮大，街上欣欣向荣，各种货物应有尽有。小金鱼给我的印象特别深，奥雷里亚诺和他的后代似乎总是和小金鱼无法脱离，人们往来送礼皆用小金鱼，让奥雷里亚诺忙得可是不亦乐乎。之后商业街形成，人口剧增，房屋扩建，建设粮仓，但孤独的宿命早已决定了这份美好不过昙花一现。

政府的建立，紧接着是自由派和保守派的内战，商业溃败，百废待兴。传奇不死的上校奥雷里亚诺杀掉了好友，在战火中迷失了自己，即使身体还在，炽热的心却逐渐冰冷，心中常常思念故乡，他屈服给了孤独，临近结束的内战成果，却付之一炬。他选择了妥协，自由派最后也和臃肿的保守派一样，不过是利益的追逐者，保守派胜利，马孔多注定走向衰落。政府开始在背地里暗杀政敌，消除异己，上校的儿子们一个个在黑暗中被"放倒"，最后老一辈们纷纷去世，曾曾曾孙奥雷里亚诺在破译羊皮纸的文字后，带着马孔多的所有居民在飓风中毁灭。始于奥雷里亚诺家族，又好似终结于奥雷里亚诺家族，孤独的轮回奔向起点。

这般现实，无不令人叹然。

（作者：2017级学生　陈子润）

《白夜行》爱情悲剧缘由探析

《白夜行》中的爱情，从一开始就注定了是悲剧。那么，是什么导致了爱情的悲剧呢？是男主角桐原亮司吗？对于亮司，他说"我的愿望是在白天走路"，他是黑暗中的影子，不能让人知道，在这黑暗里保护着这个女孩的一切。他的父亲毁掉了他们的一切，他对雪穗有着爱情，有着愧疚，有着希望，当拿着她送的东西，亮司露出了一个男孩恋爱时的样子。让她安全的方法，只能是自己的毁灭，他用自己最最重要的剪刀（这个是见证他们感情的东西）刺向了自己，到死也没能在白天行走。他的爱，是忠诚的，是无底线的，是无可救药的，让人不能理解，与《嫌疑人X的献身》中的石神一样，付出了自己的全部，自己仿佛就是为她而生。他对她的爱的付出比回报的更多，他最希望的回报就是她的开心、幸福、平安，这不计后果的付出，注定了这爱情的悲剧。

是女主角唐泽雪穗吗？对于雪穗，她自言"我的天空里没有太阳，总是黑夜，但并不暗，因为有东西代替了太阳。虽然没有太阳那么明亮，但对我来说已经足够。凭借着这份光，我便能把黑夜当成白天。我从来就没有太阳，所以不怕失去。"她是耀眼的太阳，在他人眼里，她就是纯洁的百合花，却不知花心已腐败。她是完美的，是每个人都羡慕的对象，但却玩弄他人于股掌之中。而对于亮司，她怀有希望，但被现实一次次浇灭。她小时候忍受着成人无法忍受的事情，与亮司的相遇是雪穗最大的幸运与不幸，她找到了一个与自己如此相似的人，是幸运的；但无法与他一起，却又是不幸的。她的经历注定了这个爱情要以悲剧结尾。

是他们两个人本身吗？对于他们两人，"一天当中有太阳升起的时候，也有下沉的时候，人生也一样，有白天和黑夜，只是不会像真正的太阳那样，有定时的日出和日落，有些人一辈子都活在阳光的照耀下，也有些人不得不一直活在漆黑的深夜里，人害怕的，就是本来一直存在的太阳落下不再升起，非常害怕原本照在身上的光芒消失，我的天空里没有太阳总是黑夜，但并不暗，因为有东西代替了太阳，虽然没有太阳那么明亮，但对我来说已经足够，凭借这份光，我便能把黑夜当成白天，我从来就没有太阳，所以不怕失去。"他们是对方的太阳，但自己没有了白天。一次一次地看似日出，其实是坠入更黑暗的地狱。他们是罪不可恕之人，但让人恨不起来，他们的罪，来自他们的可怜。他们之间的爱，相互付出，只是为了以后能一起像那剪纸一样，一个小男孩和小女孩手拉手，走向光明，但这些梦想只是一个梦。

是社会吗？事情发生的背景是在日本泡沫经济时期，失业率上升，许多家庭负债累累。这个时候人们越来越重视金钱，甚至把它凌驾于任何事物之上，这个从根本上改变了当时许多年轻人的价值观，以致埋下了罪恶的种子。女主角雪穗的悲剧，就是因为那个人的出现——桐原洋介，一个有恋童癖的人。母亲为了一己之私出卖女儿，去满足一个禽兽的欲望，在孩子的心里留下最深的疤痕。社会对未成年人的保护，看似无懈可击，但还是有人去冒险，给小孩子的心里留下不可磨灭的阴影。男主角桐原亮司，对于父亲的兽行，对于母亲的出轨，他都视而不见，那时在他心里已经没有了他们。这样的家庭和社会，让他失去了原本的太阳，直到雪穗的出现，让他重新有了太阳。而在这背后，也看到了日本泡沫经济的可怕，让人失去了人性，成了只追求金钱的野兽。

荀子认为的人的本性是恶，在这里是得到了证明的。雪穗和亮司身处于冷漠家庭，他们罪恶的种子从小就发了芽，再加上在这个黑暗的时代，这些因素最终导致了他们的爱情悲剧。

对于他们的爱情，让我觉得既可恨又怜惜。他们不能行走在白天，只能行走于白昼之夜。若能重来，我希望他们能走出白昼之夜，走向光明。

（作者：2017级学生　李晓俞）

兄 弟 情 仇
——谈谈《尘埃落定》中兄弟情的变化

《尘埃落定》是阿来的代表作，小说以我——一个"傻子"的视角讲述了在西藏这片土地上各个土司、各个家族内部争权夺利的腥风血雨。以麦其土司家为例，因为"傻子"二少爷无意中所表现出的聪明和远见，对于对土司之位志在必得的"傻子"同父异母的哥哥来说，无疑是一种威胁和挑衅。于是，一场关于土司继承权的风潮悄然兴起。而这其中，哥哥对弟弟的感情变化也反映出了他的欲望与矛盾。

一、爱

"我们麦其一家，除了我和母亲，还有父亲，还有一个同父异母的哥哥……"这是小说一开头对哥哥寥寥无几的描写。之后麦其土司借助汉人黄特派员的力量打败了汪波土司后，"我的哥哥这次战斗中的英雄却张开手臂，加入了月光下的环舞……他那张脸比平时更生动，比平时更显得神采飞扬……"此时的哥哥是意气风发，少年得志的，他带兵有威信，而且枪法好，又勇敢。他对"我"这个弟弟也很关爱，不仅送了"我"一把刀子，还希望"我"也像能他一样勇敢，并且还有意培养我的勇敢。在"傻子"的母亲郑重其事请求照顾好弟弟时，"哥哥点点头"，不可置疑，此时的哥哥对自己这个呆呆愣愣的弟弟是很上心的，甚至可以说是很关爱的。

二、怨

可是慢慢地，弟弟的一些举动和看法出乎了他的意料，让他感觉到了一丝威胁和不安。当弟弟发现偷盗罂粟的人居然把罂粟种子装在了耳朵里面，而他们的对手——汪波土司从牺牲者的头颅得到了珍贵的罂粟种子时，他把这件事告诉了哥哥。但哥哥却不相信事实，还轻蔑地对弟弟说："你一个傻子知道什么？"当事情被证实后，父亲看着哥哥说："好像不是人在装进去，而是它自己长起来的。"难堪和怨恨，或许是哥哥当时最强烈的感情吧。毕竟当初是自己爱惜人才，才答应偷盗者的要求，把他的人头捎给汪波土司，才给敌人以可乘之机。说到底，还是自己的失职。虽然说就算没有人偷，风和一些鸟也会把种子散布开。但这两件事的性质根本不同。而这件事居然还被父亲知道，如果父亲因此认为他办事不力的话……人在面对过错的时候总会习惯性地先把责任推给别人，即使知道是自己错了。所以他又怨，为什么这个傻子弟弟要发现这件事，如果不发现不就什么事都没有了吗？

三、怕

兄弟间的间隙还在扩大。在主张多种粮食还是多种罂粟这件事上，哥哥主张多种罂粟，父亲却把询问的目光转向了弟弟。弟弟因为哥哥的轻视，赌气地说要多种粮食，没想到父亲正好也赞同。当麦琪家种下粮食取得胜利时，哥哥却反常地一点也不高兴。也许他内心感觉到了地位被威胁的不安吧。弟弟想安慰哥哥，哥哥却抽了弟弟一个耳光，当弟弟把鞭子塞到哥哥手上时，"哥哥却气的浑身发抖……把鞭子扔到地上，抓着自己的头发"骂弟弟是装傻的杂种。除了记恨与恼怒，哥哥的内心更多的是怕吧。因为害怕，所以用恨与怒来掩饰，把浑身的刺都对向了弟弟。是啊，什么时候，自己这个父亲不受待见的"傻子"弟弟开始被父亲重视，而且他做的决定，最后都正确了呢？并且在哥哥攻打汪波土司却一再失败的同时，弟弟却与汪波土司和平达成了贸易，赢得了百姓的拥护与爱戴。当弟弟回到官寨时，连他的父亲麦其土司，看到那么多人马顺着宽阔的山谷冲下来，都觉得紧张，更别说他的哥哥了。震惊有之，但更多的是害怕吧？这个众人皆知的傻子，却做出了他和父亲都做不到的成就。这样的弟弟，让他觉得深不可测，也让他隐隐觉得害怕。如果这个弟弟不是傻子，他或许会让出未来土司的位置。

四、憾

哥哥被杀手多吉罗布刺伤了。他躺在床上，一天天消瘦下去。土司看着被刀伤折磨的儿子，狠下心对他说："你是活不过来了，儿子，少受点罪，早点去吧。"哥哥的话却是："要是你早点让位，我就当了几天土司。可你舍不得，我最想的就是当土司。"这是哥哥第一次如此坦白地对父亲说他的野心，却是在将死的时候。遗憾吗？或许是吧，遗憾没能早点当上土司，也遗憾，那是他关爱着的弟弟啊，为什么会猜忌和嫉恨他呢？如果他当上土司，又有什么不好呢？

一个土司的位置让哥哥抱憾而死，可被他伤害过的弟弟比所有人都哀痛。昔日的兄弟情在权利与欲望下支离破碎，徒留一场唏嘘和一室尘埃。

（作者：2017级学生　周丽灵）

让读书成为你的生活习惯

　　以前，对高尔基"书籍是人类进步的阶梯"论断的理解并不深刻，认为这太过高大上了，与咱老百姓还是有较大距离的。但是，最近隐隐感觉，一个人的涵养、能力与这个人读书多少、读什么书正相关。人类就必须一辈子读书（我这里的书指的主要是纸质书），因为人类是在读书的过程中发展了自己的文明，并且支撑着每一个人对自己的职业和事业保持进取状态。可以说，你哪一天不再读书，意味着你就主动停止了进取的脚步，失去了追求的热情。因此，请让读书成为你的生活！这就是我阅读《如何阅读一本书》（作者：莫提默·J.艾德勒、查尔斯·范多伦，郝明义、朱衣译）最大的体会。

　　读多少书决定了一个人所能达到的广度。朱光潜先生曾一针见血地指出："倘若基础树得不宽广，你就是'专'，也决不能专到多远路。……学问这件东西，先要博大而后能精深。"今天，我们有太多的任务或工作等待着我们保质保量地去完成，所以一旦谈到读书，现代人最常说的一句话："我没有时间。"读书似乎成了可有可无的事情，而且很多人还拿网上消遣式阅读搪塞说："你看，我其实也很重视阅读的。"毋庸置疑，一个人的时间和精力是有限的，人生的确有太多的事情等待着每一个人，但我要告诉你的是，无论多么忙碌，都不能让阅读远离我们，而且，应当让广博地阅读成为我们生活的习惯！物理学家李政道就是一个典型例子。他曾说："在年轻的时候，杂七杂八的书多看一些，头脑就能比较活跃。"此语乃箴言！

　　怎样读书决定了一个人所能达到的深度，明确知道自己的阅读取向和目标是最重要的。要常常问自己：我需要什么书？我为什么需要读这本书？通过阅读这本书我要（我能）达到什么目标？我将采用什么样的读书方法达到这一目标？是否达到了预期的目标？培根说过："书有浅尝者，有可吞食者，少数则须咀嚼消化。换言之，有只需读其部分者，有只需大体涉猎者，少数则须全读，读时须全神贯注，孜孜不倦。"所以，读书还得分清楚哪些书该精读，哪些书该略读。

读什么书则决定了一个人所能达到的高度。要学会选择适合自己并必须阅读的书籍，这就是鉴赏力。别林斯基说："阅读一本不适合自己阅读的书，比不阅读还要坏。"优秀图书当然最值得阅读，优秀图书应首推经典作品、专家学者推荐的阅读书目；其次是精品报纸杂志，这些书往往是人类知识的积淀，具有丰富的文化底蕴。而现实的情况是很多人偏爱阅读网络作品，不爱阅读纸质经典图书。我想，读书兴趣固然重要，但对自己不感兴趣的纸质经典作品，更有必要通过强迫自己去阅读来培养自己的阅读兴趣，凡是经典，其作用的显现基本不如网络作品那么快、那么直接，但它一定是永恒而深远的，甚至是灵魂和思想的解放。当一个人意识到这样的意义时，他自然就能更深刻地理解为什么要阅读纸质经典作品了。

所以，读书吧，让读书成为你生活中的习惯吧！

参考文献

［1］林明. 语有趣，文有味［M］. 北京：光明日报出版社，2015.
［2］温儒敏. 温儒敏论语文教育三集［M］. 北京：北京大学出版社，2016.
［3］张华. 课程与教学论［M］. 上海：上海教育出版社，2018.
［4］叶圣陶. 叶圣陶语文教育论集［M］. 北京：教育科学出版社，1980.
［5］中华人民共和国教育部. 普通高中语文课程标准［M］. 北京：人民教育出版社，2018.
［6］钱梦龙. 导读的艺术［M］. 北京：人民教育出版社，1995.
［7］尼尔森. 正面管教［M］. 玉冰，译. 北京：北京联合出版公司，2017.
［8］聂震宁. 阅读力　我们为什么要读书［M］. 北京：生活·读书·新知三联书店，2017.
［9］高德. 信仰（洗脑术期末课程）［M］. 南京：江苏文艺出版社，2018.
［10］艾德勒，范多伦. 如何阅读一本书［M］. 郝明义，朱衣，译. 北京：商务印书馆，2004.
［11］陶行知. 陶行知教育文集［M］. 成都：四川教育出版社，2005.
［12］李镇西. 教育是心灵的艺术：李镇西教育随笔选［M］. 上海：华东师范大学出版社，2015.
［13］钱理群. 鲁迅作品十五讲［M］. 北京：北京大学出版社，2003.
［14］钱理群. 和钱理群一起阅读鲁迅［M］. 北京：中华书

局，2015.

［15］钱理群. 鲁迅杂文选读［M］. 北京：人民文学出版社，2005.

［16］圣吉. 第五项修炼：学习型组织的艺术与实务［M］. 郭进隆，译. 上海：上海三联书店，2003.

［17］曲黎敏. 诗经：越古老，越美好［M］. 南京：江苏凤凰文艺出版社，2016.

［18］钱理群. 中学语文教材中的鲁迅作品解读［M］. 桂林：漓江出版社，2014.

［19］鲁迅. 鲁迅全集［M］. 北京：人民文学出版社，1998.

［20］白子超. 白说论语［M］. 上海：上海文艺出版社，2017.

［21］徐志刚. 论语译注［M］. 北京：人民文学出版社，2003.

［22］宗白华. 美学散步［M］. 上海：上海人民出版社，1981.

后　记

　　这本书完全是被推着写的。

　　本书是广东省教育科研"十三五"规划2017年度重点课题"以自媒体为媒介，开展专题读写活动教学"（项目批准号：2017ZQJK017）的成果。当初在确定课题的研究成果时，一方面希望自己能够再出一本较有质量的语文教学方面的书，另一方面却又觉得似乎没有一个明晰的思路。当研究工作进行到三分之二的时候，感觉手头积累了大量的原始材料，粗粗一整理，竟然已经达到30多万字！这个结果无疑刺激并鼓励着我，于是去年整个暑假，除了处理家里的事情，就是投入到书稿的精细整理的工作中了。还好，到了2018年10月份，终于形成了较为完整的系统。

　　只是，能完成本书，必须感谢参与课题研究的饶碧玉、杨瑞琴、管彦宇、刘琳老师，两年时间里，我们一起摸着石子过河，单单研讨会就开了30多次，几乎每一次都有新的发现和收获；单"项目设计"就整理了33万字；发表在"爱吐纳"网站和微信公众号上的学生作品超过了270篇……这是一个怎样的积累和付出啊！没有她们的积极参与，研究工作将无法进行，更无法获得此成果。第四章第二节的"项目设计"原创者是饶碧玉老师。

　　特别感谢管彦宇、饶碧玉老师和黄勤先生，他们为本书减少错漏，利用了大量的休息时间认真校对本书，使本书渐趋完善。

　　当然，也要感谢梅州市曾宪梓中学2017届的全体学生，他们积极参与到课题实验中，拓展他们自己的读写视野和思维视野、提升他们自己的审美意识和能力等语文核心素养，成效显著，如郭丘乾斩获了全市征文比赛唯一一个一等奖、周丽灵的研究论文在专业学术刊物《语文月刊》发表，罗的苗、李璐等十几位同学的作品发表在《中学生报》上。

　　同时，感谢梅州市教育局教研室的黎红明、黄昆鹏老师和梅县东山中学的姚勇文、东中新城分校的葛成石与张教英等老师热情指导；感谢嘉应学院文学院古晓君副教授，教师发展中心杜德栎教授，教育科学学院的范远波、钟志荣教授和市教育局继续教育中心李文贞主任等的不断鼓励和支持；也感谢长期以来支持课题实验工作的本校各位领导和老师。你们的鼓励和支持是我一步一步稳健地往前行的巨大推力！

林　明

2019 年 10 月